W0272268

kailash

Sophie Hannah

Von wegen vergeben und vergessen!

Warum es bereichernd ist, nachtragend zu sein

Aus dem Englischen
von Maria Zettner

kailash

Sollte diese Publikation Links auf Webseiten Dritter enthalten, so übernehmen wir für deren Inhalte keine Haftung, da wir uns diese nicht zu eigen machen, sondern lediglich auf deren Stand zum Zeitpunkt der Erstveröffentlichung verweisen.

Die englische Originalausgabe erschien 2018 unter dem Titel
»How to hold a grudge, From Resentment to Contentment – the Power of Grudges to Transform Your Life«
bei Hodder & Stoughton, Hachette UK

MIX
Papier aus verantwortungsvollen Quellen
FSC® C083411

Verlagsgruppe Random House FSC® N001967

1. Auflage
Deutsche Erstausgabe

Kailash Verlag, München
in der Verlagsgruppe Random House GmbH
Neumarkter Str. 28, 81673 München

Lektorat: Daniela Weise
Umschlaggestaltung: ki 36, Sabine Krohberger
Editorial Design, München
Illustration: Uli Oesterle
Satz: Uhl + Massopust, Aalen
Druck und Bindung: CPI books GmbH, Leck
Printed in the Czech Republic
ISBN 978-3-424-63182-1

www.kailash-verlag.de

MOMENTS of Happiness litlounge.tv SINN SUCHER

Inhalt

Einführung

Dieses Buch wäre vermutlich nie zustande gekommen, wenn meine Schwester und ich nicht eine Unterhaltung geführt hätten, die ungefähr so verlief:

ICH: Ich spiele mit dem Gedanken, ein Selbsthilfebuch zu schreiben mit dem Titel *Wie werde ich der perfekte Fußabtreter.* Auf den ersten Blick ist es ein Plädoyer dafür, für alle die Drecksarbeit zu erledigen. Das *eigentliche* Ziel soll natürlich sein, deutlich zu machen, dass es keineswegs erstrebenswert ist, als Fußabtreter durchs Leben zu gehen. Es wird sozusagen ein Anti-Selbsthilfebuch.
SIE: Dieses Buch solltest du auf keinen Fall schreiben.
ICH: Wieso nicht?
SIE: Weil du kein Fußabtreter bist und auch niemand, der für andere die Drecksarbeit macht. Bücher zu diesem Thema sollten von echten Fußabtretern geschrieben werden.
ICH: Und … ich bin keiner?
SIE: Nein.
ICH: Oh. Was bin ich denn dann?
(Klinge ich hier nicht tatsächlich arg nach Fußabtreter? Nachzufragen, was ich bin? Also wirklich, wer macht denn so was?)
Drückt die Rückspultaste
ICH: Oh. Was bin ich denn dann?
SIE: Du bist jemand, der gern Groll mit sich herumträgt.
ICH: Ha! Na, das ist aber nichts Besonderes. Das macht doch jeder.
SIE: Nicht so, wie du es tust. Du verwendest mehr Sorgfalt und Aufmerksamkeit darauf, deinen Groll zu analysieren, zu archivieren und so viele Fälle wie möglich davon zusammenzutragen, als irgendjemand sonst, den ich kenne.
ICH: Augenblick mal – es gibt aber bei mir immer eine zweite

Chance. Ich verbanne niemals jemanden aus meinem Leben, egal, was er getan hat. Erinnerst du dich noch an Dillon aus Indianapolis, der mich unablässig auf Twitter attackiert hat? Am Ende habe ich vorgeschlagen, dass er und ich auf einem Literaturfestival auftreten und vor Publikum ausdiskutieren sollten, ob ich nun ganz passabel bin oder ein unmöglicher Mensch.

SIE: War das so? Davon wusste ich gar nichts. Hast du das tatsächlich vorgeschlagen?

ICH: Ja.

SIE: Also, das war ganz schön dämlich. Willst du ernsthaft behaupten, dass du nie jemandem grollst?

ICH: Doch, das tue ich sehr wohl … nur nicht auf negative Art und Weise. Wenn ich einen Groll hege, dann ist es ein *guter* Groll.

SIE: Gibt es da einen Unterschied?

ICH: Aber sicher.

SIE: Und worin besteht der?

ICH: Fragst du das jetzt ernsthaft? Weißt du das wirklich nicht? Vielleicht sollte ich besser ein Buch mit dem Titel *Wie hegt man Groll?* schreiben, obwohl es davon bestimmt schon Dutzende gibt. Lass mich mal im Internet nachschauen …

Und jetzt halten Sie sich fest. Bevor ich diesen Ratgeber geschrieben habe, gab es kein Buch zu diesem speziellen Thema. Allem Anschein nach hatte noch nie jemand eine gründliche Analyse über Groll als psychologisches Phänomen erstellt, Vorschläge gemacht, wie wir damit umgehen sollten, oder untersucht, welche Rolle er in unserem Leben spielt. Wer hätte das gedacht? Ich jedenfalls nicht. Ein Groll ist etwas so Universelles, ein so wichtiger und faszinierender Bestandteil der menschlichen Erfahrung. Lieder, Filme, politische Karrieren, sogar die Architektur wurden alle davon inspiriert (für genauere Details siehe Kapitel 5). Wir haben alle schon mal jemandem gegrollt, uns bemüht, den Groll abzuschütteln, oder festgestellt, dass jemand aus unserem Umfeld einen Groll gegen uns hegt.

Es war im Januar 2016, als ich die oben geschilderte Unterhaltung mit meiner Schwester hatte und die Welt händeringend auf ein Buch zum Thema Groll wartete. Da ich auf allen Seiten nur von Faulenzern umgeben war, die keinerlei Anstalten machten, ein solches Buch zu produzieren, beschloss ich, es eben selber zu schreiben.

Auf den folgenden Seiten finden Sie alles Wissenswerte über die vielen verschiedenen Varianten des Grolls und seiner Inhalte, darüber, wie sich ein Groll einstufen lässt, was der Unterschied ist zwischen Groll und Nicht-Groll (was gar nicht so eindeutig ist, wie es scheint), wann wir einen Groll auf sich beruhen lassen sollten, wie man sein Groll-Konto (beziehungsweise Gronto) richtig führt sowie darüber, wie Sie einen Groll in Ehren halten und Lehren daraus ziehen können, die Sie zu einem besseren Menschen machen, zu Ihrem eigenen und zum Wohl der gesamten Menschheit. Außerdem werden Sie jede Menge von meinen Groll-Geschichten zu lesen bekommen und von denen, die mir andere geschickt haben. In fast allen davon wurden geringfügige Änderungen vorgenommen, die aber nicht von Bedeutung sind. Bei Dillon aus Indianapolis könnte es sich beispielsweise im wirklichen Leben um Garry aus Helsinki handeln. (Was natürlich nicht der Fall ist. Ich möchte ebenso wenig von Garry aus Helsinki verklagt werden.) Eine Nichte könnte sich in eine Schwägerin verwandelt haben, ein Hauskaninchen in einen Hamster; eine Geschichte könnte von Basingstoke nach Boston oder Barcelona umgezogen sein. Gelegentlich werde ich auf Menschen Bezug nehmen, die nicht mehr ein Teil meines Lebens sind, als wären sie noch anwesend.

Die in diesem Buch vertretenen Meinungen, Ratschläge und Theorien sind, solange keine andere Quelle angegeben wird, meine ureigenen. Ich bin keine Psychotherapeutin oder irgendeine Art von ausgebildeter psychologischer Fachkraft. Ich bin nur jemand mit 47 Jahren aktiver und kontinuierlicher Erfahrung im Umgang mit Groll (Sie wissen ja: »Du verwendest mehr Sorgfalt und Aufmerksamkeit darauf, deinen Groll zu analysieren, zu archivieren und so viele Fälle wie möglich davon zusammenzutragen, als irgendjemand sonst, den ich kenne« – Sophies Schwester) sowie einem starken Interesse am Thema, und Sie dürfen gern in einzelnen Punkten oder in allem anderer Meinung sein! Es würde mich freuen, von Ihnen zu hören, egal, ob Sie mir nun zustimmen oder widersprechen. Sie können mich über den »Contact«-Button auf meiner Homepage erreichen: www.sophiehannah.com oder unter grudgescanbegood@gmail.com.

Ich habe zwei erfahrene Therapeutinnen, die ich bewundere und denen ich vertraue, gebeten, das Manuskript im Frühstadium zu lesen und mir ihre Reaktion darauf zu schicken. Es sind Helen Acton und Anne Grey. Einige ihrer Erkenntnisse habe ich in den Text eingeflochten. Mehr Informationen über Helen und Anne finden Sie am Ende des Buches.

Kapitel 1

Groll kann etwas Wunderbares sein!

»Die Leute glauben, um ein glückliches und angenehmes Leben zu führen, müssten sie sich etwas vormachen und alles schönfärben. Sie tun so, als wären schlimme Dinge gar nicht schlimm, fiese Dinge nicht fies, als würden Menschen ihnen guttun, die es in Wahrheit nicht tun. Es ist besser, realistisch zu sein und einen Weg zu finden, mit dem negativen Kram klarzukommen. Färbe nichts schön, erkenne das Problem und regle es. Die Leute meinen, vergeben und vergessen wäre das Heilsamste. Das ist es nicht.«

Phoebe Jones, 16 Jahre

Insgeheim hegen wir alle hin und wieder einen Groll, aber die meisten von uns denken vermutlich, das sollten wir lieber lassen, und viele streiten rundweg ab, dass sie es überhaupt tun. Einen Groll zu hegen ist zu negativ, richtig? Sollten wir besser verzeihen und zur Tagesordnung übergehen?

Falsch.

Genau genommen ist es nicht ausdrücklich falsch. Irgendwie ist es ja richtig, nur auf die falsche Art. Verwirrt Sie das? Dann lesen Sie weiter, Sie werden bald dahinterkommen, was ich meine.

Es ist selbstverständlich unabdingbar, positiv zu denken, wenn man ein glückliches Leben führen will. Aber noch entscheidender ist, wie man zu diesem Positiven gelangt. Seine negativen Gefühle und Erfahrungen zu verleugnen in der Hoffnung, sie würden aus dem Gedächtnis verschwinden und einen wieder in den Zustand zurückversetzen, in dem man war, bevor man sie hatte, wird auf lange Sicht nur noch mehr Schmerz, Konflikt und Stress verursachen.

Was sollten Sie also stattdessen tun? Die kurze Antwort lautet: Sie sollten dem Groll-fachen Pfad folgen.

»Was soll das denn nun heißen?«, höre ich Sie schon fragen. Lesen Sie weiter, dann erfahren Sie es. Fürs Erste gebe ich Ihnen eine andere kurze Antwort (die im Grunde die gleiche Antwort ist, nur normal ausgedrückt und nicht in dem schrägen Kauderwelsch, das ich mir ausgedacht habe): Sie sollten einen Groll hegen und *dann* verzeihen und zur Tagesordnung übergehen, *aber dabei immer noch an Ihrem Groll festhalten.* Klingt das nach einem Widerspruch? Der Zweck dieses Buches ist aufzuzeigen, warum es keiner ist, und in einfachen Schritten darzulegen, was es bedeutet, dem Groll-fachen Pfad zu folgen.

Werde ich Sie allen Ernstes dazu ermuntern, Groll zu hegen? Ja, das habe ich vor. Und ich fange damit an, dass ich Sie auffordere, einmal folgende Fragen zu bedenken: Was, wenn alle, die Ihnen schon mal gesagt haben: »Hege keinen Groll, das tut dir nicht gut und ist auch nicht besonders nett«, unrecht hatten? Was, wenn ein Groll uns doch guttut? Was, wenn er die psychologische Entsprechung zu grünem Blattgemüse ist, das uns nährt und stark macht? Was, wenn wir die herkömmliche Definition des Wortes »Groll« nicht übernehmen müssen – die mit den negativen Konnotationen – und stattdessen eine bessere, genauere Definition entwickeln, die die ganze Wirkkraft des Grolls miteinbezieht? Was, wenn ein Groll in der Lage ist, Gefahr abzuwenden? Was, wenn wir ihn dazu nutzen könnten, uns selbst und anderen zu helfen?

Ich habe gute Neuigkeiten! Es geht gar nicht um »Was, wenn«. Alle diese Aussagen stimmen. Einen Groll zu hegen, muss uns nicht mit Hass erfüllen oder uns verbittern und unglücklich machen. Wenn Sie ans Groll-Hegen vorurteilsfrei herangehen, werden Sie feststellen, dass das genaue Gegenteil eintritt: Es macht Sie *nachsichtiger.* Ihr Groll kann Ihnen dabei helfen, Ihren persönlichen seelischen Orientierungspunkten gerecht zu werden. Und Sie können entscheidende Lehren fürs Leben aus ihm ziehen – über Ihr Wertesystem, Ihre Hoffnungen, Bedürfnisse und Prioritäten –, die als Aneinanderreihung von Trittsteinen dienen und Ihnen die richtige Richtung in die bestmögliche Zukunft weisen werden.

Lesen Sie weiter, wenn Sie lernen möchten, wie Sie mit einem gelegentlichen netten Groll ein glücklicheres und erleuchteteres Leben führen können … oder auch dann, wenn Sie meine Theorie zwar für vermutlich falsch halten (bis zum Ende des Buches habe ich Sie überzeugt – wollen wir wetten?), aber trotzdem Lust auf ein paar unterhaltsame Groll-Geschichten haben, bei denen einem auch schon mal die Spucke wegbleiben kann.

Der Groll-hege-Typ

Manche Menschen geben stolz und ungerührt zu, dass sie ein Groll-hege-Typ sind. Andere nicht. Als ich auf Twitter ankündigte, dass ich dieses Buch schreibe, waren die Reaktionen so unterschiedlich wie faszinierend. Die Autorin Joanna Cannon erklärte: »Wenn ich einen Groll habe, füttere und gieße ich ihn, als wäre er eine kleine exotische Pflanze. Ich kann es kaum erwarten, das Buch zu lesen!« Eine andere Frau, Jules, schrieb: »Meine Schwester und ich sind Spezialisten im ›Verübeln‹. Da sind wir einsame Spitzenreiter.«

Ich vermute mal, dass Joanna, Jules und ich auf ähnliche Weise mit Groll umgehen: Wir haben Freude daran und sind stolz darauf, und da wir der Meinung sind, dass er für uns einen positiven Wert darstellt, sehen wir keinen Grund, so zu tun, als hätten wir keinen, oder zu versuchen, uns seiner zu entledigen. Ich persönlich glaube nicht, dass es möglich ist, auf regelmäßiger Basis mit anderen Menschen zu verkehren und sich nicht den einen oder anderen Groll einzufangen. Und das ist auch gar nicht erstrebenswert, wenn man nicht gerade zu den Glücklichen gehört wie Rachel, die die Ankündigung dieses Buches online mit der Bemerkung kommentierte: »Ich bin ein hoffnungsloser Fall, was das Groll-Hegen angeht. Ich schlage mich allerhöchstens eine Stunde damit herum. Ich glaube, ich bin im Grunde einfach zu faul. Ich hoffe, das ist keine lebensbedrohliche Krankheit.«

Mein Sohn teilt Rachels Faulheit in dieser Hinsicht. Wenn jemand scheußlich zu ihm ist, will er es einfach hinter sich lassen – nicht nur, weil es unangenehm ist, sondern auch und vor allem, weil jegliche Art von Problem, alles, was ihn wütend macht oder ihn aufregt, ihn prinzipiell nicht interessiert. Alles, was er will, ist, nicht mehr daran zu denken – nicht aus einer Verweigerungshaltung, sondern aus einer »Wen juckt das schon?«-Haltung heraus. Unannehmlichkeiten prallen, sobald sie ihn erreichen, an ihm ab wie Regentropfen an der gewachsten Kühlerhaube eines Autos.

Ich bin da anders. Ich wollte immer, dass eine Gemeinheit mir (oder auch anderen) gegenüber aufhört, damit ich *anfangen* kann, darüber nachzudenken – was könnte schließlich spannender sein, nicht wahr? Ist die Person, die mir dieses spezielle Unrecht zugefügt hat, gemeingefährlich, oder war es ein Ausrutscher? Was soll ich von jetzt an von ihr halten? Wie soll ich sie behandeln? Jedes Mal wieder ist es ein Rätsel, das gelöst werden muss, und ich bin ein großer Rätselfan. (Das erklärt vermutlich, warum ich mir meinen Lebensunterhalt mit dem Schreiben von Krimis verdiene und meine Freizeit damit verbringe, welche zu lesen.)

Meine Tochter ist genau wie ich. Sie regt sich furchtbar auf, wenn jemand gemein, boshaft oder unfair zu ihr ist oder zu jemandem, der ihr nahe steht – viel stärker als mein Sohn –, aber interessieren tut sie sich dennoch für Gehässigkeiten und all die schlimmen Dinge, die Menschen begehen, weil sie nämlich zum menschlichen Verhalten gehören, und das fasziniert sie am Leben am allermeisten. Es macht ihr Spaß, es zu analysieren und zu versuchen, es in eine zusammenhängende, übergreifende Struktur einzupassen. Ich mache das auch so. Ich glaube, das erklärt, warum meine Tochter und ich passionierte Groll-Heger sind, während mein Sohn darauf keinen Bock hat und wahrhaftig keinerlei Groll zu haben scheint.

Ich vermute mal, dass die Art, wie mein Sohn Groll vermeidet, die einzige gesunde und unbedenkliche Art ist, Groll zu vermeiden. Was das Groll-Hegen betrifft, vergleiche ich meinen Sohn mit einem Baumstamm ohne Jahresringe. Die Groll-Ringe sind einfach nicht vorhanden – so ist dieser spezielle Baum nun mal gewachsen, und das ist auch in Ordnung so.

Wie könnte ein Groll aussehen?

Während ich dieses Buch schrieb, habe ich viel darüber nachgedacht, wie ein Groll aussehen könnte, wenn er eine dingliche Form hätte. Ich fing an, mir einen Groll als einen konkreten Gegenstand vorzustellen. Das erste Bild, das mir in den Sinn kam, war ein Ring in einem Baumstamm, dann ein Kaktus (jede Menge Stacheln), dann eine kleine quadratische Schachtel, eingepackt in buntes Geschenkpapier mit Schleife. Ich bat Leute darum, mir ihre Zeichnungen und Ideen über das mögliche Aussehen eines Grolls zu schicken. Zwei Bilder gefielen mir ganz besonders. Eins zeigte einen roten Ball oder eine Kugel, die jemand mit den Händen umfangen hielt. Von den Fingern der Hände baumelten Worte und Wendungen wie »gebrochene Herzen«, »vergessene Geburtstage« oder »ungerechtfertigte Entlassung«. Das andere war eine Art wolkenförmige griesgrämige Groll-Gestalt. (Sie können sich beide auf der »How to Hold a Grudge«-Seite meiner Homepage anschauen.)

Ich vermute mal, dass die Person, die die Griesgram-Gestalt gezeichnet hat, eine andere Auffassung von Groll hat als ich, wenn man bedenkt, dass das Bild, für das ich mich am Ende entschied, eine als Geschenk verpackte Schachtel war. Meinen Sohn habe ich gar nicht erst gebeten, mir ein Bild zu malen, aber wenn ich es doch getan hätte, hätte er sicher die Augen verdreht und gesagt: »Hab kein Bock!« Klar hat er den nicht – er hat eben grundsätzlich kein Interesse an Groll.

Das ist überhaupt nicht schlimm. Ich werde ihn deswegen nicht aus meinem Testament streichen oder ihm vorwerfen, nicht mein Fleisch und Blut zu sein, oder etwas in der Art. Und es ist okay, dass mein Sohn – und alle, die in diesem Punkt so sind wie er, deren Gehirn automatisch und mühelos alles Schlechte abstößt, sobald es vorüber ist, weil sie es so langweilig finden wie ich Anekdoten über die Geschichte der Dampfmaschine (mein Fehler – ich gebe den Dampfmaschinen keine Schuld) – niemals einen Groll hegt.

Aber was ist, wenn Sie, wie die meisten Menschen, ein Gehirn haben, das sich immer noch in allen Einzelheiten an das Mal erinnert, als Ihre angeblich beste Freundin Ihr intimstes Geheimnis ohne Erlaubnis dem Briefträger verraten hat? Was, wenn Sie unwillkürlich bei jedem Besuch Ihrer Cousine im Stillen denken »Leck mich«, weil sie einmal Ihrem Hund Schokolade gefüttert hat, wovon ihm schlecht wurde? Wenn Sie zu dieser Sorte Mensch gehören – und ich glaube, das tun die meisten von uns –, dann ist es eine sehr schlechte Idee zu versuchen, keinen Groll zu hegen, obwohl all Ihre Instinkte aus vollem Halse schreien: »Also wirklich, ich bin mir ziemlich sicher, dass das hier ein grollenswerter Anlass ist.«

»Diese Sorte Mensch«? Welche Sorte meine ich denn damit?

Na, einen ganz gewöhnlichen Menschen natürlich. Einen vollkommen normalen Durchschnittsmenschen. Gewöhnliche, normale Menschen ärgern sich, wenn sie jemand ärgert. Wir fühlen uns hintergangen, wenn die, denen wir vertrauen, uns hintergehen. Wir werden wütend, wenn man uns unrecht tut, uns verleumdet, am Nasenring durch die Manege führt oder übertrieben ausnutzt. Verleugnung oder Unterdrückung unseres natürlichen Groll-Instinkts ist schlecht für uns und auch schlecht für die Welt. (Kapitel 6 erklärt, warum das so ist, aber bitte blättern Sie nicht vor – sonst ist ein Autor-Leser-Groll fällig. Sie müssen das Buch in der richtigen Reihenfolge lesen, andernfalls ergeben die Argumente keinen Sinn.)

Anne Grey, Coach, Mentorin und Therapeutin, meint auch, dass es nicht ratsam ist, unsere Gefühle zu unterdrücken. Sie sagt: »Es ist eine natürliche Reaktion, Gefühle wie Gekränktheit, Traurigkeit oder Wut zu haben. Lass das starke Gefühl zu, ohne es zu bewerten.«

Vielen von uns wurde von frühester Jugend an eingetrichtert, dass es kleinlich, engherzig und schrecklich ist, einen Groll zu hegen. Das hat zur Folge, dass wir auf unserem weiteren Lebensweg ganz schlecht gerüstet sind, wenn wir, wie es ja immer wieder vorkommt, Zielscheibe von schäbigem bis abscheulichem Verhalten werden. Eine der Reaktionen auf meine Ankündigung dieses Buches lautete: »Oh! Wie funktioniert denn das, einen Groll zu hegen? Für mich stellt das eine schäbige, unerbittliche Hürde dar, die einen daran hindert, alles hinter sich zu lassen und normal weiterzuleben!« Diesen Kommentar fand ich wunderbar, denn er brachte genau auf den Punkt, was für eine Herausforderung auf mich wartete: Menschen, die dazu erzogen wurden, Groll für etwas Negatives, Schädliches zu halten, davon zu überzeugen, dass es a) das nicht ist, sondern das Gegenteil, da sie b) all die Jahre Groll falsch eingeschätzt und das Wort falsch benutzt haben. Dieses Buch beabsichtigt, Ihnen eine psychologisch korrektere Definition an die Hand zu geben – eine, die dafür sorgt, dass Sie a) für alle Zeiten eine andere, optimistischere Einstellung zum Groll haben und b) Lust bekommen, sich eine eigene Sammlung davon anzulegen.

Nachdem ich mich einmal zum Schreiben dieses Buches entschlossen hatte, bat ich die Leute, mir, wenn sie wollten, ihren Groll zu schicken. Ganz viele, die ich ansprach, schauten mich einigermaßen erschrocken an und sagten: »Ich weiß nicht, ob ich überhaupt einen habe. Ich glaube nicht, dass ich dazu neige, Groll zu hegen.«

»Kein Problem«, gab ich zur Antwort. »Dann will ich dir mal eine andere Frage stellen: Gibt es jemanden, von dem du heute anders denkst, weil er einmal etwas Bestimmtes gemacht hat?« An dieser Stelle wurden fast alle munter und riefen: »O ja! Meine Mutter hat zu meiner Hochzeit Weiß getragen.« Oder: »Meine Stiefmutter hat sich den Mantel gekauft, den ich haben wollte ... und dann hat sie ihn nie angezogen.« Oder: »Ein Mädchen aus der B-Mannschaft hat mir absichtlich ein Bein gestellt und mich verletzt, damit sie meinen Platz in der A-Mannschaft übernehmen konnte.«

Wieder und wieder erzählten mir die Leute, dass sie niemals einen Groll hegten und ihnen auch keiner einfiele, nur um dann mit etwas anzukommen, von dem sie behaupteten, es wäre kein Groll, das nach meiner Definition aber *das perfekte Beispiel* war.

Wir werden uns in den Kapiteln 2 und 3 noch genauer damit beschäftigen, was Groll ist, was er nicht ist und was er sein sollte. Für den Augenblick möchte ich nur so viel sagen: Wenn Sie einen Groll für eine schäbige, unerbittliche Hürde halten, die einen daran hindert, normal weiterzuleben, dann werden Sie, wenn jemand Sie fragt, ob Sie einen hegen, selbstverständlich nicht begeistert aufspringen und rufen: »Ja! Ja, das tue ich! Ich kann Ihnen sogar eine kostenlose Führung durch meine Sammlung anbieten!« Wer stellt sich schon gern als schäbig oder unerbittlich hin? Ich werde Ihnen beweisen, dass Groll fürsorglich und bereichernd ist und Spaß macht. Ich hoffe, dass Sie, wenn Sie erst dieses Buch gelesen haben, einsehen, dass es ebenso notwendig ist, ausgerüstet mit einem soliden Talent zum Groll-Erwerb in diese Welt hinauszutreten, wie einen Helm aufzusetzen und nicht vier Flaschen Wodka auszutrinken, bevor Sie auf Ihr Motorrad steigen und die Autobahn hinunterrasen. Vertrauen Sie mir: Es stimmt.

Und jetzt möchte ich Sie etwas fragen: Wenn jemand Sie auffordern würde, Ihre fünf Spitzenreiter in Sachen Groll zu nennen, könnten Sie das? Ich ja, obwohl ich vermutlich zehn Minuten später angerannt käme, um zu verkünden, dass ich bereits die Reihenfolge geändert habe und Nummer drei und vier auf meiner Liste die Plätze getauscht haben. Es könnte auch passieren, dass ich eine Diskussion darüber anfangen würde (ja, ich bin tatsächlich eine so verdrehte Person), was »Spitzenreiter« in diesem Zusammenhang bedeutet. Am schwerwiegendsten? Am amüsantesten?

Moment mal – amüsant? Einige von Ihnen werden sich fragen: »Wie könnte ein Groll jemals amüsant sein? Wie könnte er anders sein als bitter, verabscheuungswürdig und zerstörerisch?« Wenn das Ihre Meinung ist, dann sind Sie bei mir an der richtigen Adresse. Sie sind genau die Person, die ich im Sinn hatte, als ich erstmals den brennenden Drang verspürte, dieses Buch zu schreiben, denn Sie sind der- oder diejenige, die ich überzeugen muss, dass ein Groll, wenn er denn sachgerecht gehandhabt wird, gut für Sie sein kann. Und nicht nur gut, sondern wunderbar. Wenn Sie dagegen grinsen und sich sagen: »Na klar kann ein Groll unterhaltsam sein – wer wollte das bestreiten?«, dann liegen Sie mit mir auf einer Wellenlänge und ich habe das Buch auch für Sie geschrieben (und Sie vor allem werden es lieben; es sei denn, Sie ergötzen sich aus den falschen Gründen an Ihrem Groll, was wir zu gegebener Zeit behandeln werden).

Lassen Sie mich mit einer Groll-Geschichte beginnen, die immer einen festen Platz in meinem Herzen haben wird, aus einem ganz bestimmten Grund …

Michael kopfüber im Türrahmen

Vor ein paar Jahren musste ich wegen einer berufsbedingten Veranstaltung nach Exeter im Südwesten von England. Es war eine Abendveranstaltung, und ich hätte unmöglich noch am selben Abend zurück nach Hause fahren können. Glücklicherweise wohnten gute Freunde von mir eine kurze Autostrecke von Exeter entfernt, Freunde, die ich schon viele Jahre kannte. Sie hatten ein Gästezimmer, in dem sie mich sehr gern die Nacht über beherbergen wollten. Meine Freunde waren ein Ehepaar mit Kindern und einem Hund, aber beide Kinder waren schon seit einigen Jahren aus dem Haus, und nur der Mann, die Frau sowie der Hund spielen in dieser Geschichte eine Rolle. Ich werde sie Michael, Linda und Hobart nennen. Hobart war ein kleiner Border Terrier, der sich gern an warmen Stellen einkuschelte: in seinem Bett, in den Betten anderer Leute, zwischen Haufen von Wollpullovern in Schubladen oder Kleiderschränken.

Die ganze Familie liebte Hobart, aber Michael war regelrecht besessen von ihm. Er konnte sich nicht entspannen, bevor er nicht, zu allen Tages- und Nachtzeiten, wusste, wo im Haus sich Hobart gerade aufhielt. Selbst wenn er keinen Grund hatte, sich um die Sicherheit oder das Wohlergehen des Hundes zu sorgen, reichte es Michael nicht aus zu wissen, dass Hobart irgendwo in der Nähe war, er musste den genauen Standort kennen. Wenn Michael außer Haus war, fragte er bei seiner Rückkehr als Allererstes Linda: »Wo ist Hobart?«, und wenn sie ihm keine schlüssige Antwort geben konnte (»Auf dem blauen Sessel in der Küche« oder »Er sitzt neben der Heizung im Wohnzimmer«), brachte er sein Missfallen zum Ausdruck, als habe sie ihre Aufsichtspflicht vernachlässigt.

Mir war sehr wohl bewusst, dass ich, wenn ich eine Nacht unter Michaels Dach verbrachte, aller Wahrscheinlichkeit nach Zeuge einer Hobart betreffenden Absonderlichkeit werden würde. Bei früheren Besuchen war ich schon gefragt worden, ob ich a) bereit wäre, meinen Lehnsessel zu räumen und mich stattdessen auf einen harten Stuhl zu setzen, da Michael vermutete, Hobart könnte auf meinem Platz sitzen wollen, und b) nichts dagegen hätte, bei offener Tür zu schlafen, für den Fall, dass Hobart im Laufe der Nacht Lust bekam, mal ins Gästezimmer zu schlendern. So charmant wie möglich und in der Hoffnung, niemanden zu kränken, lehnte ich beide Male ab, und Michael trug es mit Fassung.

Das hatte mir nie etwas ausgemacht. Ich fand es belustigend. Michael war der Erste, der über sich selber lachte und zugab, dass er in Bezug auf seinen Hund hochgradig neurotisch war. Deshalb war ich gern bei ihnen zu Besuch. Außerdem fand ich es faszinierend, dass Linda, die Michaels Neurose nicht teilte, so bereitwillig mitspielte und Hobart engmaschig überwachte, damit sie, wann immer Michael auftauchte und fragte: »Wo ist Hobart?«, eine Antwort parat hatte.

An jenem bewussten Abend traf ich so gegen zehn Uhr bei Linda und Michael ein, und wir tranken zusammen eine Tasse Tee. Um elf sagte ich, ich würde schlafen gehen. Das ist zwar für meine Verhältnisse recht früh, aber zu der Zeit hatte ich zwei kleine Kinder unter drei Jahren, die beide häufig während der Nacht wach wurden, und dazu schrieb ich noch wie wild an einem Buch, während ich gleichzeitig einem Teilzeitjob nachging, der eineinhalb Autostunden von meinem Wohnort entfernt war, und mindestens einmal die Woche zu einer Dichterlesung oder einer anderen literarischen Veranstaltung fuhr.

Ich erklärte Michael und Linda, ich sei erschöpft, müsse früh aufstehen, um am nächsten Morgen nach Hause zu fahren, und wolle ausnutzen, dass diese Nacht so herrlich frei von Unterbrechungen durch kleine Kinder sein würde. Dann ging ich zu Bett und versank sofort in einen tiefen Schlaf.

Ehe ich mich's versah, schreckte ich hoch und hielt die Daunendecke gepackt wie einen Schutzschild. Dem Adrenalin nach zu urteilen, das durch meinen Körper schoss, stimmte etwas nicht. Noch ziemlich schlaftrunken und erschrocken, fiel es mir schwer zu ermitteln, was passiert war, doch es gab drei entscheidende Anhaltspunkte: Das Licht in meinem Zimmer brannte, die Tür zum Treppenabsatz stand weit offen und Michael schien kopfüber in der Tür zu hängen. Sein Kopf war tiefer als sein Körper und nah am Boden.

Ich brauchte ein paar Sekunden, um festzustellen, dass er in Wirklichkeit nicht kopfüber vom Türrahmen herunterhing. Aber sein Kopf befand sich tatsächlich am Boden, das hatte ich richtig wahrgenommen. Er war vornübergebeugt, mit dem Kopf an seinen Füßen, und schaute unters Bett – das Bett, in dem sein völlig entgeisterter Hausgast lag.

Ich weiß noch, dass ich mir ziemlich dämlich vorkam und am liebsten geheult hätte, weil ich so dumm gewesen war, auf eine Nacht mit ununterbrochenem Schlaf zu vertrauen. Zu Hause konnte ich damit umgehen, wenn ich geweckt wurde. Ich rechnete ja damit. Ich schlief auf eine Junge-Mutter-in-Bereitschaft-Art. Das hier war schlimmer, als von meinen Kindern geweckt zu werden, denn deren Aktionen konnte ich wenigstens einordnen, ohne gleich mit Panik zu reagieren. In jenen ersten Sekunden fiel mir kein nicht besorgniserregender Grund ein, warum Michael die Tür zu dem Zimmer, in dem ich schlief, geöffnet, das Licht eingeschaltet und sich dermaßen verrenkt haben sollte.

Ich wartete auf eine Entschuldigung dafür, dass er mich gestört hatte – dass er in das Zimmer gekommen war, in dem ich schlief, und *allen Ernstes das Licht eingeschaltet* hatte. Er entschuldigte sich nicht. Und er schien auch nicht zu bemerken, dass ich erschrocken nach Luft schnappte und meine Decke umklammerte. »Ich dachte, Hobart wäre vielleicht hier drinnen bei dir«, sagte er. »Ich kann ihn nirgends finden.«

Er kam näher, kniete sich hin und steckte seinen Kopf geradewegs unters Bett. Als er wieder auftauchte, sagte er mit einem Seufzer: »Nein, hier unten ist er nicht.« Dann öffnete er nacheinander jede Schranktür und jede Schublade im Zimmer.

Ich weiß nicht mehr, was ich anhatte. Ich bin in puncto Nachtwäsche alles andere als glamourös, also wird es vermutlich ein altes, ausgefranstes T-Shirt gewesen sein. Es gewährte keine allzu tiefen Einblicke, worüber ich froh war – allerdings, wenn Hobart verschollen war, war das ja weit wichtiger, als dass Michael mich spärlich bekleidet hätte sehen können.

Während ich noch darüber nachdachte, hörte ich Linda rufen: »Hab ihn gefunden, Michael! Er liegt hier drinnen auf dem Sofa.« »Hier« erwies sich als Michaels Arbeitszimmer.

Bei diesen Worten überkam mich ein ganz eigenartiges Gefühl: als ob sich etwas in meinem Kopf aufgetan hätte oder in ihn eingedrungen wäre und meine Gedanken neu geordnet hätte. »Das ist ein bedeutsamer Moment«, sagte ich leise an mich selbst gewandt, auch wenn ich noch nicht vollständig dahintergekommen war, inwiefern.

Ohne ein Wort zu mir zu sagen, zog Michael los, um Lindas Behauptung auf ihren Wahrheitsgehalt zu überprüfen. Auf seinem Weg nach draußen löschte er noch das Licht und schloss hinter sich die Tür. Sein Arbeitszimmer lag gleich neben dem Gästezimmer, in dem ich mich befand – getrennt nur durch eine dünne Wand. Auch das fiel mir als wichtiger Punkt ins Auge.

Nachdem er weg war, nahm ich mir mein Handy, um nach der Uhrzeit zu schauen. Erst eine halbe Stunde nach Mitternacht. Ich war fest entschlossen, so viel Schlaf wie möglich aus dem Rest der Nacht herauszuholen, deshalb sagte ich mir: »Jetzt ist nicht die Zeit dahinterzukommen, was das alles sollte, aber ich werde mich bald damit beschäftigen, denn es ist von Bedeutung. Ich darf nicht vergessen, was vorgefallen ist.« Nachdem ich diesen Entschluss gefasst hatte, schlief ich bald wieder ein, und dankenswerterweise brachte die restliche Nacht keine Überraschungen mehr.

Anne Grey sagt: »Sich Gedanken zu machen, was etwas bedeuten könnte, ist eine hilfreiche Art der Reaktion. Ein anderer Ansatz ist, die spontane Empfindung zuzulassen, ohne Bewertung, und zu ermitteln, wie du dich jetzt fühlen möchtest. Jetzt voll präsent zu sein, macht es möglich, dass sich größere Klarheit und Einsicht einstellen, aus deiner natürlichen Intuition oder inneren Weisheit heraus.«

Als ich am folgenden Tag zurück nach West Yorkshire fuhr, wo ich damals lebte, dachte ich über Michael kopfüber im Türrahmen nach, und ich habe seitdem noch oft darüber nachgedacht. Es ist ein Groll, den ich hege und der mit Michael zu tun hat, aber ich würde nicht sagen, dass ich den Groll *gegen* ihn hege, da er mich nicht davon abhält, ihn zu mögen, und er hat auch nicht unsere Freundschaft beendet. (Wie ich in Kapitel 2 darlegen werde, sollten wir einen Groll immer nur mit *Bezug* zu einem Menschen hegen und nicht *gegen* ihn. Ein Groll sollte kein »Gegen« beinhalten.)

Obwohl es mir keinen Spaß gemacht hat, mitten in der Nacht geweckt zu werden, hatte ich eher Mitleid mit Michael, als dass ich es ihm übel nahm. Er war eindeutig zu keinem rationalen Verhalten imstande, wenn es um Hobart ging. Das hatte ich schon seit Jahren gewusst, auch wenn ich es erst in jener Nacht in seiner extremsten Manifestation zu spüren bekam. In einem neurotischen Moment hatte er sich gezwungen gesehen, in das Zimmer zu platzen, in dem ich schlief. Ich glaube nicht, dass er mir irgendetwas Böses wollte – genauer gesagt weiß ich, dass er das nicht wollte. Die Tür, ohne anzuklopfen, zu öffnen könnte durchaus seinem Bemühen geschuldet gewesen sein, mich nicht zu stören. Vielleicht dachte er ja, wenn er nicht anklopfte, sondern einfach hereinkam und dann auf Zehenspitzen herumlief, würde ich nicht aufwachen (obwohl er das Licht eingeschaltet hatte).

Dennoch hege ich einen Groll in dieser Angelegenheit, und den möchte ich auch behalten. Es ist ein besonderer Groll – einer, dem ein Ehrenplatz in meiner »Groll-Vitrine« gebührt (mit der ich Sie später noch vertraut machen werde). Aber wenn Michaels Verhalten weder böswillig war noch mir nennenswerten Schaden zugefügt hat, warum bin ich dann so versessen darauf, diese Episode in Erinnerung zu behalten? Zum Teil liegt das daran, dass es der erste Groll ist, der mir schon im Augenblick seiner Entstehung als Groll bewusst wurde. Bis dahin hatte ich Groll immer nach einem anderen Schema erworben: Etwas geschah, und erst im Nachhinein ging mir auf, dass ich mich darüber aufregte. Einige Zeit später stellte ich dann fest, dass es immer noch da war und keine Anstalten machte, sich zu verdünnisieren.

Bei diesem Vorfall – der für mich immer noch »Michael kopfüber im Türrahmen« ist (ich gebe einem Groll immer einen Namen, das hilft bei der Katalogisierung und Klassifizierung) – war mir, während er sich abspielte, schon bewusst, dass hier ein Groll in Echtzeit im Entstehen begriffen war, einer, den ich niemals vergessen würde. Außerdem stellte ich fest, dass ich, nachdem ich mich vom ersten Schock erholt hatte, weder wütend noch erregt war. Vielmehr war ich neugierig – überzeugt, dass sich etwas Besonderes ereignet hatte, und begierig dahinterzukommen, was das bedeuten mochte.

Es war ein eigenartiges Gefühl und gleichzeitig ein Wendepunkt. Bis dahin hatte sich bei mir ein Groll spontan und eher beiläufig eingestellt. Das hier war der erste, den ich bewusst entwickelte, da ich, noch im selben Moment, ahnte, dass es einer Art inneren Ausrufezeichens oder gedanklichen Bookmarks bedurfte – mit anderen Worten: eines Grolls entsprechend meiner Definition des Wortes (auch wenn ich mir das zu dem Zeitpunkt nicht so klarmachte; erst später begriff ich in vollem Umfang, wie meine Definition aussah). In der besagten Nacht wusste ich nur, dass das eine Geschichte war, die ich zuerst einmal ausfeilen musste, damit sie deutlich hervortrat, und dann mir merken und schließlich erzählen. Das Allerseltsamste war: Ich wusste, dass ich diese Geschichte in erster Linie mir selber erzählen musste.

Das ist 13 Jahre her. Seither ist es mir zur Gewohnheit geworden, es so zu machen (nennen wir es »achtsame Groll-Erzeugung«), und es geschieht selten, dass ich einen Groll auslösenden Vorfall nicht gleich auf der Stelle als solchen erkenne – doch »Michael kopfüber im Türrahmen« war mein erster. Damals verstand ich noch nicht, warum ich die Geschichte richtig hinbekommen musste (und mit richtig meine ich, so klar und präzise wie möglich) und auch nicht, dass es ein neu entstandener Groll war. Wenn Sie mich damals gefragt hätten, ob ich jemals Groll hege, hätte ich es vermutlich nicht zugegeben, weil ich noch nicht begriffen hatte, dass ein Groll wirklich und wahrhaftig gut für einen ist.

Kehren wir noch einmal kurz zu Michael zurück. Als ich über den »Kopfüber im Türrahmen«-Vorfall nachdachte, fielen mir mehrere wichtige Merkmale auf:

1. Michael hatte nicht im restlichen Haus nach Hobart gesucht, bevor er mich beim Schlafen störte. Hätte er das getan, hätte es keine Geschichte und keinen Groll gegeben. Michaels Arbeitszimmer, in dem Linda Hobart aufstöberte, lag neben dem Zimmer, in dem ich mich befand, und niemand schlief darin. Warum hatte Michael nicht zuerst dort nachgesehen? Warum hatte er nicht im ganzen Haus nachgesehen, bevor er bei mir hereinplatzte? Warum war ihm nicht wenigstens so viel an meinem Schlafbedürfnis und meiner Privatsphäre gelegen?
2. Mich aufzuwecken war nicht das Einzige, was er riskierte, als er unangekündigt ins Gästezimmer kam. Er riskierte ebenfalls, mich zu erschrecken (was er auch tat) und mich in Verlegenheit zu bringen. Woher wollte er wissen, dass ich nicht nackt schlief?
3. An keiner Stelle hat er sich entschuldigt. Wenn jemand dich ohne Not mitten in der Nacht aufweckt, neben deinem Bett auf die Knie geht und sich dann *nicht entschuldigt*, lässt sich die verpasste Gelegenheit kaum übersehen. Am nächsten Morgen sagte Michael, bevor ich aufbrach, nicht: »Ach, übrigens, tut mir leid, dass ich dich letzte Nacht im Schlaf gestört habe.« Es erfolgte kein lockeres, munteres »Sorry!«. Und mir war klar, dass das nicht daran lag, dass Michael sich freute, dass er mir meine Nacht ein wenig unangenehmer gemacht hatte, als nötig gewesen wäre. Er hatte schlichtweg vorher schon nicht an meine Bedürfnisse und Gefühle gedacht und tat es auch jetzt nicht. Nach seiner Sicht der Dinge musste es mir, da mir kein Blut aus den Augen tropfte und ich nicht aus einem Fenster im 15. Stock baumelte, gutgehen … also konnte er getrost ausschließlich an seine eigenen Bedürfnisse denken.

Ich wusste, dass Michael sich nicht einmal eine Sekunde lang Sorgen machte, er sei kein guter Gastgeber gewesen oder ich würde vielleicht nicht sonderlich scharf darauf sein, noch einmal bei ihm zu übernachten. Ich wusste aber auch, dass er sich vor einen Gewehrlauf gestellt hätte, um mich zu retten, wenn er mich in echter Gefahr gewähnt hätte. In mancherlei Hinsicht ist er ein großzügiger, aufopferungsvoller Mensch. Wäre ich irgendeiner Gefährdung ausgesetzt gewesen, die er *als solche wahrgenommen* hätte, dann hätte er mein Wohlergehen vor sein eigenes gestellt, da hatte ich keinen Zweifel – das hätte er für mich getan wie für alle anderen auch, an denen ihm etwas lag. Das Dumme war nur (das war eins von den Dingen, die mir bewusst wurden, als ich zurück nach Yorkshire fuhr, und ich konnte nicht glauben, dass ich so lange gebraucht hatte, um dahinterzukommen), dass Michael eine bedenkliche Neigung hatte, anderen ein vollkommen unbeeinträchtigtes Befinden zu attestieren, wann immer es ihm gerade in den Kram passte.

Ich stellte fest, dass er jemand war, der immer bereit sein würde, mir kleinere Unannehmlichkeiten, eine flüchtige Verärgerung, leichte Schockeffekte und moderates Unwohlsein zuzumuten, wenn er damit seine eigene Besorgnis lindern oder etwas bekommen konnte, was er unbedingt haben wollte, ohne innezuhalten und sich zu fragen, ob das angemessen oder fair war. Ich erkannte klar und deutlich, nachdem es mir so viele Jahre über nur unterschwellig und vage bewusst gewesen war, dass ich in jeder alltäglichen/krisenfreien Situation für Michael immer eine sehr viel geringere Rolle spielen würde als er selber. Er würde immer mein Wohlergehen dem seinen unterordnen, wenn es ihm dienlich war, solange ich ihm »im Wesentlichen okay« erschien. Und er würde, wenn zur Rede gestellt, auch immer einen Weg finden, sein Verhalten zu rechtfertigen und mir ein schlechtes Gewissen zu machen, denn er war sich hundertprozentig sicher, ein vorbildlicher Mensch zu sein.

Die Therapeutin Anne Grey sagt: »Dieses Verhalten von Michael ließe sich als ›unbewusstes‹ Verhalten bezeichnen, insofern, als er so in seinen Gedanken und Empfindungen versunken ist, dass ihm die Auswirkungen auf andere vollständig entgehen, und, was noch wichtiger ist, es ist ihm nicht klar, dass er die Wahl hat, einen Schritt zurückzutreten, zu beobachten, größere Klarheit zu gewinnen und einzusehen, dass ihm, wenn er das möchte, eine alternative Handlungsoption offensteht.«

Der Groll-fache Pfad

Dieses Gefühl der Bedeutsamkeit, das mir mitten in der Nacht gekommen war, war in Wirklichkeit mein Unterbewusstsein, das mir sagte: »Es wird Zeit, dass du einsiehst, wie dieser Mann sich immer verhalten wird.« Aus den hintersten Winkeln meines Gedächtnisses gesellten sich weitere Anekdoten zu dieser neu entstandenen. Einige gingen explizit auf Nächte zurück, die ich in der Vergangenheit unter Michaels Dach verbracht hatte. Als ich ihn anfangs kannte, war seine Lieblingsbeschäftigung am frühen Morgen, laute Musik zu spielen. Pech, wenn ich bei ihm übernachtete und noch schlief. Dann wurde ich nämlich von volltönenden Queen- oder Led-Zeppelin-Songs unsanft geweckt. Zu der Zeit nahm ich das nicht sonderlich tragisch. Ich hatte keinen Job von Bedeutung und auch keine Kinder, weshalb chronische Übermüdung noch kein Thema für mich war. Doch als ich nach dem »Kopfüber im Türrahmen«-Vorfall daran zurückdachte, fiel mir ein, dass Michael immer wenn ich ihn fragte, ob er mit seiner Musik nicht warten könne, bis ich wach war, eine leichte Verstimmung erkennen ließ und ein wenig ausrastete.

Bei einer Gelegenheit legte er mir, statt wie sonst beleidigt abzuziehen, seine Sicht der Dinge dar, wie ein Angeklagter, der sich vor Gericht verteidigt. »Sieh mal«, sagte er, »meine liebste Zeit des Tages ist, wenn ich mich morgens früh anziehe und für die Arbeit fertig mache. Und dabei Musik zu hören – in angemessener Lautstärke, damit ich auch *etwas hören* kann – ist eine meiner Lieblingsbeschäftigungen. Warum sollte ich darauf verzichten müssen, nur weil du zufällig zu Besuch bist?« Als ich ihn daraufhin fragte, wie er sich fühlen würde, wenn ich die Filmmusik zu *Oklahoma* richtig laut aufdrehen würde, während er versuchte, in meinem Gästezimmer zu schlafen, war er etwas verdutzt und antwortete: »Na ja … das fände ich natürlich furchtbar.«

»Na also!«, resümierte ich.

»Hm«, machte er und war die folgende Stunde über unleidlich. Keiner von uns beiden brachte zur Sprache, dass ich so etwas noch nie getan hatte und auch niemals tun würde, während er es regelmäßig so machte.

Michael hörte erst dann mit der lauten Musik am frühen Morgen auf, nachdem ich ihn ungefähr viermal darum gebeten hatte (und nachdem er richtig ausgerastet war).

Auf der Heimfahrt am Tag nach »Kopfüber im Türrahmen« fielen mir mindestens zehn oder zwölf denkwürdige Michael-Anekdoten ein. Es waren die ersten Anekdoten, die ich offiziell und mit einigem Stolz in meine neue Groll-Vitrine aufnahm!

Auftritt: Die Groll-Vitrine

Lassen Sie mich raten: Sie haben noch keine und hatten auch keine Ahnung, dass Sie eine brauchen? Das tun Sie aber. Sie werden gleich verstehen, weshalb. Eine Groll-Vitrine ist der einzige konkrete Gegenstand, den Sie brauchen, um erleuchtetes Groll-Hegen von der von mir propagierten Sorte zu praktizieren. Und es wird Sie freuen zu hören, dass es keine echte Vitrine aus der edelsten Eiche sein muss. Es kann ein Schuhkarton sein, eine alte Handtasche, ein Schmuckkästchen, eine Schublade im Nachttisch … Ein Behälter jeglicher Art eignet sich dafür. Er soll Ihnen dazu dienen, jeden Groll, den Sie behalten möchten, damit er zur Bereicherung Ihres Lebens beiträgt, angemessen aufzubewahren. Wenn Sie wie ich stolzer Besitzer einer Vielzahl solcher »Grolle« sind, dann brauchen Sie eine Kiste/Tasche/Schublade etwas größeren Ausmaßes.

Es ist egal, welche Form Ihre Groll-Vitrine annimmt. Hauptsache, für Sie fühlt es sich richtig an. Wenn Ihnen die Vorstellung gefällt, eine echte Vitrine aus Holz zu zimmern, dann machen Sie das ruhig. Wenn Sie eine nagelneue Designer-Handtasche als Groll-Vitrine verwenden wollen, kaufen Sie sich eine! Wenn Sie sich dagegen mit einem bescheidenen Schuhkarton wohler fühlen, ist das auch in Ordnung. (Sie werden sicher schon rätseln, deshalb sag ich's Ihnen gleich: Ich bin immer noch in der Findungsphase, wie meine Groll-Vitrine aussehen sollte. Die Idee mit der Designertasche könnte mich schon reizen, aber auch das Wort »Geheimfach« hat einen verlockenden Klang. Fürs Erste ist meine Groll-Vitrine dieses Buch und eine Datei auf meinem Computer mit dem Namen »Groll-Buch-Notizen«.)

Auftritt: Der Groll-fache Pfad

Buddhisten folgen dem »Achtfachen Pfad« zur Erleuchtung. Ich weiß genug darüber, um mit Bestimmtheit sagen zu können, dass dies kein Pfad ist, dem ich persönlich jemals folgen könnte. Ich folge stattdessen lieber dem Groll-fachen Pfad (den ich ausführlich in Kapitel 7 erläutern werde), und ich hoffe, dass zumindest einige von Ihnen, nachdem Sie dieses Buch gelesen haben, dies auch tun werden. Wenn Sie nur acht »Grolle« haben, dann ist Ihr Pfad ebenfalls achtfach, aber ich habe meinen Pfad so benannt, dass er keine konkrete Zahl vorgibt. Er ist somit flexibel und taugt selbst dann noch, wenn Sie 347 »Grolle« haben.

Das »fach« in dem Begriff Groll-facher Pfad bezieht sich nicht auf die Anzahl der »Grolle«, die den Pfad bilden. Vielmehr bezieht es sich auf den Akt des In-ein-Fach-Legens. In Kapitel 8 werde ich Ihnen ausführlich erklären, warum und wie Sie Ihre Groll-Anekdoten aufzeichnen sollten, und Sie werden erkennen, dass das Ablegen für Anhänger des Groll-fachen Pfads einen wichtigen Teil des Groll-Pflege-Rituals darstellt.

Die »Michael-kopfüber-im-Türrahmen«-Nacht war nicht die letzte, die ich mit Michael unter demselben Dach verbrachte. Später ergaben sich noch mehrmals Gelegenheiten, bei denen es sich nur schwer hätte vermeiden lassen, aber ich entschied mich niemals mehr freiwillig dafür und ich fühlte mich weniger gefährdet, als ich erst einmal meinen Groll unter Dach und Fach hatte – als Anekdote, die es mir offiziell gestattete, sie mit anderen Michael-Geschichten zu verbinden und mir zu sagen: »Vergiss nicht: Michael ist nun mal so, er wird immer ein derartiges Verhalten an den Tag legen.«

Folgendes habe ich aus »Michael kopfüber im Türrahmen« – und aus den anderen Michael-Anekdoten, die sich scharenweise dazugesellten – gelernt: dass ich zwar weiter meine Freundschaft zu ihm pflegen und ihm nicht weiter böse sein konnte, andererseits in seiner Gegenwart aber auch immer auf der Hut sein sollte, damit er mir keinen Schaden mehr zufügen konnte – *meiner Definition von Schaden zufolge*, die (diese Freiheit nahm ich mir) mindestens genauso ihre Berechtigung hatte wie seine.

Die Ausformung des Grolls – die Herausarbeitung der Geschichte und ihre Interpretation – gab mir in dem Augenblick, in dem der ärgerliche Vorfall stattfand, etwas Praktisches zu tun, sodass ich mich nicht aufregte. Ich war zu sehr mit etwas weitaus Konstruktiverem beschäftigt. Es war, als würde ich von außen auf mein Leben schauen und denken: »Was läuft hier eigentlich für eine Geschichte ab? Erinnert sie mich an andere ähnliche Geschichten mit denselben Beteiligten? Wie sollte sie reagieren? Was denkt sie jetzt?« »Sie« war natürlich ich.

Die »Michael-kopfüber-im-Türrahmen«-Anekdote ist immer noch von starker Bedeutung für mich. In meinem Kopf hat sie immer noch emotionale Brisanz. Ich betrachte diese Brisanz als hilfreiches Glöckchen, das in meinem Gedächtnis bimmelt (noch ein Bild dafür, wie ein Groll aussehen könnte) und mich mahnt, dass ich mich in Zukunft vor Michael vorsehen muss.

Wie kann ich von diesem Glöckchen profitieren? Die Psychotherapeutin Helen Acton sagt dazu: »Es ist ein geläufiger Tropus in der Psychoanalyse, dass ›wer sich nicht an die Vergangenheit erinnern kann, dazu verdammt ist, sie zu wiederholen‹, wie es der Philosoph George Santayana in einem berühmten Ausspruch formuliert hat. Sophies Entschlossenheit, ihre Groll auslösenden Vorfälle zu bewahren, bietet ihr Schutz vor der Gefahr, noch einmal in eine ähnlich schmerzliche Situation zu geraten. Eine solche Wachsamkeit sorgt dafür, dass sie nicht dazu verdammt ist, etwas zu wiederholen. Oder zumindest beschert sie sich in einer unsicheren und unberechenbaren Welt die beste Voraussetzung dafür.«

Ich liebe meinen »Michael-kopf-über-im-Türrahmen«-Groll, so wie alle meine »Grolle«, die mir würdig genug erscheinen, sie in meiner Groll-Vitrine aufzubewahren. Ich bin dankbar für meine »Grolle«, denn sie haben mich, mehr als irgendetwas sonst in meinem Leben, gelehrt, wie ich leben und wie ich nicht leben möchte.

Helen Acton sieht es genauso. »Meiner Ansicht nach hat Sophie hier den wertvollsten Aspekt des Groll-fachen Pfads ausgemacht. Es ist ein Mittel, mit dem sie ihr ganz persönliches Wertesystem definieren kann. Wir alle haben so eins, aber erstaunlich wenige von uns sind imstande, es zu erfassen oder es zu benennen, bis eine Grenze überschritten ist – die Grenze, die es uns ermöglicht, einen Wert zu bestimmen, nach dem wir leben möchten und dessen Einhaltung wir auch von anderen erwarten. Ein Verständnis unseres persönlichen Wertesystems bietet eine Basis, auf der wir unsere Entscheidungen treffen können, ein wertvolles Werkzeug, um unser Leben zu gestalten. Ein gut gehegter Groll ist ein Statement unseres Moralkodexes. Darüber hinaus erhöht er die Wahrscheinlichkeit, dass wir respektvoll mit uns selber umgehen und dementsprechend erwarten und einfordern, auch von anderen so behandelt zu werden. So können wir mit Winston Churchill, der es gewohnt kernig auf den Punkt gebracht hat, sagen: ›Das ist die Art von verdammtem Blödsinn, den ich mir nicht gefallen lassen werde.‹«

Die Bedeutung von Geschichten

Im Lauf der Jahre habe ich Hunderte von Ratgebern verschlungen, die vom Buddhismus oder auch vom Christentum beeinflusst waren. Spontan kommt mir da als Erstes *Jetzt! Die Kraft der Gegenwart* von Eckhart Tolle in den Sinn. Darin wird die These vertreten, dass die Geschichten, die wir uns über unsere Erfahrungen im Leben erzählen, uns verstören. Dabei könnten wir uns leicht, so argumentiert Tolle, eine andere Geschichte erzählen. Das ist absolut richtig ... wenn man das kann. Nehmen wir ein Beispiel:

Es ist Ihr 50. Geburtstag. Zur Feier des Tages lädt Ihre Frau Sie zum Abendessen in Ihr Lieblingsrestaurant ein, in dem man Monate im Voraus reservieren muss. Sie verabreden sich dort mit ihr um 19.30 Uhr. Schon seit Wochen freuen Sie sich darauf. Sie kommt nicht. Sie sitzen dort mehrere Stunden lang, dann geben Sie es auf und gehen nach Hause. Sie finden Ihre Frau im Wohnzimmer. Als Sie reinkommen, sagt sie: »Entschuldige, dass ich nicht erschienen bin. Ich hatte einfach keine Lust, heute Abend noch auszugehen. Ich bin total geschlaucht.« Sie erkundigen sich, warum sie nicht angerufen oder Ihnen eine SMS geschickt hat, und sie erwidert: »Hm? Oh, tut mir leid. Ich hab mich ganz in diese Fernsehserie vertieft, nach der ich so verrückt bin.«

Nach sorgfältiger Lektüre von Eckhart Tolle glaube ich sagen zu können, dass er dafür plädieren würde, sich diese Geschichte in der Weise zu erzählen, um sich Kummer zu ersparen: »Ein Mann geht in ein Restaurant, bleibt eine Zeit lang sitzen und kehrt dann nach Hause zurück. Eine Frau bleibt zu Hause und geht nicht in das Restaurant.« Wenn Sie es so formulieren, so behauptet Tolle, vermeiden Sie all den Schmerz, den Sie sich selber zufügen würden, wenn Sie die Geschichte stattdessen so erzählten: »Sie *weiß* doch, dass ich mich schon seit Wochen darauf freue, diese egoistische Kuh! Und es ist auch noch mein *Fünfzigster*! Ein Meilenstein! Offensichtlich schert sie sich einen Scheißdreck um mich.«

Tolle glaubt, wir können alles Leid aus unserem Leben ausschließen, indem wir uns einfach keine verstörenden Geschichten erzählen, in denen sich Leute wie Arschlöcher benehmen und unsere Gefühle verletzen. Andere Ratgeber, die ich gelesen habe – und zwar die Mehrzahl –, würden einräumen, dass Sie, wenn Sie diese Geschichte wahrheitsgetreu erzählen wollten, zugeben müssten, dass hier ein ziemlich egoistisches Verhalten am Werk war. *Aber* (so würden eben jene Bücher weiter argumentieren) wir sollten uns nicht von der Rücksichtslosigkeit anderer Leute, selbst von ihrer Grausamkeit nicht, unglücklich machen und in unserem inneren Frieden stören lassen. Wir sollten uns schlicht und einfach sagen, dass ihr schlechtes Benehmen ihr Problem ist und nicht unseres.

Brooke Castillo, deren wöchentlicher Podcast »The Life Coach School« Suchtpotenzial hat, lehrt etwas, das sie »Das Muster« nennt. Demzufolge werden äußere Umstände (die Frau, die nicht zum geplanten Geburtstagsessen im Restaurant erscheint) als etwas grundsätzlich Neutrales gesehen, das nur über Gedanken (»Wie konnte sie mir das antun? Das selbstsüchtige Weibsstück!«) in der Lage ist, Gefühle (Verletzung, Kummer, Bitterkeit) auszulösen.

Castillo argumentiert, dass niemand unsere Gefühle verletzen oder uns leiden lassen kann, es sei denn, wir lassen es zu. Niemand, so macht sie geltend, kann uns überhaupt zu irgendwelchen Gefühlen bewegen, ob nun zu positiven oder negativen, weil wir nämlich Herren unserer Gefühle sind, und wir haben jederzeit die Macht, diese Gefühle zu ändern, indem wir unsere Ansichten zu bestimmten Umständen ändern. Dieser Ansatz ähnelt dem von Tolle (er sagt »die Geschichte, die wir uns selber erzählen«, sie sagt »Gedanken«, aber unterm Strich meinen sie das Gleiche). Castillo nennt Tolle einen ihrer wichtigsten Lehrer und Einflüsse.

Auf einer bestimmten Ebene haben beide absolut recht: Wenn man seine Gedanken verändern oder sich völlig andere Geschichten erzählen kann, dann kann man natürlich anders empfinden. Das Problem für die meisten von uns ist nur, dass wir, wenn wir uns bemühen, die neuen, Schmerz vermeidenden Gedanken zu denken (»Ist doch toll, dass meine Schwester meinen Mann gevögelt hat! Ich freue mich wahnsinnig darüber!«), uns möglicherweise nicht so ganz hundertprozentig überzeugen können.

Mir sagte einmal die Mutter meines damaligen Freundes, dass sie mich, wenn mein Leben in Gefahr wäre, vermutlich nicht retten würde. Nicht: auf keinen Fall, nur: vermutlich. Dann schüttelte sie den Kopf, dachte noch einmal genauer darüber nach und kam zu dem Schluss: »Nein, ich glaube wirklich nicht, dass ich es täte.« Das alles sagte sie aus heiterem Himmel – falls einer von Ihnen denken sollte, ich hätte sie dazu veranlasst, indem ich gesagt hätte: »He, du Schlampe, ich wette, du würdest keinen Finger rühren, um mich aus einem brennenden Haus zu retten, stimmt's?«

Ich könnte mir jetzt natürlich die Geschichte so erzählen, wie Tolle es mir raten würde: »Eine Frau hat einer anderen Frau gegenüber eine Bemerkung gemacht, und man kann unmöglich wissen, was sie damit bezweckt hat.« Ich könnte einen Gedanken hegen, mit dem ich eine Verletzung vermeiden würde, so wie Castillo es vermutlich vorschlüge: »Die Mutter meines Freundes kann mir nicht wehtun, denn ihre Worte und Ansichten sind ihre Sache und ihr Problem, und ich weiß, dass mein Leben wertvoll ist, ganz egal, was sie sagt.«

Allerdings – und es ist ein sehr gewichtiges Allerdings, kein nebensächliches – wäre ich bereit, meinen letzten Cent darauf zu verwetten, dass *es für die große Mehrheit der Menschen immer so sein wird, dass sie, wenn andere ihnen verletzende Dinge sagen oder Entsetzliches antun, verletzt und entsetzt sein werden*. In diesem Zusammenhang wird die neutralere, weniger schmerzhafte Geschichte, die Sie sich einzureden versuchen, vermutlich nicht »greifen«, da Sie sie, um nicht allzu spitzfindig zu werden, als faustdicke Lüge empfinden. Und wenn Sie nicht überzeugt davon sind, werden Sie sich auch nicht besser fühlen. Sie laufen sogar Gefahr, sich noch schlechter zu fühlen, wenn Sie den Eindruck haben, Ihr Versuch, sich selber zu belügen, setze dem Ganzen noch die Krone auf.

Helen Acton sagt: »Hier sehen wir den entscheidenden Unterschied zwischen den ›Idealen‹ der Positiven Psychologie und der *tatsächlichen gelebten Erfahrung* der Menschen. Nur wenn sie auf ihre tatsächliche Erfahrung der Gefühle achtet, die ein Erlebnis ausgelöst hat – Enttäuschung, Gekränktheit, Verletzungen jeglicher Art –, wird es Sophie möglich sein, darüber hinwegzukommen, und es kann seine schmerzliche emotionale Schlagkraft verlieren. Einfach nur einen Smiley-Sticker über die Realität einer Erfahrung zu kleben, leugnet eine Grundwahrheit des menschlichen Befindens, die da lautet: Wir sind gesellige Wesen, die Welt, in der wir leben, beruht auf einem Beziehungsgeflecht, und andere Menschen wirken sich immerzu auf uns aus. Wie Sophie schon sagt, der Smiley-Sticker fühlt sich an wie eine Lüge, weil er eine Lüge ist. Die Existenzialisten würden sagen, hier wird in einer ›Täuschungsabsicht‹ gelebt.«

In ihrem Podcast gibt Brooke Castillo zu, dass sie regelmäßig »Gedankenarbeit« leisten muss, wie sie es nennt, um nicht den Schmerz und die Wut empfinden zu müssen, die sich andernfalls einstellen würden, wenn beispielsweise jemand versucht, sie zu betrügen.

Auch ich habe im Lauf der Jahre endlose Gedankenarbeit zu leisten versucht. An einem bestimmten Punkt habe ich dann allerdings eingesehen, dass ich zwar die gesamte Theorie in- und auswendig wusste – in jedem »Erleuchteter Guru«-Test hätte ich die höchste Punktzahl erreicht –, die Ratschläge meiner Lieblingsgurus aber trotzdem nicht in die Praxis umsetzen konnte. Ich hatte mich nach Kräften bemüht, immerzu nur positiv zu denken und mir einzureden, dass mein Seelenfrieden fortan unberührt bleiben würde von dem gemeinen oder herzlosen Verhalten anderer Leute, aber tief in meinem Innern wusste ich, dass alles nur Schau war und aus rein praktischer Sicht eigentlich unmöglich durchzuführen.

Ungefähr zwei Jahre lang gelang es mir, die Fassade aufrechtzuerhalten und leidlich erleuchtet zu wirken. (Aber vielleicht mache ich mir da auch selber etwas vor. Meine Schwester sagte nämlich des Öfteren zu mir: »Du bist doch nicht wirklich erleuchtet, oder? Es juckt dich doch immer noch, über andere zu lästern, stimmt's?« Und sie hatte verdammt noch mal recht! So war es.) Während ich mich rundum versöhnlich gab, machten meine Groll-Geschichten sich immer lauter in meinem Kopf bemerkbar.

Und dann hatte ich eines Tages – etwa drei Monate vor »Michael kopfüber im Türrahmen« – einen Durchbruch. Es war nicht so, als *könnte* ich nicht ohne Groll leben. Ich *wollte* es nicht – weil es einfach eine großartige Sache war.

Anne Grey sagt: »An keinem Punkt müssen wir uns dafür rügen, dass wir diese Gedanken oder Gefühle haben, oder so tun, als wären sie nicht vorhanden. Wir lassen einfach nur zu, was da ist, und erkennen, was das Entscheidende ist, dass wir in diesem gegenwärtigen Moment eine Wahl haben.«

Ich erkannte, dass mein Groll genau der richtige Weg zu einer positiven Einstellung und zu dem Wohlbefinden war, auf das ich aus war! Er schadete weder mir selber noch sonst jemandem. Ich assoziierte überhaupt keine negativen Gefühle mit ihm. Er war einfach nur eine Sammlung von Anekdoten, die mir wichtig waren und die ich nicht vergessen wollte. Mehr noch, mit einem Mal ging mir auf, dass ein Groll uns nicht nur guttut, sondern megagut. Und wenn das stimmte, warum, zum Henker, ermunterten uns dann all diese Gurus, unsere herrlichen »Grolle« aufzugeben? Wollen sie, dass wir unbewaffnet dastehen, wenn uns die schlimmsten Dinge widerfahren? Und wenn ja, wieso?

Es hatte mir schon immer Spaß gemacht, anderen von einem Groll zu erzählen. Jetzt fragte ich mich, warum. Wenn ein Groll wirklich so schlecht für uns war, woher kam dann dieses befriedigende Gefühl? Das gesamte Thema Groll war, wie mir klar wurde, viel zu wenig erforscht und ausgesprochen missverstanden.

Als ich in intensivere Recherchen einstieg, erfuhr ich, dass ich nicht, wie ich bis dahin vermutet hatte, zu gehässig war für eine Erleuchtung. Ein Widerspruch, den ich an mir wahrgenommen hatte, bedurfte mit einem Mal keiner Erklärung mehr, weil es gar kein Widerspruch war. Es gibt niemanden – keinen einzigen Menschen auf der Welt –, dem ich nicht eine zweite Chance geben würde. Ich hege außerdem mehr »Grolle« als alle Leute, die ich kenne, und habe größeres Interesse und größere Lust an ihnen. *Diese beiden Aussagen widersprechen sich nicht.* Sie passen wunderbar zusammen, wenn man erst einmal begriffen hat, dass Groll zu hegen der beste Weg ist, um ein versöhnlicherer, zufriedenerer Mensch zu werden.

Um noch einmal kurz auf die Frau zurückzukommen, die nicht zum Geburtstagsessen erschienen ist … In diesem oder einem ähnlichen Szenario sind ausschließlich neutrale, positive Gedanken in der Hoffnung, dadurch Schmerz zu vermeiden, *nicht* die Lösung. Wir können Schmerz nicht vermeiden, also vergeuden wir besser keine Zeit mit dem vergeblichen Versuch. Hass und ein Gefühl der Verbitterung und Wut sind *ebenfalls* keine Lösung. Einen Groll zu entwickeln und ihn zu hegen (auf eine sichere, verantwortungsvolle und erbauliche Art und Weise) und *dann* der betroffenen Person zu vergeben – was *sehr* viel leichter ist, wenn man erst einmal einen soliden Groll installiert hat –, das ist die Lösung.

Dieses Buch wird genau und detailliert erläutern, wie das möglich ist und warum es der einzig gangbare Weg ist.

Das Groll-Quiz

»Vergib deinen Feinden – nichts ärgert sie mehr.«
Oscar Wilde

Bevor wir mit der Theorie loslegen, hier erst noch ein Quiz. Finden wir gemeinsam heraus, was für ein Groll-Typ Sie sind. Die folgenden Fragen zielen darauf ab, Ihre gegenwärtige Einstellung zum Groll zu erhellen. Am Ende des Buches kommt noch einmal ein Quiz, um zu ermitteln, ob sich Ihre Ansichten über Groll irgendwie verändert haben.

1. Ihnen fällt auf, dass Ihre beste Freundin in Sozialen Netzwerken mehrere »Ich habe tolle Neuigkeiten«-Posts von jemandem gelikt hat, den Sie nicht ausstehen können. Ihre Freundin hat immer behauptet, diese Person ebenfalls nicht zu mögen und ganz auf Ihrer Seite zu stehen. Aber hier sind sie nun mal: favorisierende Posts, die Ihren Widersacher hochleben lassen. Was machen Sie?
   a. Sie beenden die Freundschaft und verbannen Ihre Freundin aus Ihrem Leben.
   b. Sie fragen Ihre Freundin, warum sie das getan hat und ob sie Sie mit ihrer Abneigung gegenüber der bewussten Person belogen hat.
   c. Sie gehen davon aus, dass sie trotz der Beweislage immer noch auf Ihrer Seite steht, und reden sich ein, dass sie den Like-Button nur versehentlich gedrückt oder es eigentlich ironisch gemeint hat.
   d. Sie setzen die Freundschaft fort, sagen nichts und hegen im Stillen einen Groll.

2. Sie haben Ihren Freund Bob immer begeistert gelobt, wenn er etwas Beeindruckendes gemacht hat. Dann haben auch Sie

einen erstaunlichen Erfolg zu verbuchen, und Bob lässt Ihnen nicht einmal annähernd so viel Lob zuteil werden. Er sagt: »Wie ich sehe, hast du sehr viel Mühe da hineingesteckt«, ohne hinzuzufügen, ob er meint, es sei die Mühe wert gewesen, oder ob er das Ergebnis gut oder furchtbar findet. Ihnen wird klar, dass er Sie noch nie angemessen gelobt oder sich über irgendeine Ihrer Leistungen begeistert gezeigt hat – so etwas gibt es bei ihm einfach nicht. Was machen Sie?

a. Sie beschließen, ihn nie wieder zu loben.
b. Sie sagen ihm, dass seine Reaktion Sie verletzt hat, und erklären auch, wieso.
c. Sie loben ihn sogar noch mehr als sonst, um ihm ein Beispiel zu geben, und hoffen, er versteht den Wink.
d. Sie bemitleiden ihn – wie furchtbar, wenn man nicht imstande ist, Begeisterung zum Ausdruck zu bringen! –, korrigieren Ihre Meinung über ihn nach unten und sagen sich, dass er nicht etwa ungestraft davongekommen ist, weil Sie nämlich nie wieder für ihn empfinden werden wie früher.

3. Welches dieser Zitatpaare spricht Sie am meisten an?
   a. »Ich hege keinen Groll. Alles gut. Du hörst vermutlich nie wieder von mir, aber es ist alles gut.« (Anonym/viele Internetquellen) »Ich ziehe eine Grenze und wenn du sie überschreitest, streiche ich dich aus meinem Leben. So einfach ist das.« (Anonym/viele Internetquellen)
   b. »Kernpunkt jeden Zorns, jeden Grolls und jeder Verbitterung ist immer eine Angst, die hofft, anonym zu bleiben.« (Donald L. Hicks, *Look Into the Stillness*) »Bevor ich eine klare Haltung eingenommen habe, war ich mir immer … ein wenig unsicher, was meine Rechte betraf und was real war.« (Psychotherapeutin Sandy Katz)
   c. »Ich verzeihe anderen Menschen, aber das heißt nicht, dass ich ihr Verhalten akzeptiere oder ihnen traue. Ich verzeihe ihnen meinetwegen, damit ich loslassen und mein Leben

weiterleben kann.« (Anonym/viele Internetquellen) »Ich hege keinen Groll. Ich behalte Fakten im Gedächtnis.« (Anonym/viele Internetquellen)

d. »Es heißt, es sei gut, seinen Groll aufzugeben, aber ich weiß nicht so recht, ich liebe meinen Groll. Ich umsorge ihn wie ein Schoßhündchen.« (aus *Tausend kleine Lügen* von Liane Moriarty) »Kann ich den Antrag stellen, das Groll-Hegen zu einer olympischen Disziplin zu erheben? Ich bin nämlich schon mein ganzes Leben lang im Training.« (Anna Kendrick auf Twitter)

4. Sie berichten Ihrer Freundin Beatrice, dass ihre Schwester Jane (mit der Sie ebenfalls befreundet sind) Ihr Auto zerkratzt und es dann vertuscht hat, um nicht die Reparaturkosten zahlen zu müssen. Beatrice reagiert aggressiv und sagt: »Es ist doch sowieso ein mieses, hässliches Auto.« Was machen Sie?

a. Für Sie sind sowohl Beatrice als auch Jane gestorben, und Sie verbannen sie aus Ihrem Leben.

b. Sie sehen ein, dass Beatrice entsetzt gewesen sein muss zu erfahren, dass ihre Schwester eine verlogene Autozerkratzerin ist, und auf Sie losgegangen ist, ohne es eigentlich zu wollen. Wenn sie sich erst einmal beruhigt hat, werden Sie noch einmal mit ihr reden und ihr die Chance geben, angemessener zu reagieren.

c. Sie kommen zu dem Schluss, dass Beatrice nur zickig zu Ihnen war, weil sie sich selber so erschrocken hat, und dass es ihr mit ziemlicher Sicherheit im nächsten Augenblick schon leidtat. Sie verzeihen ihr auf der Stelle ohne viel Federlesens – denn Sie wissen ja, dass sie nicht herzlos sein wollte.

d. Sie merken sich, dass weder Beatrice noch Jane sich um Gerechtigkeit oder um Ihre Gefühle scheren. Also wird es Sie von jetzt an auch nicht mehr sonderlich kümmern, wenn die Gefühle der beiden verletzt sind oder sie unfair behandelt werden. Sie werden nichtsdestotrotz vermutlich die Freundschaft fortsetzen und sich gelegentlich mit ihnen treffen, denn wenn Sie sie abservieren oder ächten würden, könnte das im weiteren Freundeskreis Probleme bereiten.

5. Sie wollen einen Tisch in einem Restaurant, Fred's, für 19 Uhr reservieren. Fred, der Inhaber, sagt Ihnen, dass das unmöglich ist, da sie nur zweimal Essen servieren, von 18 bis 20 Uhr und von 20 Uhr bis zum Schluss. Sie erklären, dass Sie den Tisch um 19 Uhr haben möchten und nicht um 18 oder um 20 Uhr und dass 19 Uhr eine angemessene Zeit zum Abendessen ist. Fred lässt sich nicht erweichen. Was machen Sie?
   a. Sie sagen ihm, dass Sie es für kurzsichtig halten, den Profit vor die Wünsche und Bedürfnisse der Gäste zu stellen, beschließen, sein Restaurant niemals wieder zu betreten, und erzählen allen, die Ihnen begegnen, von dem Vorfall in der Hoffnung, auch andere von einem Besuch dort abzuhalten.
   b. Sie schlagen vor, dass Fred sein Geschäftsprinzip einmal überdenkt, da es für die Gäste nicht sehr praktisch ist, und bestellen dann einen Tisch für 18 oder 20 Uhr, oder Sie gehen irgendwo anders hin.
   c. Sie kommen zu der Einsicht, dass es ja eigentlich auch Vorteile hat, schon um 18 Uhr zu essen – dann könnten Sie hinterher noch ins Kino gehen. Oder sich eine frühere Vorstellung ansehen und dann um 20 Uhr essen. Ende gut, alles gut!
   d. Sie streiten sich nicht lange herum, sondern beschließen, Freds Restaurant wegen der unsinnigen Vorgaben in Zukunft zu boykottieren.

Ergebnisse

Überwiegend »a«: Sie sind **Meister beziehungsweise Meisterin im Schlussstrichziehen.**

Die gute Nachricht: Sie wissen sich zu schützen. Sie werden daher vermutlich besser behandelt und viel seltener für dumm verkauft als tolerantere, nachsichtigere Menschen. Sie kennen Ihren Wert und erwarten zu Recht ein gutes, freundliches, angemessenes Benehmen von den Menschen in Ihrem Umfeld. Sie vertrauen Ihrem Urteilsvermögen nicht weniger als dem der anderen, und Sie sind so schlau, nicht Zeit und Energie auf diejenigen zu verschwenden, die es nicht verdienen.

Die schlechte Nachricht: Sie sind möglicherweise ein wenig zu defensiv. Es könnte Zeiten geben, in denen ein differenzierterer Ansatz vonnöten wäre. Passen Sie auf, dass Ihre Bereitschaft, andere Menschen in die Wüste zu schicken, nicht dazu führt, dass Sie Menschen verlieren, die Ihnen guttäten. Finden Sie nicht zu viel Vergnügen am Schlussstrichziehen, und achten Sie darauf, dass Sie nicht stolz darauf werden, Menschen aus Ihrem Leben verbannt zu haben. Vergewissern Sie sich außerdem, ob Sie nicht, tief im Innern, von Furcht motiviert sind (vor dem Fortsetzen der Beziehung und davor, was das emotional oder seelisch von Ihnen verlangen würde, zum Beispiel sich der Tatsache zu stellen, dass die Geschichte auch noch eine andere Seite haben könnte, die genauso ihre Berechtigung hat wie Ihre eigene). Wir treffen häufig Entscheidungen, die auf Furcht basieren, und verkaufen sie dann als prinzipielle Grundeinstellung. Seltsam, aber wahr: Je mehr Sie von Furcht motiviert sind, desto stärker werden andere sich vor Ihnen fürchten, und das werden (beziehungsweise sollten) Sie ja wohl nicht erstreben.

Überwiegend »b«: Sie sind ein **empathischer Analytiker.**

Die gute Nachricht: Sie denken analytisch, und Ihnen ist daran gelegen, jedem eine faire Chance zu geben. Sie sind daran interessiert, die psychologische Motivation hinter dem Verhalten eines Menschen zu erfahren, und bis Sie diese kennen, verurteilen Sie nicht.

Das bedeutet, dass, wenn Sie denn Groll hegen oder jemanden aus Ihrem Leben streichen, dem vermutlich eine sorgfältige Erwägung von mildernden Umständen und Details sowie irgendeine Form von Kosten-Nutzen-Analyse vorausgegangen ist. Das ist eine verantwortungsbewusste, reife Herangehensweise.

Die schlechte Nachricht: Nicht jeder handelt in ähnlich gutem Glauben. Sie sind möglicherweise zu tolerant und offen gegenüber denen, die Ihnen Böses wollen. Sehen Sie sich vor allem bei Wiederholungstätern vor.

Überwiegend »c«: Sie gehen den **Weg des geringsten Widerstands.**

Die gute Nachricht: Sie hassen es, Unannehmlichkeiten zu bereiten, sich selber oder anderen. Das ist toll! Sie neigen instinktiv zur Friedfertigkeit, eine wirklich hervorragende Eigenschaft. Wo immer möglich finden Sie einen Weg, sich durchs Leben zu schlagen, ohne viel Aufhebens, das andere beeinträchtigen würde, was bedeutet, Ihr Leben könnte durchaus die meiste Zeit über stressfrei und amüsant sein.

Die schlechte Nachricht: Sie können naiv sein und sich über lange Strecken in eine Vogel-Strauß-Haltung begeben. Darin liegt aber die Gefahr, dass trotz Ihrer Konfliktvermeidungsinstinkte ein Ihnen Nahestehender Sie in Bedrängnis bringen könnte und Sie die Gefahr nicht erkennen und eine angemessene Gegenwehr starten würden. Es könnte sich auszahlen, sich den Tatsachen und Ihren Gefühlen offener und ehrlicher zu stellen und dafür zu sorgen, dass Sie sich nicht selbst etwas vormachen.

Überwiegend »d«: Sie sind der **Groll-Guru.**

Sie sind ein geborener, fachkundiger Groll-Heger! Sie könnten genauso gut das nächste Kapitel überspringen, in dem »Groll« definiert wird, oder es einfach durchstreichen und Ihre eigene Definition verfassen, die mindestens ebenso gut werden wird wie meine.

Die gute Nachricht: Sie sind imstande, sich selbst zu schützen und gleichzeitig den größtmöglichen Spaß an Ihren »Grollen« zu finden und wann immer möglich die komische Seite an ihnen zu sehen. Sie verbannen niemanden aus Ihrem Leben – wenn also jemand sein Verhalten ändert oder bessert, können Sie verzeihen und Ihre Einschätzung korrigieren.

Die schlechte Nachricht: Sie müssen oft ein falsches Gesicht aufsetzen und so tun, als hätten Sie überhaupt kein Problem mit Menschen, die Sie im Stillen nicht ausstehen können. Das kann ermüden, und Sie laufen Gefahr, sich Ihren ureigenen Überzeugungen zu entfremden. Außerdem könnten Sie anfangen, ein bisschen zu viel Gefallen am Groll-Hegen zu finden. Geben Sie acht, dass es nicht zu einem Hobby wird. Sie sollten nicht auf einmal einen grundlosen Groll fabrizieren, nur um Ihrer Sucht zu frönen. Entwickeln Sie nur Groll auf etwas, das es auch verdient und nötig hat.

Ich bin Typ »d«, der Groll-Guru. Das sollte niemanden überraschen. Egal, welcher Typ Sie sind, mithilfe des Groll-fachen Pfads können Sie alle Früchte ernten, die jedem großen Groll-Heger zur Verfügung stehen, und die Fallstricke vermeiden.

Kapitel 2

Was Groll ist, was nicht und was er sein sollte

»Groll: heimliche, eingewurzelte Feindschaft oder verborgener Hass, zurückgestauter Unwille, der durch innere oder äußere Widerstände daran gehindert ist, sich nach außen zu entladen, und Verbitterung hervorruft.«

Duden online

Mit den gängigen Definitionen des Begriffes Groll bin ich nicht einverstanden. Oder vielmehr, ich akzeptiere, dass sie definieren, was ein Groll sein *kann* und häufig auch ist, beanstande aber, dass sie nicht darlegen, was ein Groll sein *muss*, und ich finde nicht, dass sie korrekt zum Ausdruck bringen, was ein Groll sein *sollte*.

Das Wort »Groll« geht sprachgeschichtlich zurück auf das spätmittelhochdeutsche »grolle« und ist verwandt mit dem mittelhochdeutschen Verb »grellen« (vor Zorn laut schreien) und dem Adjektiv »grel« (zornig, rau). Diese Herleitung ist für meine Zwecke zwar nicht sehr förderlich, aber sie ist nun mal eine historische Tatsache, daher kann ich dagegen nicht wirklich etwas unternehmen. Nichtsdestotrotz hoffe ich, dass Sie bis zum Ende dieses Buches gelernt haben werden, nicht vor Zorn laut zu schreien, wenn Sie über Ihren Groll sprechen, sondern ihn freudig feiern.

Was stimmt nicht mit den herkömmlichen Definitionen?

Ich möchte ja nicht als Querulantin daherkommen, aber es stimmt eine ganze Menge nicht mit ihnen. Betrachten wir einmal die beiden Hauptprobleme.

1. Ein Groll ist nicht immer das Resultat eines echten oder vermeintlichen Unrechts. Es ist durchaus möglich, Groll zu hegen, obwohl man weiß, dass der Groll-Absender (gewöhnen Sie sich an das Wort, ich werde es noch öfter benutzen) überhaupt kein Unrecht begangen hat. Sagen wir mal, Ihre beste Freundin seit der Kindheit fängt an, mit Ihrem Bruder auszugehen, und heiratet ihn schließlich. Daran gibt es aus moralischer Sicht überhaupt nichts zu beanstanden, doch es könnte trotzdem sein, dass Sie deswegen einen Groll hegen. Hätte sie sich nicht einen anderen Typen aussuchen können, statt Sie in dieses Dilemma zu stürzen, bei dem zwei unterschiedliche Bereiche Ihrer Welt plötzlich aufeinandergeprallt sind und Sie Angst haben müssen, dass sie ihm am Ende aus einer größeren Loyalität ihm als Ihnen gegenüber all Ihre kleinen Geheimnisse verrät? Das Wissen, dass Ihre beste Freundin und Ihr Bruder streng genommen nichts Unrechtes getan haben, könnte Ihren Groll sogar noch verstärken. Die beiden haben Ihre Welt bis in die Grundfesten erschüttert, ohne sich aus ethischer Sicht irgendwie danebenzubenehmen. Und Sie haben keinen Grund, Anstoß an ihrem Handeln zu nehmen, das würde Ihnen jeder sofort entgegenhalten, sobald Sie irgendwo anders als in Ihrem eigenen Kopf über sie herzögen. Wie entnervend! Das könnte zur Folge haben, dass Sie es ihnen nur noch mehr verübeln.
   Ich könnte noch viele ähnliche Beispiele anführen. Stellen Sie sich vor, Ihre Tante Doreen kauft das leer stehende Haus neben

Ihnen. Sie sind entrüstet, dass sie auf diese Weise in Ihr Territorium eingedrungen ist, ohne Sie vorher zu fragen, wie Sie dazu stehen. Gleichzeitig sehen Sie ein, dass sie dasselbe Recht darauf hat, das Haus zu kaufen, wie jeder x-beliebige Fremde, und dass es Ihnen nicht zusteht, zu bestimmen, wo sie wohnt oder wer in das Haus neben Ihnen einzieht.

Manches Mal sind weder Affront noch Kränkung am Werk – nicht einmal vermeintliche Affronts oder Kränkungen (oder anders ausgedrückt: die irrtümliche Annahme, dass man Ihnen unrecht getan hat, wenn es gar nicht so war). Es kann sogar vorkommen, dass Sie einen Groll gegen jemanden hegen, weil er etwas getan hat, das für Sie letztendlich von Vorteil ist. Sagen wir mal, Ihr Kollege Philip verbreitet regelmäßig Gestank im Büro, indem er sich in der gemeinschaftlichen Mikrowelle zu Mittag Fisch aufwärmt. Ihr Arbeitsplatz liegt genau neben der Büroküche, und eines Tages haben Sie die Nase voll. Sie nehmen Philip beiseite und sagen: »Hör mal, Philip … Du siehst doch sicher ein, dass das nicht in Ordnung ist, oder?« Sie erklären, dass der Geruch unerträglich ist. Er geht darüber hinweg und besteht darauf, dass er jedes Recht hat, sich zum Mittagessen Fisch aufzuwärmen, und das macht er auch weiterhin. Dann bekommt die Firma eines Tages einen Neuzugang: Nadine. Philip verliebt sich auf der Stelle bis über beide Ohren in Nadine. Eine Woche später sagt Nadine Philip mal ein paar Takte zum Thema Fisch, wobei sie genau wie Sie zuvor erklärt, dass er durch das ganze Büro stinkt. Philip stimmt dem zu, entschuldigt sich, sieht seinen Fehler ein und wärmt sich nie wieder Fisch in der Mikrowelle auf.

Das ist ja nun ganz offensichtlich eine wunderbare Wendung für alle im Büro, Sie eingeschlossen – aber Sie könnten dennoch einen »Richtig gehandelt, aber zu spät«-Groll daraus entwickeln. (In Kapitel 3 werden wir Groll in Kategorien unterteilen entsprechend ihren zentralen Themen.) Oder Sie entwickeln einen »Richtig gehandelt, falsche Gründe«-Groll. Andernfalls müssten Sie schon ein Heiliger sein. Und Ihr Groll hätte auch nichts mit dem Fisch zu tun (obwohl das natürlich noch ein gesonderter Groll werden könnte) – er würde sich speziell auf die *guten* Dinge beziehen, die Philip getan hat: das Aufhören, das Entschuldigen, das veränderte, bessere Benehmen. »*Jetzt* tut er das Richtige? Für *sie*? Nachdem er mir jedes Mal erzählt hat, ich läge völlig daneben, wenn *ich* ihm sagte, sein Verhalten sei inakzeptabel?« Ich vermute mal, dass Sie in dieser Situation wohl eine schlechtere Meinung über Philip haben würden, als wenn er sich niemals dazu entschlossen hätte, richtig zu handeln, und stattdessen weiterhin stinkigen Fisch warm machte. Von mir kann ich das jedenfalls behaupten!

2. Feindschaft, Hass, Unwille, Widerstände, Verbitterung… Himmelkreuzdonnerwetter! (Warum rede ich auf einmal wie ein Kesselflicker? Das muss daran liegen, dass ich unter Schock stehe.) Sehen Sie sich nur all diese negativen Begriffe an! Die herkömmlichen Definitionen von »Groll« suggerieren, dass Groll zu hegen zwangsläufig negative, unschöne Gefühle gegenüber jemand anderem mit sich bringt – und zwar nicht nur vorübergehend, sondern bewusst dauerhaft. In Wirklichkeit muss ein Groll überhaupt nicht bedeuten, dass man sich an *irgendwelche negativen Empfindungen* klammert, wie ich später noch erläutern werde.
   Die Frage »Ist Groll zu hegen eine abscheuliche, negative Sache?« wirkt sich entscheidend darauf aus, wie wir reagieren, wenn man uns fragt: »Hegst du schon mal Groll?« Wenn wir Groll als etwas Übles, Engherziges, Schändliches betrachten, dann werden wir wohl eher abstreiten, ihn jemals zu hegen. Glücklicherweise können wir Groll aber auch anders sehen, nämlich als kostbares Andenken an unsere Vergangenheit – ein bedeutsames Artefakt aus unserer emotionalen und seelischen Historie.
   Stellen Sie sich einmal vor, Sie bekommen Besuch von weither und zeigen dieser Person die Stadt. Mitten auf dem Marktplatz

steht eine extrem hohe rechteckige Skulptur aus grauem Marmor. Darauf sind die Namen von 25 Menschen eingraviert sowie die Worte: »Wir werden euch niemals vergessen. Ruhet in Frieden.«

»Was ist das denn?«, fragt Ihr Gast. »Was sind das für Namen? Was steckt dahinter?« Sie erklären, dass das die Namen all der Fensterputzer sind, die gestorben sind, als der inzwischen verrufene Geschäftsführer einer ortsansässigen Firma eines Tages sein Fenster im 28. Stock öffnete, auf das Gerüst hinaustrat und alle 25 Mann, die in diesem Augenblick gerade die Fenster putzten, in den Tod stieß. (Das tat er, weil er eine wichtige Sitzung zu leiten hatte und das Einseifen und Kratzen auf den Fenstern ihn aus dem Konzept brachten, falls Sie sich wundern.)

Stellen Sie sich weiter vor, dass Ihr Besuch daraufhin auf eine bedauernde, vielsagende und etwas gönnerhafte Art und Weise den Kopf schüttelt und sagt: »Das klingt furchtbar, aber weißt du, ihr macht es euch doch nur unnötig schwer, all ihr Einwohner hier. Ihr solltet diese Gedenkstätte abreißen, an die Stelle ein McDonald's setzen und nach vorn schauen. McDonald's ist doch cool! Alle wären dann viel glücklicher!«

Überlegen Sie mal, wie geschockt Sie wären, solche Worte und einen solchen Rat in diesem Kontext zu hören. Denken Sie an die entsetzten Reaktionen, die folgen würden, wenn jemand so etwas über ein echtes Denkmal sagen würde, das zum Andenken an Menschen aufgestellt wurde, die unter tragischen und unrechtmäßigen Umständen gestorben sind. In einem öffentlichen, politischen oder historischen Zusammenhang sieht jeder ein, dass ein schlimmes Ereignis einfach zu vergessen und zur Tagesordnung überzugehen, *als wäre nichts geschehen*, nicht immer die beste beziehungsweise richtige Vorgehensweise ist. Aus diesem Grund pflegen Menschen noch Jahre nach dem Tod eines Angehörigen liebevoll sein Grab, legen wir Blumen und Teddybären an den Ort eines tödlichen Verkehrsunfalls. In derartigen Situationen macht ein solches Verhalten absolut Sinn. Wenn Ihr Partner plötzlich an einem Aneurysma stirbt, sagt ja auch niemand: »He, vergeude keinen Tag mit einer Bestattungszeremonie – das ist zu negativ. Schau nach vorn! Gönne dir stattdessen einen Wellness-Tag.« Das sagt niemand am Tag nach dem Tod, und es würde auch niemand beim zehnten Jahrestag sagen. »Du gehst doch nicht etwa *immer noch* jeden 14. Mai zu ihrem Grab, oder? Jetzt solltest du das aber wirklich mal hinter dir lassen.«

Sie denken jetzt vielleicht: »Aber das ist doch etwas anderes, du Volltrottel. Beim Besuch auf dem Friedhof sind nicht Hass, Verbitterung, Unwille oder Feindseligkeit im Spiel. Und beim Aufstellen eines Denkmals genauso wenig und auch nicht beim Niederlegen von Blumen am Ort eines Verkehrsunfalls.«

Nein, das sind sie nicht. Das ist bei nichts davon der Fall. Dabei geht es nur um *Erinnern, den Wunsch, nicht zu vergessen, und die Bedeutung des Gedenkens* im Kontext von etwas Schlimmem, das einmal geschehen ist.

Wer dem Groll-fachen Pfad folgt (das bin im Augenblick möglicherweise nur ich, aber das macht nichts, alles hat mal klein angefangen), begreift, dass *genau das gleiche Prinzip für das Groll-Hegen gelten kann und sollte.* Geschichte ist Geschichte, sei sie nun privater oder globaler/politischer Natur, und Geschichte bedeutet den meisten Menschen etwas. Die Vergangenheit ist von Bedeutung aufgrund der Auswirkungen, die sie auf uns hat, und der Aufschlüsse, die sie für die Gegenwart und die Zukunft geben kann.

Stellen Sie sich folgendes Szenario vor: Die Schule Ihres Sohnes kündigt unvermittelt an, dass im Geschichtsunterricht von jetzt an nicht mehr von unschönen oder verstörenden historischen Begebenheiten die Rede sein wird. »Liebe Eltern«, steht in dem Brief, den Sie erhalten, »wir werden in unseren Schulstunden keine Kriege, keinen Holocaust, keinen Stalinismus, keine Sklaverei und keine Französische Revolution mehr behandeln, weil alle diese Dinge offen gestanden grauenvoll sind. Stattdessen wird sich der Geschichtsunterricht in diesem Schuljahr ausschließlich auf angenehme Dinge konzentrieren, zum Beispiel den Tag, an dem Mussolini seiner Freundin Clara einen wunderschönen Strauß Blumen schenkte.« Sie würden mit Recht annehmen, dass der Direktor vollkommen den Verstand verloren hat. Über verheerende historische Geschehnisse und Gräueltaten sagen wir häufig: »Das darf nie in Vergessenheit geraten.« Wieso? Liegt es daran, dass wir das Leid so lange wie möglich ausdehnen möchten? Nein, natürlich nicht. Wir tun es, weil wir wissen, dass die Geschichte (und ganz besonders die schlimmen Dinge) nützliche Lehren und Warnungen enthält, die zu ignorieren grob fahrlässig wäre. Von erschütternden persönlichen Vorfällen heißt es dagegen oft: »Hege dagegen keinen Groll, schau nach vorn, zu deinem eigenen Besten.« Jedes Mal, wenn wir das sagen, verlangen wir im Grunde genommen von jemandem, dass er die wichtigen Warnungen und Lehren aus seiner persönlichen Lebensgeschichte vergisst. Gehen wir davon aus, dass es, weil es etwas Privates und nichts Politisches ist, nicht wert ist, erinnert zu werden? Ich glaube schon. Ich glaube, genau das tun wir.

»Moment mal«, denken Sie jetzt vielleicht. »Niemand verlangt, dass wir wichtige Begebenheiten aus unserem Leben vergessen. Aber das ist doch wohl nicht dasselbe wie Groll zu hegen, oder?« Das ist richtig: Es ist nicht unbedingt dasselbe. Ich denke gern an meinen Urlaub im Grand Hotel Tremezzo im Sommer 2017 am Comer See zurück. Das ist kein Groll, weil an dem Erlebnis nichts Negatives war (abgesehen davon, dass der Urlaub zu Ende ging, was ich immer noch nicht ganz verwunden habe). Ich denke auch oft an negative Vorfälle in meiner Vergangenheit, die keinen Groll ausgelöst haben. Einmal hatte ich auf einer Lesereise in Amerika eine schlimme Magenverstimmung, aber das ist kein Groll, weil es gut möglich ist, dass niemand etwas dafürkonnte. Falls doch jemand Schuld daran hatte – sagen wir, ein Koch in einem Restaurant in New York hat sich nicht richtig die Hände gewaschen und ich habe daraufhin eine Lebensmittelvergiftung bekommen –, dann weiß ich es nicht und kann demzufolge keinen Groll gegen ihn hegen.

Anne Grey sagt: »Die Vergangenheit in Ehren zu halten, sich selbst zugutezuhalten, dass man seine Herausforderungen angepackt hat (ob nach eigenem Gefühl nun gut oder schlecht), Weisheit und Gespür zu entwickeln – das alles ist heilsam und erstrebenswert.«

Groll-Adjektive

Im Rahmen der Recherche für dieses Buch habe ich die folgende Frage in den sozialen Medien gepostet: »Leute, mit welchen Adjektiven haben andere euch schon mal belegt, die ihr, ob sie nun unfreundlich gemeint waren oder nicht, nie vergessen habt?« Ich habe diese Frage gestellt, weil mir aus heiterem Himmel eine Frau auf Twitter so ganz nebenbei mitgeteilt hatte, ich wäre »beängstigend«. Ich bin mir fast hundertprozentig sicher, dass sie nicht unhöflich sein oder mich aufregen wollte. Sie präsentierte die Beleidigung, als wäre es gar keine, als wäre es schlicht eine Tatsache, dass ich beängstigend bin, und als müsste ich das zwangsläufig genauso sehen. Nachdem ich einen nicht unerheblichen Teil meines Lebens damit verbracht habe, mich selbst zu ängstigen vor wirklich beängstigenden Menschen – kontrollsüchtigen, tyrannischen, manipulativen –, war ich einigermaßen überrascht, dass irgendjemand mich als beängstigend ansah. Bald fand ich heraus, dass ich nicht der erste Mensch war, der sich gegen eine Beschreibung von sich gesträubt hat. Sobald ich die Frage ins Netz gestellt hatte, wurde ich überschwemmt mit Antworten. Hier nur eine kleine Auswahl der Groll-Adjektive, die man mir schickte:

»Die Frau eines Kollegen hat mich einmal, nachdem sie genau meine Kleidung gemustert hatte, einen ›adretten kleinen Herrn‹ genannt. Das konnte ich nie mehr vergessen.«

»Ein ziemlich bekannter Theaterkritiker nannte mich im *Daily Telegraph* eine ›stämmige Brünette‹. Der restliche Absatz war voll des Lobes, aber dieses eine Adjektiv habe ich NIEMALS vergessen oder vergeben.«

»In einer Beurteilung bei der Arbeit wurde ich einmal als unnahbar bezeichnet. Was mich mächtig erstaunte, denn ich finde, ich bin der zugänglichste Mensch auf der Welt. Aber mein bester Freund bestätigte mir, dass ich, wenn ich unsicher bin, tatsächlich ein wenig distanziert wirke.«

»Ich wurde einmal von jemandem, der offensichtlich fand, ich müsste etwas gesetzter auftreten, als so ein ›Sound of Music‹ bezeichnet.«

»Mein bester Freund in der Schule bezeichnete mich als ›vieldeutig‹, und ich fand das gar nicht so schlecht, bis ich sehr viel später herausfand, dass er gemeint hatte, ich wäre verlogen, d. h. noch schlimmer als doppelzüngig.«

»Meine Tochter wurde ›gnadenlos tüchtig‹ genannt und ist sich immer noch nicht sicher, ob das ein Kompliment war oder eine Beleidigung.«

Anne Grey sagt zu diesen »Groll-Adjektiven«, dass »du, was immer über dich gesagt worden ist, als eine Art Spiegelung deiner Person sehen kannst. Manche Spiegelungen stammen von einem klaren, echten Spiegel, andere (vielleicht die meisten) von einem Zerrspiegel, aber alle sind potenziell hilfreich. Wenn dich beispielsweise jemand als langweilig bezeichnet, hast du die Chance zu überlegen, wie du heller strahlen kannst. Das kann sehr befreiend sein. Ist es etwas wie ›Du hast eine große Nase‹, dann hast du die Chance, dich selber nur noch mehr zu lieben, gerade *wegen* deiner schönen großen Nase. Denke immer daran, dass jemand, der andere herabwürdigt, selber herabgewürdigt wird.«

Ich fand das ganze Adjektiv-Experiment faszinierend. Ich würde die Geschichten oben alle als Groll-Geschichten einstufen – negative Erfahrungen aus der Vergangenheit, an die man sich in der Gegenwart aus berechtigten, positiven Gründen erinnert (zum Beispiel, um nie selber so unverschämt oder herzlos zu sein, wie XY es einmal zu einem war, oder um nicht zu vergessen, warum man so viel besser ohne XY in seinem Leben dran ist). Aber ich vermute mal, viele der Einsender hätten sie nicht erzählt, wenn ich explizit nach einem Groll gefragt hätte – weil sie sich nicht gern als jemanden sehen wollen, der Groll hegt.

Ich hoffe wirklich, dass dieses Buch daran etwas ändert. Wir müssen nur Groll als etwas Gutes begreifen, und schon bald werden alle stolz ihren geheimen Vorrat aus dem Schrank unter der Treppe kramen und ihn stolz in einer funkelnagelneuen Vitrine in der besten Stube zur Schau stellen.

Wenn wir wollen, dass die Leute stolz auf ihren Groll sind, müssen wir sofort zweierlei machen:

1. einsehen, dass manche Menschen *schon jetzt* stolz auf ihren Groll sind. Ich auf jeden Fall! Und wenn ich das bin, dann können Sie es auch sein.
2. eine neue, bessere Definition von Groll entwickeln, eine, die keine endlosen Gefühle von Hass, Verbitterung und Wut beinhaltet; eine, die nicht in sich schon negativ ist und der kein Makel anhaftet. Wir brauchen eine Definition, die anerkennt, dass Groll etwas Begrüßens- und Bejubelnswertes sein kann und sein sollte.

Ich werde in Kürze eine Definition anregen (es ist genau genommen die, die ich schon seit Jahren verwende, und ich werde Sie einladen, sie auch zu übernehmen!), aber lassen Sie uns zuerst einen potenziellen Störfaktor aus dem Weg räumen. Schauen wir uns einmal an, was *kein* Groll ist…

Was ist kein Groll?

Ist das denn nötig? Ich meine, wir wissen doch wohl alle, was kein Groll ist. Eine Sonnenblume ist kein Groll und eine Schildkröte auch nicht.

Der Grund, aus dem ich Ihnen erklären möchte, was *kein* Groll ist, ob Sie nun glauben, das nötig zu haben, oder nicht, ist, dass bei meinen Recherchen zu diesem Buch ein hohes Maß an Verwirrung im Zusammenhang mit diesem Thema zutage trat. Ich hatte eine Menge Varianten der folgenden Unterhaltung mit Menschen, die nicht alle Andrew hießen:

ICH: Hegst du irgendeinen Groll?
ANDREW: Nein, ich glaube nicht. Wieso?
ICH: Ich schreibe ein Buch darüber, deshalb sammle ich sozusagen welche.
ANDREW: Oh. (Blickt besorgt drein. Wünscht, er könnte mir helfen, indem er eine Anekdote zu meinem Buch beisteuert. Kramt in seinem Gedächtnis.) Na ja, letztes Jahr hat meine Freundin Priya meinen Lieblingskaffeebecher zerdeppert. Zählt das auch?
ICH: Hegst du deswegen einen Groll?
ANDREW: Nein, überhaupt nicht. Eigentlich hatte ich es schon fast vergessen.
ICH: Hast du dich zu dem Zeitpunkt darüber aufgeregt?
ANDREW: Nein. Ich habe einen Ersatz gekauft, genau den gleichen. Und es war ja auch ein Missgeschick – Priya wurde von einer Wespe gestochen, deswegen hat sie den Becher auf die Terrasse fallen lassen – also war ich überhaupt nicht verärgert.
ICH: Okay… und war dein Verhältnis zu Priya danach irgendwie anders? Hat der Vorfall deine Gedanken oder dein Verhalten ihr gegenüber verändert?
ANDREW: Nicht im Geringsten.

ICH: Dann ist es kein Groll. So etwas würde ich einen *Kein-Groll* nennen. Es ist einfach etwas, das passiert ist.

Hier kommt noch ein Beispiel für einen Kein-Groll: Jedes Mal, wenn Kate im Winter ihre Großmutter besucht, macht Oma eine Bemerkung darüber, wie unzureichend Kate für das Wetter angezogen ist. Sie sagt Sachen wie: »Du musst doch halb erfroren sein! Ooh, mir wird ja schon kalt, wenn ich dich nur ansehe! Hast du keinen wärmeren Mantel? Warum ziehst du keine Strumpfhose an?« Kate macht das rasend, aber sie hat ihre Oma deswegen nicht weniger lieb und hält es auch nicht für notwendig, es sich warnend ins Gedächtnis zu rufen, bevor sie Oma das nächste Mal besucht. Es würde ihr sogar *überhaupt nichts ausmachen, wenn sie komplett vergäße, dass Oma das macht* – sie wäre einfach nur wieder neu verärgert, wenn es das nächste Mal passierte, und würde es dann abermals vergessen. Ihre Gefühle Oma gegenüber, ihre Einschätzung von Oma als sicherem und ganz und gar gutem Teil ihres Lebens sind exakt die gleichen, wie sie es wären, wenn Oma keine nervenden Kommentare zu ihrer Bekleidung machen würde.

Eine weitere Kein-Groll-Anekdote ist die hier: Ein Kollege rief einmal ohne mein Wissen eine Verwandte von mir an und berichtete dieser Verwandten, dass er sich Sorgen um mich mache, weil es aussähe, als ob ich mich mit jemand Gefährlichem einließe. Könne sie nicht etwas tun, um mir Einhalt zu gebieten? (Die betreffende Person war und ist immer noch höchst ungewöhnlich, aber ich hatte keine Anzeichen einer Gefahr wahrgenommen. Ich profitiere, nebenbei gesagt, ganz gewaltig von der Bekanntschaft mit ihr.) Ich war geschockt, dass mein Kollege da eine Verwandte von mir mit hineinziehen wollte, und machte deutlich, dass ich das nicht gutheißen würde und so etwas nicht noch einmal erleben wollte. Ich konnte an der Reaktion meines Kollegen ablesen, dass er *voll und ganz* einsah, was für einen schweren Fehler er begangen hatte. Er bat aufrichtig um Entschuldigung und platzt seitdem hin und wieder heraus mit: »Ich werde auf keinen Fall deine Tante Mildred anrufen! Hahaha.« Der Zweck dieser Übung ist, das ist mir schon klar, mir zu versichern, dass er *immer noch* weiß, dass er zu weit gegangen ist. Ich habe nicht das Gefühl, dass ich deswegen einen Groll brauche, da er ja seinen Fehler eingesehen und ohne Wenn und Aber eingestanden hat und es nicht mehr vorkommen wird.

Wenn jemand ernsthaft zu seinem Fehler steht und es ihm aufrichtig leidtut, bin ich persönlich der Meinung, dass kein Grund vorliegt, einen Groll zu hegen. Und wenn etwas ein Kein-Groll ist, dann wäre es Ihnen auch egal, wenn Sie ihn vollständig vergäßen. Er hat keine bleibende Bedeutung für Ihr Leben.

Das sollten Sie sich merken: Ein Vorfall ist kein Groll, wenn er gedanklich, seelisch oder emotional keinen Eindruck hinterlässt, überhaupt nichts von ihm zurückbleibt und er in der Gegenwart keine so starke emotionale Brisanz mehr hat, dass Sie ihn mit in die Zukunft nehmen möchten.

Was kann und sollte ein Groll sein?

Auf diese Frage gibt es eine lange und eine kurze Antwort. Ich werde mir die ausführlichere Version für das Ende des Kapitels aufsparen, nachdem ich mit Ihnen die Argumentationskette durchgegangen bin. Aber lassen Sie mich die kurze Antwort hier schon einmal geben:

Ein Groll ist eine wahre Geschichte aus Ihrer Vergangenheit, bei der es um eine negative, schmerzliche oder suboptimale Erfahrung geht, die Sie keinesfalls vergessen möchten, jetzt nicht und auch in Zukunft nicht.

Ein Groll muss nicht rachsüchtig, alles verzehrend und bitter sein. Das alles sollte er sogar auf keinen Fall sein, nachdem der erste seelische Schock über die Verfehlung des Groll-Absenders abgeklungen ist. Niemand hat etwas von fortgesetztem Zorn und Rachedurst. Deswegen lassen sich auch so viele entsprechende Zitate zu dem Thema finden:

> »Vergeben heißt, einen Gefangenen freizulassen und zu erkennen, dass der Gefangene du warst.«
> (Lewis B. Smedes, Ethiker und Theologe)

> »Vergib dem anderen, nicht weil er Vergebung verdient hat, sondern weil du Frieden verdient hast.«
> (oft falsch zitierter Ausspruch von Jonathan Lockwood Huie)

> »In der Vergebung finden wir Vergebung.«
> (William Shakespeare)

> »An Groll festzuhalten ist wie Gift zu trinken und zu hoffen, dass der Feind davon stirbt.«
> (abwechselnd Nelson Mandela, Gandhi, dem heiligen Augustinus, Buddha, Carrie Fisher und einer beliebigen Auswahl von Pfarrern zugeschrieben)

Alle diese Zitate gehen von zwei Prämissen aus:

1. dass einen Groll gegen jemanden zu hegen und jemandem nicht zu verzeihen ein und dasselbe ist und sein muss;
2. dass einen Groll zu hegen *zwangsläufig* verderbliche, aufgewühlte oder unangenehme Gefühle mit sich bringt, die der Person, die sie hat, schaden.

Beide Annahmen sind absolut falsch. Könnten genauer gesagt nicht falscher sein. Es ist ganz leicht möglich, frohen Herzens einen Groll zu hegen. Wir müssen uns nicht Tag um Tag von Hass und Zorn verzehren lassen und an nichts anderes mehr denken als an unseren Groll-Absender, zum Nachteil unserer Arbeit, Familie und Körperpflege. Haben Sie schon einmal jemanden etwas sagen hören wie »Oh, ich bin nicht mehr wütend – ich muss sogar, wenn ich zurückschaue, lachen – aber ich werde Sanjay trotzdem nicht mehr über den Weg trauen« oder »Da bin ich vollständig drüber weg, aber ich würde Debbie ganz sicher keine Weihnachtskarte mehr schreiben«? Ich habe derartige Bemerkungen schon oft gehört und deute sie immer als Zeichen, dass der Sprecher auf sichere, verantwortungsbewusste und positive Weise einen Groll zu hegen weiß.

Sicher, negative Gefühle sind unvermeidlich, vor allem unmittelbar nachdem uns jemand unrecht getan oder verletzt hat, aber wir müssen sie ja nicht in unseren Groll einzementieren. Wir sollten es uns gönnen, all die Gefühle, die auf natürliche Weise in uns hochkommen, zu empfinden – und sie dann ziehen lassen. Schon sehr bald werden, oder sollten, dem Groll, der zurückbleibt, keine negativen Gefühle mehr anhaften. Er ist einfach nur noch eine Anekdote, die wir im Gedächtnis behalten möchten, weil sie uns etwas gelehrt hat, eine Anekdote, die eine Bedeutung für uns hat.

Jemandem zu verzeihen bedeutet, die negativen Gefühle loszulassen, die wir bis dahin hatten, wenn wir an ihn dachten oder an das, was er uns angetan hat. *Es bedeutet nicht*, sich zu zwingen, wieder ganz genauso über ihn zu denken oder mit ihm umzugehen wie vor dem Groll auslösenden Vorfall beziehungsweise Verhalten. Viele Leute glauben, Vergebung müsse bedeuten, die Uhr zurückzudrehen (unmöglich) und so zu tun, als ob die Sache, die vorgefallen ist, niemals vorgefallen wäre. (Möglich, aber albern. Sie mögen sich hinterher wieder genauso der Person gegenüber verhalten wollen – vollkommen in Ordnung –, aber das können Sie auch, ohne Geschichtsfälschung zu betreiben.)

Die unbedeutenden kleinen Ärgernisse des Alltags, wie Omas Drängen, dass Kate einen Mantel anziehen soll, obwohl sie das nicht will, bedürfen keiner Vergebung. Wenn Sie allerdings Opfer eines schwerwiegenderen Vergehens werden, haben Sie fünf Optionen:

1. Verzeihen (die negativen Gefühle gegenüber der betreffenden Person aufgeben), keinen Groll hegen und in Zukunft genauso mit der Person umgehen wie früher.
2. Verzeihen (die negativen Gefühle gegenüber der betreffenden Person aufgeben), einen Groll hegen, aber in Zukunft genauso mit der Person umgehen wie früher. Nur Ihre Gedanken haben sich verändert.
3. Verzeihen (die negativen Gefühle gegenüber der betreffenden Person aufgeben), einen Groll hegen und in Zukunft anders mit der Person umgehen.
4. Nicht verzeihen (an den negativen Gefühlen gegenüber der betreffenden Person festhalten), einen schlechten/falschen Groll hegen und in Zukunft genauso mit der Person umgehen wie früher.
5. Nicht verzeihen (an den negativen Gefühlen gegenüber der betreffenden Person festhalten), einen schlechten/falschen Groll hegen und in Zukunft anders mit der Person umgehen.

Mit schlechtem, falschem und unberechtigtem Groll befassen wir uns in Kapitel 9. Für den Augenblick genügt es, dass Sie eins wissen: Wenn Sie zu lange an negativen Gefühlen wie Verbitterung und Hass festhalten und sie in Ihren Entschluss, einen Groll zu hegen, einfließen lassen, dann ist Ihr Groll derzeit noch im Rohzustand und weder für Sie noch für sonst jemanden gut. Er könnte sogar gefährlich sein. Ich werde Sie in Kapitel 8 anleiten, wie Sie Ihren Groll verarbeiten und ihn sicher und gut machen können.

Von den fünf oben genannten Optionen sind nur zwei gut/korrekt. Wenn jemand Sie in erheblichem Maße schlecht behandelt, und Sie folgen der unter Punkt 1 dargelegten Vorgehensweise, dann nehmen Sie die schlechte Behandlung nicht ernst genug. Es gibt nur eine Art von Verfehlung/Kränkung, bei der Punkt 1 das korrekte Prozedere wäre. Können Sie sich denken, was es ist? Wir haben bereits darüber gesprochen. Es ist die Kränkung, die Sie in einer Situation empfinden, in der *jemand nichts Unrechtes getan hat.* (Erinnern Sie sich noch an Tante Doreen, die bei Ihnen nebenan eingezogen ist, ohne Sie vorher gefragt zu haben, wie Sie das finden?) Bei echten Verfehlungen – bei denen jemand Ihnen oder einem Ihnen Nahestehenden etwas angetan hat – sind die Optionen 2 oder 3 die korrekte Wahl. Und Sie können aus dem Unterschied zwischen den beiden ablesen, dass Ihr Verhalten gegenüber Ihrem Groll-Absender sich nicht ändern muss – kein bisschen. Nur Ihre Haltung muss sich ändern.

Ein Groll ist – und sollte es auch sein – etwas Nachhaltiges, aber nicht unbedingt Penetrantes oder Hartnäckiges und auf keinen Fall etwas Zornauslösendes, Belastendes oder Schädliches. Weswegen Option 4 oder 5 eine furchtbare Wahl wäre. In den meisten Fällen habe ich nur sehr selten über einen Groll nachgedacht. (Das wurde natürlich schlagartig anders, nachdem ich mit den Planungen zu diesem Buch begonnen hatte!) Manche haben mir Freude gemacht, und ich fand sie urkomisch. Ich habe sie immer mal wieder aus meiner Groll-Vitrine genommen und bewundernd angeschaut. »Was für ein Prachtexemplar!«, dachte ich dann bei mir.

Ich möchte nicht einen Groll missen. Jeder ist eine wichtige Lektion, die ich auf meinem Lebensweg gelernt habe. Keinem einzigen haftet auch nur eine Spur von Zorn oder Bekümmertheit an (auch wenn ich diese Empfindungen unmittelbar nach dem auslösenden Vorfall durchaus gehabt haben mag), und ich habe niemals irgendjemanden aus meinem Leben verbannt oder furchtbare Rache geübt (auch keine verhaltene, milde). Jeder Groll, der zu einem Racheakt oder auch nur zu Racheplänen führt, ist ein gefährlicher Groll und sollte auf der Stelle deaktiviert werden (siehe Kapitel 8 für genauere Einzelheiten). Ein guter Groll, der weder dem Heger noch dem Groll-Absender schadet, ist demgegenüber Teil einer ausgewogenen, gesunden seelischen Ernährung.

Wir hegen Groll, wenn alle im Folgenden genannten Kriterien erfüllt sind:

1. Ein negativer oder schmerzhafter Vorfall ereignet sich.
2. Wir wissen oder glauben zu wissen, wer (ein Einzelner oder eine Gruppe) dafür verantwortlich ist.
3. Wir beschließen, dass wir die Sache im Gedächtnis behalten möchten, weil uns das wichtig erscheint. Vielleicht werden wir ja etwas daraus lernen, oder es verändert uns schlagartig oder aber es hat, als es geschah, so starke Gefühle in uns geweckt, dass es eine mutwillige Beschädigung unserer Lebensgeschichte wäre, wenn wir es in Vergessenheit geraten ließen – es würde uns vorkommen, als würden wir die St.-Pauls-Kathedrale niederreißen oder die Mona Lisa mit Farbe besprühen. Wir bezeichnen es uns selbst und/oder anderen gegenüber als Groll.

Ein Groll lässt sich auf viele verschiedene Arten beschreiben. Meine Freundin Hilary hat es beispielsweise so ausgedrückt: »Oh, ein Groll besteht, wenn etwas von vor ewigen Zeiten **immer noch ein Thema** ist – fett gedruckt. Es mag vor vielen Jahren passiert sein, aber du weißt, dass es niemals **kein Thema mehr** sein wird.« Das ist es, was ich meine, wenn ich von emotionaler Brisanz spreche. Ein vergangener Vorfall, der auch in der Gegenwart noch emotionale Brisanz besitzt (im Sinne von Relevanz, nicht von Zorn oder Schmerz auslösend), ist **immer noch ein Thema**.

Hilarys Tochter, Ayesha, hat eine Freundin, Claire, und diese Freundin durchlief eine dreimonatige Phase, in der sie erschreckend abscheulich zu ihr war. Die Phase begann, als Ayesha ihren ersten festen Freund hatte. Claire fühlte sich mit einem Mal ausgeschlossen, obwohl sie tatsächlich viel mehr Zeit mit Ayesha verbrachte als der neue Freund. Ayesha und Hilary packten das Problem an, und das Verhalten hörte auf. Ayesha ist immer noch nach außen hin Claires beste Freundin, ist immer noch sehr nett zu ihr und hat auch nie irgendwie zurückgeschlagen, aber sie hegt dennoch einen Groll gegen Claire. Zu Hilary sagte sie: »Ich hatte echt vor, sie zu fragen, ob sie bei meiner Hochzeit Trauzeugin oder erste Brautjungfer werden möchte. Das werde ich jetzt auf keinen

Fall mehr tun. Solange ich sie noch jeden Tag sehen muss, werde ich ihr gegenüber freundlich sein, aber wenn wir erst mal das College hinter uns haben und ich sie nicht mehr sehen *muss*, werde ich nicht mehr mit ihr in Kontakt bleiben. Ich würde mich in ihrer Nähe niemals mehr so ganz sicher fühlen. Jede, die so scheiße darauf reagiert, dass ihre beste Freundin einen Freund hat, ist keine wirkliche Freundin.«

Hier noch ein interessanter Nachtrag zu der Geschichte: Ayesha fand heraus, dass Claire sich beklagte, sie werde sich den ganzen Sommer über langweilen, weil sie nichts zu tun habe. Auf die Frage: »Wirst du dich denn nicht mit Ayesha treffen?«, antwortete Claire: »Nein, sie hängt doch mittlerweile nur noch bei ihrem neuen Freund rum.« Die Wahrheit ist, dass Ayesha zwar beabsichtigt, in den Sommerferien Zeit mit ihrem Freund zu verbringen, aber auch vorhat, sich öfter mit ihren neuen guten Freunden Ella und Juan zu treffen. Sie hat die Freundschaft mit ihnen vertieft, als Claire anfing, sich ihr gegenüber gehässig zu verhalten. Claire mag ja Ayeshas Liebesbeziehung die Schuld dafür geben, dass ihre Freundschaft nicht mehr ist, was sie mal war, in Wahrheit haben jedoch einzig und allein Claires Breitseiten gegen Ayesha, nachdem diese einen Freund hatte, zur Entfremdung zwischen den beiden geführt.

Kann ein Groll sich in einen Kein-Groll verwandeln?

Absolut! Mein Groll gegenüber meinem Kollegen, der bei Tante Mildred anrief, war ein Groll und ist jetzt ein Kein-Groll. Wir können, sollten und dürfen nicht annehmen, dass wir jeden Groll ewig hegen werden. Hier einige Gründe, warum wir einen Groll einstellen könnten:

1. Der Groll-Absender entschuldigt sich auf eine Weise, die erkennen lässt, dass er es wirklich eingesehen hat, bereut und sich so oder ähnlich nicht mehr verhalten wird.
2. Sie erkennen, dass es von vornherein falsch von Ihnen war, den Groll zu hegen. Er war unberechtigt, schlecht oder falsch.
3. Sie merken, dass der Groll – auf natürliche Art und Weise, quasi von allein – ganz einfach verschwunden ist. Sie vergessen ihn, oder er verliert seine emotionale Brisanz.
4. Die Groll-Geschichte, von der Sie geglaubt haben, sie wäre zu Ende erzählt, war es, wie sich herausstellt, doch nicht. Sie lebt vielmehr auf eine Weise weiter, die sich auf Ihren Wunsch beziehungsweise Ihre Fähigkeit, einen Groll zu hegen, auswirkt. Ein Beispiel: Ich habe ein Buch geschrieben, in dem ein lärmender Nachbar vorkam, »Mr. Fahrenheit«, so benannt, weil er regelmäßig um ein Uhr morgens lautstark »Don't Stop Me Now« von Queen abspielte. Zu der Zeit wohnte ich Tür an Tür mit einem gelegentlich geräuschvollen Nachbarn. Einige Zeit nach der Veröffentlichung des Buches fiel mir auf, dass dieser Nachbar seinem Haus einen Namen gegeben und ihn in das Glas über der Haustür eingeritzt hatte, damit alle ihn lesen konnten. Der Name steht auch jetzt noch dort und wird vermutlich für alle Zeiten der Name dieses Hauses bleiben: Farron Heights. Als ich ihn das erste Mal sah, habe ich ungefähr drei Stunden lang gelacht. Mein Groll gegen das Lärmen meines Nachbarn war mit einem Schlag verflogen. Mir schien es, als wollte er, indem er seinem Haus den Namen Farron Heights gab, mit mir gemeinsam über den Bezug zwischen seiner Lautstärke und meinem Buch lachen. Bizarrerweise kam es mir wie eine Art Friedensangebot vor. Es ist natürlich auch möglich, dass ich vollkommen danebenlag und er mich nur wütend machen wollte, aber ich konnte den Groll einfach nicht mehr aufrechterhalten, nachdem ich diesen Namen über seiner Tür gesehen hatte. Ich fand es gut, wie er sich in die Fantasiewelt meines Buches hineinbegeben hatte!

5. Der Groll-Absender tut später etwas, von dem Sie das Gefühl haben, dass es den ursprünglichen Vorfall außer Kraft setzt. Wenn Sie beispielsweise einen Groll gegen Gemma hegen, weil sie zwei Jahre hintereinander Ihren Geburtstag vergessen hat (was Sie als Beweis dafür werteten, dass ihr nichts an Ihnen liegt), und sie dann aus heiterem Himmel den ganzen Weg von Plymouth nach Aberdeen gefahren kommt, um Ihnen ein wundervolles Weihnachtsgeschenk zu überreichen, könnten Sie leicht zu dem Schluss kommen, dass ihr offensichtlich doch etwas an Ihnen liegt, und Ihren Verpasste-Geburtstage-Groll ad acta legen.

In meinem ursprünglichen Entwurf zu dieser Liste hatte ich auch noch: 6. Der Groll-Absender stirbt/scheidet aus Ihrem Leben, und Sie können sicher sein, dass Sie nie wieder mit ihm zu tun haben werden. Ich habe diesen Punkt gestrichen, weil Ihr Groll gegen Terence durchaus auch nach seinem Tod noch berechtigt sein und emotionale Brisanz bergen könnte – Sie könnten beispielsweise die wertvolle Lehre daraus ziehen: »Mache stets einen weiten Bogen um Widerlinge wie Terence.«

Wenn ein Groll Ihnen irgendwie gearteten Stress oder Unbehagen verursacht, dann ist es entweder ein unverarbeiteter, schlechter oder ein unberechtigter Groll. Dazu kommen wir später. Einstweilen möchte ich das Augenmerk auf das Gegenteil richten: den guten Groll. *Damit meine ich nicht, sich an die guten Dinge zu erinnern, die passieren.* (In einem späteren Kapitel werde ich Ihnen empfehlen, genau dies zu tun, aber diese »Geschichten mit positiver Brisanz« werden wir mit einem anderen Namen belegen.) Mit »gutem Groll« meine ich einen berechtigten Groll, bei dem es richtig und sinnvoll ist, ihn auf kluge und richtige Weise zu hegen.

Es folgt nun die ausführlichere Antwort auf die Frage »Was sollte ein Groll sein?«. Ein Groll sollte

1. eine Geschichte über etwas sein, das in der Vergangenheit vorgefallen ist (ob das nun zehn Jahre her ist oder zwei Sekunden)…
2. und das Sie nicht vergessen möchten. Sie möchten an ihm festhalten und es zu den Favoriten in Ihrem Hinterkopf hinzufügen…
3. weil eine wichtige Lehre oder ein Signal für Sie darin enthalten ist – etwas, das Sie tun beziehungsweise nicht tun oder sein beziehungsweise nicht sein wollen, und Sie möchten mit dieser Groll-Geschichte Ihre Entschlossenheit bekräftigen…
4. oder die Groll-Geschichte erinnert Sie vielleicht mit Nachdruck an einen Wert, der Ihnen lieb und teuer ist…
5. und sie enthält darüber hinaus noch eine neue Einsicht über den Groll-Absender, die sich formiert hat, seit der Groll auslösende Vorfall sich ereignete (was schlicht und einfach sein könnte: »Sie hat bei der und der Gelegenheit dies und das gemacht, was bedeutet, dass ich ihr jetzt nicht mehr richtig vertraue«, was sich wiederum mit dem verbindet, was Sie inzwischen von ihrem Handeln seinerzeit halten)…
6. und die Groll-Geschichte könnte außerdem ein neues, verändertes Verhalten gegenüber der betreffenden Person beinhalten.
7. Er (der Groll) sollte keine Feindschaft, Verbitterung, Unwille, Hass oder ein anderes jener zu Beginn dieses Kapitels angesprochenen unangenehmen Gefühle beinhalten. Wir mögen eins oder auch alles davon empfinden, während sich der Vorfall ereignet und auch noch für eine kurze Zeit danach, aber diese Gefühle sollten getrennt von unserer Groll-Geschichte aufbewahrt werden, wenn wir einen guten Groll hegen wollen. Ein guter Groll kann nicht von Wut und negativer Energie infiziert werden.
8. Ein guter Groll sollte uns dennoch nicht unberührt lassen. Wir sollten uns durch ihn gestärkt, klüger und zuweilen auch mal amüsiert fühlen, wenn die Geschichte eine humorvolle Note

hat. Am meisten aber sollte er uns das Gefühl geben, dass das, was uns widerfahren ist, der auslösende Vorfall, eine Bedeutung für die Welt hat. In diesem Sinne ist ein Groll (wie das Marmormahnmal für die ermordeten Fensterputzer) ein Denkmal. Ich werde es noch einmal fett gedruckt sagen, weil es wirklich wichtig ist: **Wenn Ihnen jemand Schaden zufügt, ist das nicht nur für Sie von Belang, sondern für die ganze Welt.** Sobald Sie sich einreden, dass die schlechte Behandlung, die man Ihnen hat angedeihen lassen, nur für Sie selber eine Rolle spielt oder spielen sollte, sind Sie schon fast so weit, eine Welt zu akzeptieren, in der niemand sich um den anderen schert. Wenn Ihnen jemand sagt: »Geh wieder zur Tagesordnung über, es lohnt sich nicht, deswegen Groll zu hegen«, gleich nachdem sie ihm von Pauline erzählt haben, die Ihnen Schafkacke ins Frühstücksmüsli gestreut hat, als sie dachte, Sie würden es nicht merken, dann meint er eigentlich: »Dass man dir ganz übel mitgespielt hat, ist für mich überhaupt nicht von Bedeutung, und mir wäre es lieb, wenn du mit mir der Meinung wärst, dass es für dich ebenfalls nicht von Bedeutung ist, denn dann können wir beide aufhören, uns mit deinen Bedürfnissen, Rechten und Gefühlen zu befassen.« Deswegen (wow, Nummer 8 ist ganz schön lang geworden!) sollte Ihr Groll Ihnen das Gefühl geben, dass Sie etwas haben, mit dem Sie des Geschehens gedenken und seine Bedeutung würdigen können.

Anne Grey sagt dazu: »Ich bin auch der Meinung, dass es eine Rolle spielt, wenn andere uns Schaden zufügen. Wenn wir aus Liebe und Mitgefühl uns selbst und anderen gegenüber handeln, haben wir den Schlüssel zu einer besseren Welt in der Hand.«

Im nächsten Kapitel werden wir uns den Groll in seinen vielen Variationen anschauen, aber vorher ist es noch einmal Zeit für eine von meinen liebsten Groll-Geschichten. Es ist eine 1-karätige Groll-Anekdote. Ich werde Sie später noch mit meinem Karatbasierten Bewertungssystem vertraut machen, für den Moment reicht es, wenn Sie wissen, dass ein 1-karätiger Groll der am wenigsten grollenswerte (nach Auffassung des Groll-Hegers) Groll ist, den man hegen kann. Wenn jemand Ihr Haus abbrennen und dabei in voller Absicht Ihre Sammlung von Agatha-Christie-Taschenbüchern in Schutt und Asche legen würde, dann wäre das beispielsweise *auf keinen Fall* nur ein 1-karätiger Groll. Wie also könnte ein 1-karätiger Groll aussehen?

Das Taxi, das sich nicht vom Fleck bewegte

Ich würde Ihnen gern meine erfundene Patentante Fern und ihren Mann Vern vorstellen. Vor etwa zwölf Jahren musste mein Mann für ein paar Tage verreisen, und während er fort war, kamen Fern und Vern zu Besuch. Sie hatten schon im Vorfeld einige Bemerkungen gemacht, denen zufolge sie wohl glaubten, ich würde mich ohne meinen Mann zu Hause irgendwie unbehaglich fühlen, was absolut nicht der Fall war. Ich fühlte mich pudelwohl.

Ich wohnte in einem Haus mit einer ungewöhnlichen Eingangstür im Stil eines Stalltors mit zwei getrennten Teilen. Sie ließ sich nur schließen, indem man sie von innen verriegelte oder von außen mit einem Schlüssel abschloss.

Meine Kinder waren zu der Zeit drei und eins, deshalb schliefen sie bereits, als Fern, Vern und ich uns zum Abendessen hinsetzten. Wir verbrachten einen herrlichen Abend, und dann rief Fern ein Taxi, das sie und Vern zum Bahnhof bringen sollte.

Als es ankam und Fern und Vern sich die Mäntel anzogen, fiel mir ein, dass ich auch noch einmal raus musste. Ich hatte Papiere, die ich brauchte, im Kofferraum liegen lassen, und das Auto parkte in der Einfahrt, etwa zwei bis drei Meter vom Haus entfernt. Ich sagte zu Fern und Vern: »Ich gehe mit euch nach draußen – ich muss etwas aus dem Auto holen.«

Sofort blickte Vern äußerst besorgt drein. »Oh«, sagte er und zog die Stirn kraus, als wäre das eine Hiobsbotschaft. »Warum gehst du es nicht jetzt schnell holen? Wir warten hier.«

Ich kam nicht dahinter, wo das Problem lag. »Ihr müsst nicht warten«, entgegnete ich. »Wir können alle zusammen rausgehen.«

»Aber du könntest dich aussperren, wenn die Haustür zuschlägt, und dann sind die Kinder ganz allein im Haus«, argumentierte Vern. »Wenn sie aufwachen und dich brauchen und du dann nicht mehr reinkannst...«

»Ach, keine Bange«, sagte ich. »Das kann unmöglich passieren.« Ich erklärte, wieso, und bot Vern an, ihm die Eingangstür zu zeigen, damit er sich selbst davon überzeugen konnte. Er sagte Nein, er wolle sich die Tür nicht ansehen. Stattdessen wollte er, wie er bekräftigte, dass ich mich seinem ursprünglichen Vorschlag anschloss: Er und Fern würden im Haus warten, während ich meine Papiere aus dem Auto holte, und dann würden sie wegfahren, nachdem ich wieder drinnen war.

Ich hätte mir das Leben sehr viel einfacher machen können, wenn ich dem einfach zugestimmt hätte, so verrückt es auch sein mochte, aber ich war verärgert. Vern benahm sich albern. Nur für den Fall, dass jemandem der springende Punkt hier entgangen sein sollte: Es war *unmöglich*, dass meine Haustür versehentlich ins Schloss fiel. Und mal abgesehen von allem anderen, selbst wenn Vern mir den Mechanismus meiner eigenen Tür nicht abkaufte, was glaubte er denn, was ich tun würde, falls ich mich tatsächlich unbeabsichtigt aus meinem Haus aussperrte? Die Achseln zucken und sagen: »Ach, was soll's, da müssen die Kinder eben mal allein klarkommen«, und mir für die Nacht ein Hotelzimmer mieten? Was ich unter solchen Umständen tun würde – und was jeder halbwegs intelligente Mensch, dem etwas an seinen Kindern liegt, tun würde –, ist, zum Nachbarn laufen, einen Schlüsselnotdienst anrufen und dafür sorgen, so schnell wie möglich wieder ins Haus zu kommen. Falls ich vor dem Eintreffen des Schlüsseldienstes Kinder schreien hören oder Flammen emporschießen sehen würde, würde ich ein Fenster einschlagen und so ins Haus gelangen.

Nichts von alledem erwähnte ich Vern gegenüber. Ich fand, er war schon neurotisch genug, ohne dass ich noch mit Schreien und

Flammen daherkam. Ich sagte lediglich: »Ihr werdet nicht hier warten, bis ich wieder da bin. Wir werden alle gemeinsam nach draußen gehen.«

Das taten wir dann auch. Vern und Fern stiegen in ihr Taxi, das an der Straße parkte, meiner Einfahrt gegenüber. Ich ging zu meinem Auto, öffnete den Kofferraum und fand die Papiere, die ich brauchte. (Das dauerte eine Weile. Mein Kofferraum ist für gewöhnlich nicht übermäßig gut aufgeräumt.) Dann schloss ich das Auto ab und wollte gerade durch die sperrangelweit offene Tür wieder ins Haus gehen, als mir etwas auffiel: Das Taxi, das Fern und Vern zum Bahnhof bringen sollte, hatte sich keinen Millimeter fortbewegt.

Ich dachte schon, es gäbe vielleicht ein Problem. Da hörte ich Vern den Fahrer anschnauzen: »Nein. Wir fahren *nicht* zum Bahnhof. Noch nicht. Bleiben Sie, wo Sie sind.«

Ich starrte Vern durch das Taxifenster hindurch an. Er starrte zurück. Und in diesem Augenblick traf mich die bittere Wahrheit: Er beabsichtigte, den Taxifahrer dort auf der Straße warten zu lassen, bis er sah, wie ich ins Haus trat und die Tür hinter mir schloss.

Um mir mehr Zeit zur Ausarbeitung einer Strategie zu verschaffen, öffnete ich noch einmal meinen Kofferraum und tat so, als suchte ich noch etwas anderes. Die folgenden Gedanken schwirrten mir durch den Kopf, während ich herumwühlte nach dem erfundenen Ding, das ich gar nicht brauchte:

1. Das ist eine schwerwiegende Grenzüberschreitung.
2. Nein, ist es nicht. Vern bezahlt für das Taxi, und es parkt auf einer öffentlichen Straße, nicht auf deinem Grundstück. Vern hat jedes Recht, dort in seinem Taxi herumzusitzen, solange er bereit ist, dem Fahrer für seine Zeit Geld zu geben – und das ist eine Sache zwischen den beiden.
3. Okay, rein rechtlich gesehen tut er kein Unrecht, aber … es ist trotzdem ein bisschen abartig.

4. Unter keinen verdammten Umständen werde ich ihm die Oberhand lassen. Ich werde, wenn es sein muss, die ganze Nacht hier draußen verbringen und die Tür weit offen stehen lassen.
5. So wenig ich auch Vern den Sieg gönne, ich möchte wirklich nicht die ganze Nacht draußen bleiben. Es ist kalt, und ich habe noch allerhand zu erledigen.
6. Ich weiß! Ich habe eine raffinierte Idee …

Ich ging ins Haus und schloss die Tür. Ein paar Minuten danach ging ich wieder raus, um nachzusehen, ob das Taxi sich entfernt hatte. Das hatte es. Es war nicht mehr da. Und dann … (Ob sich wohl jemand denken kann, was ich als Nächstes getan habe? Was hätten Sie gemacht?)

Das hier *hätte* ich gern als Nächstes getan: gewartet, bis ich sicher sein konnte, dass Fern und Vern im Zug saßen und unmöglich hätten zurückkommen können, und dann Vern diese Nachricht geschickt: »Du weißt doch noch, wie du im Taxi gesessen hast und ich neben meinem Auto stand. Hast du zufällig gesehen, ob ich etwas fallen gelassen habe? Ich habe ein wichtiges Dokument verloren. Ich bin gerade hier draußen und suche im Auto danach, aber da ist es nicht und auch nicht in der Einfahrt.« So hätte Vern gewusst, dass *ich* gewonnen und er verloren hatte. Ich war wieder außerhalb des Hauses, dieses Mal ohne seine Aufsicht, und er hätte nicht das Geringste unternehmen können. Wäre das nicht brillant gewesen? Schade nur, dass es mir erst eingefallen ist fünf Minuten bevor ich mit diesem Abschnitt angefangen habe.

Und das hier habe ich tatsächlich gemacht: Ich schenkte mir ein Glas Wein ein, setzte mich hin und zitterte ungefähr zehn Minuten lang buchstäblich am ganzen Leib. Ich ging auf und ab, trank meinen Wein und dachte dabei: »Es ist etwas ganz Schreckliches passiert!« und »Das war furchtbar!«. Es war keine Wut, die ich verspürte (Wut kann anregend sein und sogar Spaß machen). Nein, es war ein sehr viel angeekelteres, verletzteres Gefühl. Damit einher ging die Gewissheit, dass ich gerade Zeuge eines Misstrauensvotums gegen meine Fähigkeit geworden war, angemessen auf mich selber, mein Haus und meine Kinder aufzupassen.

Etwa eine halbe Stunde später ging ich nach draußen, stellte mich in meine Einfahrt und dachte: »Zum Teufel mit dir, Vern. Mit dir und deinem blöden Taxi und deinem blöden Zug.« Dann ging ich wieder ins Haus.

Bis zum nächsten Morgen war meine Wut verflogen, zusammen mit dem angeekelten/verletzten Gefühl. Was nicht verflogen war, war meine neu gewonnene Erkenntnis, dass Vern ein irrationaler, neurotischer Kontrollfreak war. Und mit diesem Wissen formte ich mir meinen 1-karätigen Groll. Nach diesem Abend stellte ich sicher, dass immer mein Mann zugegen war, wenn Vern zu Besuch kam. Ich wusste, dass Vern sich weniger Sorgen machen würde, meinen Kindern könnte etwas zustoßen, wenn ich nicht der einzige verantwortliche Elternteil war (ich weiß nicht, ob es von seiner Seite aus Sexismus war oder nur die Überzeugung, dass ich zu verpeilt bin, um mich um irgendetwas/irgendjemanden angemessen zu kümmern), daher schien es das Vernünftigste zu sein, um die Aussicht gering zu halten, dass Vern sich noch einmal derartig aufführte.

Ich weiß nicht, für wie gravierend Sie diesen Groll halten, aber falls sich jemand fragen sollte, warum er die niedrigste Karat-Bewertung bekommt, das liegt daran:

1. Vern führte nichts Böses im Schilde. Er wollte lediglich sicherstellen, dass meine Kinder nicht unbeaufsichtigt blieben.
2. Wenn er in der entsprechenden Stimmung ist, ist Vern ein zutiefst irrationaler Untergangsprophet und kann selbst nichts dafür. Seine Kindheit war in mancherlei Hinsicht sehr unstet. Da leuchtet es ein, dass er, was das Wohl von Kindern angeht, einige, wenn auch unbegründete, Ängste hegen mag.
3. Weder mir noch sonst jemandem ist im Grunde genommen irgendetwas Schlimmes passiert. Ich war verärgert und aufgewühlt, aber ich war nicht entstellt, verleumdet, verhauen oder

kopfüber in einen Eimer mit Fischgedärmen gesteckt worden. Ich trug keine seelischen Narben davon, und mein Vertrauen in meine elterlichen Fähigkeiten hatte, trotz Verns Verhalten, keine Dellen abbekommen.

Dieser Groll ist einer meiner liebsten, weil er so absurd und urkomisch ist. Ich erzähle diese Geschichte schrecklich gern und muss jedes Mal, wenn ich daran denke, lachen – vor allem an der Stelle, an der ich nach draußen gehe und ein paar Minuten lang in meiner Einfahrt stehe, nur um zu beweisen, dass ich tun kann, was ich verdammt noch mal will.

Kapitel 3

Die vielen Arten des Grolls

»Groll habe ich schon, aber ich kann niemanden hassen, das ist nicht meine Natur.«

Notorious B. I. G.

Die Welt des Grolls ist vielfältig und schillernd, meine Freunde! Es gibt viele exotische und ungewöhnliche Spielarten, und in diesem Kapitel werde ich Ihnen einige davon vorstellen. Ich werde hier nicht über die diversen falschen und unberechtigten Arten von Groll sprechen – dazu kommen wir später. Halten wir uns fürs Erste an die guten Exemplare, von denen es, wie sich herausstellt, viele unterschiedliche Spezies gibt. Da bisher noch nie jemand eine umfassende Analyse des Grolls unternommen hat, bin ich in die Pionierrolle des Groll-Klassifizierers geschlüpft und habe eine Art Periodensystem entwickelt (zumindest sollte es das werden), mit jeweils einem Groll anstelle des chemischen Elements.

Als ich meinen Mann fragte, wie er Groll klassifizieren würde, schaute er verwirrt drein und antwortete, das würde er nicht machen. »Wenn du es aber müsstest?«, drängte ich weiter.

»Ich weiß nicht«, sagte er. »Als eine Sorte würde ich vielleicht den Groll gegen Menschen nehmen und dann den gegenüber Orten …«

»Nein, das ist nicht die beste Methode!«, fiel ich ihm ins Wort, entflammt von der Idee, die mir soeben gekommen war. Er zuckte die Achseln und verließ den Raum (vermutlich mit einem Groll, weil ich ihn in ein Gespräch gedrängt hatte, das er nicht führen wollte, und dann einfach über ihn hinweggegangen war).

Meine Idee, ausgelöst durch das von ihm empfohlene Klassifikationssystem, war, dass es am sinnvollsten ist, einen Groll nach seinem psychologischen Thema beziehungsweise seiner Kernaussage einzuordnen, und das habe ich dann auch gemacht. Einige habe ich schon angesprochen: »Richtig gehandelt, aber zu spät« zum Beispiel – eine Bezeichnung, die nicht erklärt, was in der Auslöser-Geschichte vorgefallen ist, sondern warum Sie diesen Groll hegen.

Im Folgenden sind 20 verbreitete Groll-Typen aufgelistet. Einige passen in mehr als eine Kategorie – eine ganze Menge sogar. Es gibt noch sehr viel mehr Typen, die ich hier nicht mit aufgenommen habe. Sie werden wöchentlich als fester Bestandteil auf der »How to Hold a Grudge«-Seite meiner Homepage erscheinen. (Wenn Ihnen noch irgendwelche Spielarten einfallen, die ich womöglich noch nicht kenne, schicken Sie mir doch bitte eine E-Mail unter grudgescanbegood@gmail.com!)

Für jeden hier aufgeführten Groll-Typus gebe ich ein kurzes Beispiel. Alles sind wahre Geschichten.

1. Groll wegen eines unprovozierten Angriffs

Das ist ein leichter, er erklärt sich von selbst.

Beispiel:
Es ist Rebeccas 40. Geburtstag, und sie hat zwei Freundinnen, Carol und Sonia, zum Essen eingeladen. Rebecca und Sonia wohnen in derselben Straße und verabreden, zusammen in Sonias Auto zum Restaurant zu fahren. Carol will dort zu ihnen stoßen. Während der Fahrt tauschen Sonia und Rebecca die neusten Neuigkei-

ten und Klatschgeschichten aus. Im Restaurant treffen sie Carol, die Rebecca gratuliert und sie fragt, was sie alles zum Geburtstag geschenkt bekommen hat. Daraufhin fragt Sonia Carol, wie es ihr geht, und redet zehn Minuten lang mit Carol über deren Neuigkeiten. Rebecca hört zu, beteiligt sich aber nicht. Dann bricht Rebecca mit einem Mal in Tränen aus und stürmt aus dem Lokal.

Als Rebecca später mit verweinten Augen wieder am Tisch erscheint und Carol und Sonia sie fragen, was sie so erregt habe, erwidert Rebecca in aggressivem Ton: »Ihr habt mir meinen Geburtstag versaut, alle beide. Total versaut! Sonia, du hast gleich angefangen, mit Carol zu reden, und ihr zwei habt mich vollkommen ignoriert, obwohl ihr wusstet, dass ich heute Geburtstag habe.« Sonia entgegnet, sie habe doch nur Carol die gleiche »Wie läuft es denn so bei dir«-Frage gestellt, die sie Rebecca auf der Fahrt zum Restaurant gestellt hatte, und dass daran nichts Verkehrtes sei, selbst an Rebeccas Geburtstag. Rebecca sieht das anders. Sie sagt: »Es ist *mein* Geburtstagsessen. Du und Carol hättet euch nicht unterhalten dürfen und mich außen vor lassen.«

Schockierenderweise ist das eine wahre Begebenheit. Für Rebeccas Angriff auf Sonia und Carol gab es überhaupt keine Veranlassung, und von daher ist er grollwürdig. Interessant ist, dass Sonia und Carol ganz unterschiedlich reagierten, als sie der Geburtstagsdemontage beschuldigt wurden. Carol sagte: »Was? Bist du übergeschnappt? Leck mich, das lass ich mir nicht bieten. Das ist doch irre!«, bevor sie selber aus dem Restaurant stürmte. Am folgenden Tag rief Rebecca sie an und entschuldigte sich. Carol verzieh ihr und hegte keinen Groll. Carol und Rebecca sind immer noch gute Freunde. Sonia sagte gar nichts und nahm Rebecca wieder mit zurück nach Hause. Während der Fahrt listete Rebecca all die anderen Male auf, bei denen Sonia und Carol sich angeblich verhalten hatten, als ob sie einander Rebecca vorzögen (was kein einziges Mal zutraf).

Nachdem sie Rebecca mit einem freundlichen Lächeln vor ihrem Haus abgesetzt hatte, ging Sonia nach Hause und dachte über das

Vorgefallene nach. Sie kam zu dem Schluss, dass sie jemanden, der zu derartigen grundlosen Attacken imstande war, nicht in ihrem Leben haben wollte, und brach den Kontakt zu Rebecca vollständig ab. Vier Jahre später lenkte sie ein und sprach auf der Hochzeit einer gemeinsamen Freundin mit Rebecca. Danach nahmen sie ihre Freundschaft wieder auf. Noch ein paar Jahre später brachte Rebecca im angetrunkenen Zustand den Geburtstagseklat noch einmal zur Sprache und sagte scherzhaft: »Ich hätte nicht so reagieren dürfen, aber, Hand aufs Herz, du hast dich doch wirklich wie ein ziemliches Arschloch verhalten, oder?« Sonia wusste nicht, ob Rebecca den ursprünglichen Vorfall meinte oder den Umstand, dass sie Rebecca vier Jahre lang die kalte Schulter gezeigt hatte. So oder so fand sie es interessant, dass Rebecca ihr die Schuld in die Schuhe schob.

2. Groll wegen Unzumutbarkeit (auch bekannt als versuchter Zeitdiebstahl)

Der entsteht, wenn jemand Sie zu etwas drängen will und Sie in die peinliche Lage versetzt, eine Bitte ablehnen zu müssen, die man Ihnen gar nicht erst hätte unterbreiten dürfen. (Ich weiß, ich weiß, wir sollten alle in der Lage sein, wann immer wir möchten, ohne weitere Erklärung und ohne schlechtes Gewissen Nein zu sagen – aber in der Realität ist das vielen von uns immer peinlich und geht nicht ohne schlechtes Gewissen ab, weshalb es nach wie vor wichtig ist, anderen nicht übertrieben viel zuzumuten.)

Beispiel:
Serena und Pauline sind so etwas wie Kolleginnen. Sie sind beide freiberuflich im selben Gewerbe tätig und treffen sich hin und wieder auf Konferenzen, wo sie sich gut verstehen.

Serena ist ein herrischer Typ. So oft es geht setzt sie ihren Kopf durch. Zu ihren positiven Eigenschaften gehört, dass sie tatkräftig ist und über fast schon legendäres Organisationstalent verfügt. Wenn Serena sagt, es wird erledigt, dann ist es auch schon so gut wie erledigt, und in den meisten Fällen mustergültig. Eine andere Seite an Serena, die man leicht übersieht (weil man von ihrer strahlenden, tüchtigen, herrischen Seite abgelenkt ist), ist ihre Güte. Es handelt sich dabei nicht nur um eine Allerweltsgüte, wie die meisten anständigen Menschen sie sich zugutehalten, sondern um die Art von Güte, die sie auch schon mal losziehen lässt, um sich um ihre schwer kranke Schwester zu kümmern. Pauline gefiel sich in der Vorstellung, dass sie es genauso machen würde, wenn sie eine Schwester hätte, und war beeindruckt von Serenas barmherzigem Verhalten.

Eine von Serenas besten Freundinnen war eine Frau namens Cassie. Cassie gehörte zu den Menschen, denen ständig etwas Schlimmes widerfährt. Aber was immer auch passierte, Serena war zur Stelle, um die Scherben zusammenzufegen. Nach jeder unglückseligen Schicksalswendung erfolgte ein Besuch, und wenn sie nicht kommen konnte, telefonierte oder skypte Serena stundenlang mit Cassie.

Das war der Stand der Dinge, als Pauline ins selbe Dorf zog wie Cassie, in ein Haus gleich gegenüber. Pauline hatte Cassie bis dahin noch nie getroffen, aber da sie eine so gute Freundin von Serena war, beschloss sie, ihr einen Besuch abzustatten. Sie stellte sich vor und lud Cassie auf einen Kaffee zu sich ein. Pauline mochte Cassie und tut es immer noch – allerdings auf eine sehr eingeschränkte Art und Weise. Schon auf den ersten Blick fiel ihr auf, dass Cassie in einer beinahe unvorstellbaren Schludrigkeit lebte. Man wollte sich in ihrem Haus lieber nicht hinsetzen, so schmutzig war es dort. Wenn man noch den katastrophalen Zustand ihres Privatlebens dazunahm, hätte Pauline am liebsten gleich das Weite gesucht. Bei Pauline muss immer alles ordentlich und sauber sein, daher nahm sie sich vor, so wenig wie eben möglich mit Cassie zu tun zu haben und nur, wenn es gar nicht anders ging, innerhalb ihrer eigenen vier Wände oder in neutraler Umgebung mit ihr zu verkehren.

Eines Tages bekam Pauline, wie sie mir berichtete, eine lange E-Mail von Serena, in der sie ihr mitteilte, dass Cassie eine echt schlimme Zeit durchmachte, und da sie, Serena, für sechs Wochen außer Landes sein würde – könnte Pauline sich da bitte in ihrer Abwesenheit um Cassie kümmern? Jeden Tag nachsehen, ob noch alles in Ordnung war mit ihr, für sie da sein, wenn sie glaubte, am Ende ihrer Kräfte zu sein, und so weiter und so weiter.

Die Bitte versetzte Pauline einen gewaltigen Schock. So, wie sie verfasst war, setzte Serena anscheinend voraus, dass Pauline war wie sie: vollkommen selbstlos, eng mit Cassie verbunden, bereit, schon beim ersten Anzeichen von Kummer alles stehen und liegen zu lassen und jemandem zu Hilfe zu eilen, den sie kaum kannte und den sie eigentlich meiden wollte. Sie sagte Nein. Sie bemühte sich, es behutsam auszudrücken, aber es war ein sehr klares Nein. Serena schrieb sofort zurück, sie solle sich keine Sorgen machen, und damit hatte es sich, aber Pauline hegt immer noch einen Groll gegen sie, weil sie sie in die Rolle der Herzlosen hineingedrängt hat – diejenige, die sich nicht rühren wollte, um einer Frau von gegenüber zu helfen, eine unbarmherzige Person, die in Bedrängnis keinen Beistand leistete. Paulines größter Groll ist der: Viele ihrer gemeinsamen Bekannten, die von der Geschichte gehört haben müssen, werden sie jetzt ebenfalls als grausam und gefühllos einstufen, und das nimmt sie Serena übel – und auch, dass sie nicht begriffen hat, dass es reichlich anmaßend war vorauszusetzen, Pauline würde jederzeit bereitstehen, um sich um jemanden zu kümmern, mit dem gar nicht sie, sondern Serena befreundet war.

3. Groll wegen eines missglückten Scherzes

Es sollte ja vielleicht nur ein Scherz sein, aber was soll's? Ein Scherz kann trotzdem voll daneben sein, oder es sollte das berühmte Körnchen Wahrheit durchscheinen – ganz dezent, versteht sich, um Konsequenzen zu vermeiden.

Beispiel:
Melissa hatte ziemlich viel Geld investiert, um ein schönes großes Haus zu mieten, in dem sich die ganze erweiterte Familie zu einem besonderen Anlass treffen konnte. Alle Zweige der Familie kamen, und Melissas Onkel brachte seine neuste Freundin Xanthe mit. An einem Punkt verabschiedete sich Melissa mal für ein Stündchen, um mit ihrem Hund Gassi zu gehen. Als sie zu dem gemieteten Haus zurückkam und läutete, öffnete Xanthe die Tür und sagte mit fröhlichem Tonfall: »Heute nicht, danke!«, dann schlug sie Melissa die Tür vor der Nase zu.

Es war ein Scherz. Nach ein paar Sekunden machte Xanthe die Tür wieder auf und sagte: »Hahaha – komm rein.« Sie hatte es nicht böse gemeint, aber Melissa kann sie seitdem nicht leiden.

4. Groll wegen Vertrauensbruchs/Unaufrichtigkeit

Noch ein ganz einfacher: wenn jemand Sie anlügt, Ihr Vertrauen erschüttert oder ein gegebenes Versprechen bricht.

Beispiel:
Jenny, Susan und Fay waren als Teenager beste Freundinnen und machten alles gemeinsam – ein unzertrennliches Trio. Mit 14 Jahren schlossen sie einen Pakt: Sie würden einander (aber niemandem sonst) erzählen, wenn sie das erste Mal Sex hatten. Zwei Jahre darauf hatte Susan Sex mit ihrem Freund Simon und erzählte es Jenny und Fay. Susan war in dem Glauben, sie sei die Erste von den dreien, die mit einem Jungen geschlafen hatte. Fay warf Jenny sofort einen vielsagenden Blick zu, grinste und sagte: »Soll ich es ihr verraten?« Jenny schaute zutiefst unbehaglich drein. Susan wusste gleich, was jetzt kommen würde. Fay sagte: »Genau genommen habe ich vor sechs Monaten mit Neil geschlafen. Tut mir leid, ich weiß, dass ich versprochen habe, es dir zu sagen, aber ich hatte Angst davor, wie du reagieren würdest. Ich hab's nur Jenny

erzählt, weil ich dachte, sie würde mehr Verständnis haben.« Susan hegte einen Groll gegen Fay – weil sie das Versprechen gebrochen hatte, dass sie es sich alle gegenseitig erzählen würden, und weil sie ihren wahren Beweggrund verschwiegen hatte. Susan wusste nämlich, dass Fay es Jenny und nicht ihr erzählt hatte, weil sie eine engere Verbundenheit mit Jenny schaffen und Susan ausschließen wollte.

Dass sie Susan nicht nur offenbart hatte, dass sie mit Neil geschlafen hatte, sondern auch, dass Jenny es gewusst und verheimlicht hatte, war für Susan ein eindeutiger Versuch, ein Zerwürfnis zwischen Jenny und Susan herbeizuführen, damit Fay Jenny ganz für sich allein haben konnte. Susan tat Fay nicht den Gefallen. Sie hegte keinen Groll gegen Jenny, weil sie erkannte, dass Fay sie in eine unmögliche Lage gebracht hatte, und die drei blieben »beste Freundinnen«. Susan hatte danach nicht mehr viel für Fay übrig und vertraute ihr auch nicht mehr, doch das behielt sie für sich, um Jenny nicht wehzutun, der immer noch etwas an Fay lag. Nachdem sie alle drei die Highschool beendet hatten, blieb Susan nicht mehr mit Fay in Kontakt.

30 Jahre später entdeckte Fay Susans Facebook-Seite und schickte ihr eine freundliche E-Mail mit den Worten: »Hi! Wie geht es dir? Es wäre toll, von dir zu hören.« Susan überlegte hin und her, ob sie antworten sollte. Fay hatte sich immer wieder unschön verhalten, als sie noch befreundet gewesen waren, und Susan verspürte nicht das Bedürfnis, noch einmal in irgendeiner Form Kontakt mit ihr zu pflegen.

5. Groll wegen Heuchelei

Das ist der Groll, den man hegt, wenn jemand eine Regel für sich selbst und eine für andere Leute aufstellt.

Beispiel:
Karens beste Freundin Audrey postet ständig in den sozialen Netzwerken Sätze wie »Freundlichkeit kostet nichts« oder »Sei freundlich – jeder, dem du begegnest, hat einen harten Kampf auszufechten, von dem du nichts weißt«. Aber immer, wenn Karen Audrey in irgendeiner Form enttäuscht, geht Audrey auf sie los und wird sehr gehässig. Und sie macht sich niemals bewusst, wie absurd es ist, all diese salbungsvollen Sätze über Liebe und Freundlichkeit zu posten, aber dann im wirklichen Leben zu jedem, der ihr komisch kommt, sofort biestig zu werden. Dagegen hat Karen einen erheblichen Groll entwickelt.

6. Groll wegen eines Lügners

Das ist einer der wichtigsten Groll-Typen – weil die Vorfälle, die einen solchen Groll auslösen, zu den moralisch schwerwiegendsten Vergehen zählen. Wenn Sie mehrere oder auch nur einen »Lügner«-Groll gegen eine bestimmte Person hegen, sei Ihnen geraten, sich sehr genau über mögliche Schutzmaßnahmen Gedanken zu machen, für Sie selbst und die Ihnen nahestehenden Menschen, falls Sie vorhaben, die Person weiterhin an Ihrem Leben teilhaben zu lassen.

Lassen Sie mich aber zuerst die Bezeichnung erklären. Auf Lügner bezieht sich der Titel eines genialen Buches (mit einem äußerst seltsamen übernatürlichen Kapitel am Ende, aber abgesehen davon ist es ein Spitzenbuch) von dem Psychotherapeuten M. Scott Peck. Peck argumentiert, dass die Menschen, die das Etikett »böse« verdienen, nicht unbedingt diejenigen sind, die die schändlichsten und verabscheuungswürdigsten Taten begehen. Peter könnte beispielsweise in einem Eifersuchtsanfall seine Frau Margery und ihre beiden Kinder töten und dann ausrufen: »O mein Gott, was habe ich getan? Was für eine furchtbare Tat habe ich begangen? Erschlagt mich für mein unverzeihliches Verbrechen!« Peck argumentiert, wenn jemand wie Peter auf diese Weise auf sein schlimmes Verhalten reagiert – indem er seine Schuldhaftigkeit selber einsieht und nicht versucht, seine Verfehlung kleinzureden –, dann bestehe Hoffnung für ihn. Er ist nicht notwendigerweise ein schlechter Mensch. Die Menschen, für die die Bezeichnung weitaus angebrachter sei, seien die, die glauben, sie wären von Natur aus gut und von daher einer bösen Tat überhaupt nicht fähig. Das bedeutet, wenn sie jemandem etwas zuleide tun, müssen sie sich, weil sie ja davon ausgehen, »Ich bin ein durch und durch guter Mensch, stets im Recht und tue immer nur Gutes«, die Geschichte so zurechtbiegen, dass der, dem sie geschadet haben, der eigentlich Böse ist. Peck zufolge rechtfertigt die verdrehte Unaufrichtigkeit dieser Haltung das Etikett »böse«, und er findet, dass es diese Menschen sind, die das meiste Unheil in der Welt anrichten.

Beispiel:
Um zu verdeutlichen, wie ein Groll wegen eines Lügners aussehen könnte, wähle ich bewusst ein Beispiel aus meiner persönlichen Erfahrung, bei dem nicht sonderlich viel auf dem Spiel stand. Nichtsdestotrotz hat mich der Vorfall erschüttert, da ich erkannte, dass die betreffende Person in einer Situation, in der es um mehr ginge, mit ihrem Verhalten ernsthaften Schaden anrichten könnte.

Ich gehöre zu einer Gruppe von 20 bis 30 Leuten, die alle Kunden desselben Unternehmens sind. Dieses Unternehmen fördert den Austausch zwischen seinen Kunden, daher haben wir einen E-Mail-Thread, der uns alle miteinander in Kontakt bringt. Ich war schon seit einiger Zeit nicht mehr so ganz zufrieden mit dem Service, den das Unternehmen bot, war aber zu beschäftigt, um etwas dagegen zu tun, und sagte mir immer wieder, ich würde mich später darum kümmern. Doch ich fühlte mich über den Tisch gezogen. Eines Tages schrieb ein anderer Kunde aus der Threadgruppe an uns alle: »Kurze Frage, Leute, ist einer von euch zufällig unzufrieden mit den Defiziten bei A, B und C?« Es war all das, womit auch ich unzufrieden war, also drückte ich auf »Allen antworten«

und schrieb, ja, A, B und C seien alles Sachen, die dieses Unternehmen laut Vertrag seinen Kunden liefern müsse, aber das tue es derzeit nicht.

Wie sich herausstellte, war ich nicht die Einzige. Viele meldeten sich über den Thread und bestätigten, dass das Unternehmen uns nicht den Service bot, den es hätte bieten müssen. Wir kamen überein, einen Brief aufzusetzen, den wir alle unterzeichnen könnten. Darin sollte respektvoll und höflich darauf hingewiesen werden, dass das Unternehmen uns bestimmte Dinge versprochen hatte, diese Dinge aktuell aber nicht lieferte; könnte in Zukunft also bitte sichergestellt werden, dass sich dies änderte? Es waren keine Beschuldigungen mit im Spiel, auch kein Zorn, nur Menschen, die, durchaus nachvollziehbar, mit einigen grundlegenden, derzeit fehlenden Elementen dessen versorgt werden wollten, was man ihnen versprochen hatte und für das sie eine Menge Geld bezahlten.

Einige aus der Threadgruppe blieben stumm. Ich ging davon aus, dass es sich dabei um den Typ Mensch handelte, der vor allem eine Heidenangst davor hat, was auch nur entfernt kontrovers sein könnte. In jeder Gruppe gibt es welche, die unter diese Kategorie fallen. Meine Mutter sagte mir einmal etwas, was ich nie vergessen habe: »Du musst immer bedenken, dass die meisten Leute vor den meisten Dingen Angst haben.« Dem kann ich nur aus vollem Herzen zustimmen. Ich stellte mir also vor, dass die Leute, die sich nicht meldeten, den Mund hielten, weil sie fürchteten, das Unternehmen würde furchtbare Rache an ihnen nehmen, wenn sie den Brief mitunterzeichneten.

Während die Sache noch lief, kam meine Tochter zufällig mit einem Jungen in Kontakt, dessen Mutter zu den Kunden aus der Threadgruppe gehörte. Sie hatte nicht auf die E-Mail reagiert und beabsichtigte auch nicht, dies noch zu tun, wie der Junge meiner Tochter erzählte. Dann fügte er noch mit einem Anflug von Verachtung in der Stimme hinzu: »Sie hat mir gesagt, sie will einen solchen Wirbel nicht mitmachen.«

Ob nun bewusst oder unbewusst, die Mutter des Jungen versuchte das, was wir anderen mit Recht einforderten, als negatives Störmanöver zu zeichnen und uns alle als miesmachende Quälgeister, die in der Welt nur schlechte Stimmung verbreiteten. Dem halbwüchsigen Jungen wurde zu verstehen gegeben, dass die Menschen, die sagten: »Können Sie uns bitte das geben, was Sie uns versprochen haben, als wir Sie bezahlten?«, die Bösen in dieser Situation waren, und seine Mutter, die bei einem »solchen Wirbel« nicht mitmachte, die edle Retterin, die positive Energie ausstrahlte. Tatsächlich war seine Mutter aber die Lügnerin.

Einen Groll wegen eines Lügners hegt man, wenn jemand vorgibt, ein guter Mensch zu sein, der sich bösen Dingen widersetzt, in Wahrheit aber das Gegenteil ist: ein schlechter Mensch, der sich guten Dingen widersetzt.

7. Groll wegen Unterschätzung

Wenn jemand Sie ungerechtfertigt zu gering einschätzt.

Beispiel:
Als ich neun war, berichtete meine Lehrerin unserer Klasse, dass es einen nationalen Lyrikwettbewerb für Kinder gebe, und wir sollten alle ein Gedicht schreiben, das sie dann einreichen wollte. Das taten wir auch. Gedichteschreiben war mein liebstes Hobby, und ich war gut darin, zumindest für jemanden meines Alters. Ich konnte mit Reim und Form umgehen, aber ich hatte keine Ahnung, wie man Bombast und Großspurigkeit vermied. Eine Strophe aus meinem Gedicht ging so:

Remember when the sea was blue?
'Tis now a devil shade of red.
(lala lala lala – an Zeile 3 kann ich mich nicht mehr erinnern,
aber ich bin sicher, dass sie ähnlich peinlich war)

The trees are shrivelled now, and dead.
[Vorbei die Zeit, da das Meer war blau.
Jetzt schimmert es gar teuflisch rot.
...
Die Bäume sind nun welk und tot.]

Meine Lehrerin las die Gedichte, die ich und meine Mitschüler abgegeben hatten, und verkündete, dass sie alle für den Wettbewerb einreichen würde, mit Ausnahme von meinem. Sie bat mich, nach der Schule noch dazubleiben. Ich war wie vor den Kopf geschlagen. Als die anderen Kinder alle gegangen waren, erklärte sie mir, sie werde mein Gedicht nicht einreichen, da ich es offensichtlich nicht selber geschrieben hätte. Ich hätte unmöglich in meinem Alter ein so gutes Gedicht zustande bringen können, also musste ich gemogelt haben. Sie versuchte, mich unter Druck zu setzen, damit ich es zugab, aber das tat ich nicht. Ich konnte es nicht, da ich jedes Wort selbst verfasst hatte.

Am folgenden Tag kamen meine Eltern in die Schule, um für mich einzutreten, bewaffnet mit mehreren Notizbüchern voll von weiteren von mir verfassten Gedichten, die genauso peinlich waren, aber von großem metrischen Geschick zeugten. Doch die Lehrerin wollte immer noch nicht einlenken. Am Ende erklärte sie sich mit einem Kompromiss einverstanden: Wenn ich mich hinsetzte und vor ihren Augen unter Prüfungsbedingungen ein Gedicht schrieb, würde sie dieses beim Wettbewerb einreichen. Ich erfüllte meinen Teil und sie den ihren. Mein Gedicht hat nicht gewonnen. Das Gedicht, das ich ursprünglich hatte einreichen wollen, hätte vermutlich auch nicht gewonnen, aber ich fand es sehr viel besser als das, das ich unter Zwang hatte schreiben müssen, um zu beweisen, dass ich keine Betrügerin und Lügnerin war.

Verwandt: Ein Vetter ersten Grades des Grolls wegen Unterschätzung ist der Groll wegen Anerkennungsverweigerung. Viele Jahre später, als ich schon erwachsen war und mehrere Gedichtbände herausgebracht hatte, kam eine meiner Gedichtsammlungen in die engere Auswahl für einen Literaturpreis. Eine Verwandte fragte mich: »Wen von den Preisrichtern kennst du?« Das sollte kein Scherz sein. Sie wusste sehr genau, dass ich keinen von den Richtern kannte. Als ich ihr das noch einmal bestätigte, entgegnete sie: »Oh. Na dann. Tut mir leid.« Ich sollte glauben, sie habe angenommen, ich hätte unmöglich in die engere Wahl kommen können ohne einen Verbündeten in der Jury.

Ein Groll aus dieser Groll-Familie – der Unterschätz-Familie – kann stark motivierend wirken. Viele von uns werden durch die Unterschätzung und die vorenthaltene Anerkennung zu Höchstleistungen angespornt.

8. Groll wegen politisch unterschiedlicher Ansichten

Wenn man einen Groll gegen jemanden hegt aufgrund seiner politischen Ansichten oder seines Verhaltens in politischen Angelegenheiten.

Beispiele (eine Mischung, im Interesse der politischen Ausgewogenheit!):
Jasper hegt einen Groll gegen Fleischesser. Er glaubt, dass sie absichtlich die ethischen und ökologischen Auswirkungen des Verzehrs von tierischen Produkten ignorieren. Mit jedem Steak, so sagt er, würden über 450 Liter Wasser vergeudet und die Zerstörung des Regenwaldes vorangetrieben.

Dannis Groll gilt der britischen Regierung, die ihrer Auffassung nach Behinderte benachteiligt, indem sie ihnen die Beihilfen kürzt.

Colleen hegt einen gewaltigen Groll gegen ihren Mann, der seine Labour-Mitgliedschaft aufrechterhält, selbst nachdem die Partei unter die Kontrolle von Leuten geraten ist, die Colleen für terroristenfreundliche Stalinisten hält. Jetzt verdächtigt sie ihren Mann, mit dem Bösen im Bunde zu sein (obwohl sie einräumt, dass er die Situation völlig anders sieht).

Claires Schwester ist eine Unterstützerin von Donald Trump. Claire, eine erklärte Feministin, hält Trump für frauenfeindlich, daher wird sie ihrer Schwester das nie verzeihen.

Miranda ist ein begeisterter Fan von Jordan Peterson – Psychologieprofessor und Bestsellerautor des Ratgebers *12 Rules for Life*. Sie hält Peterson für einen Vorkämpfer für das Gute und die Weisheit in der Welt und hegt einen Groll gegen all ihre linksorientierten Freunde, die sich aufführen, als würde er die Mächte der Finsternis verkörpern.

9. Groll wegen mangelnder Unterstützung

Sie würden diesen Groll hegen, wenn jemand Ihnen auf eine Weise, die Sie verletzt oder enttäuscht hat, die Unterstützung versagte.

Beispiel:
Jenna gehörte viele Jahre lang einem Kreis von sieben engen Freunden an. Eine davon, Barbara, machte ständig taktlose Bemerkungen, die darauf abzielten, Jennas Selbstvertrauen zu untergraben. Einzeln für sich gesehen waren es nur beiläufige Kommentare, die sich leicht hätten abtun lassen, aber die Regelmäßigkeit, mit der sie erfolgten, ließ Jenna nicht daran zweifeln, dass Barbara sie verletzen und verunsichern wollte.

Einmal beschrieb sie eine Frau als hässlich und sagte gleich darauf zu Jenna: »Ich meine, sie ist *viel* hässlicher als du, Jenna«, als wollte sie ihr ein Kompliment machen. Nach zehn Jahren einer solchen Behandlung schrieb Jenna Barbara einen Brief und bat sie, das doch bitte bleiben zu lassen – sie nicht mehr regelmäßig zu beleidigen, keine sorgfältig angelegten spitzen Bemerkungen mehr loszulassen. Jenna erklärte, sie wolle Barbara weiter an ihrem Leben teilhaben lassen, könne aber nicht mehr mit ihr verkehren, wenn die passiv-aggressiven Sprüche nicht aufhörten.

Barbara stritt alles ab und beschuldigte Jenna, sie ungerechtfertigt anzugreifen. Daher hatte Jenna das Gefühl, sie müsse Barbara aus ihrem Leben streichen. Tief in ihrem Innern wusste sie, dass Barbara kein guter, verlässlicher und netter Mensch war, also war es kein großer Verlust. Was Jenna kränkte – und weswegen sie einen Groll hegte –, war, dass keiner der anderen fünf Freunde aus ihrer Clique jemals zu ihr sagte: »Ich weiß, dass Barbara dir das angetan hat, und das war nicht in Ordnung.« Keiner hatte je bestätigt, dass Jenna mehr als ein Jahrzehnt lang regelmäßig auf diese Weise von Barbara attackiert worden war. Jenna kam es vor, als wären sich alle einig, dass sie viel Lärm um nichts machte. Jenna ist immer noch mit allen befreundet, aber falls sie jemals ihre Unterstützung in einer Situation brauchen sollten, in der sie die Angegriffenen sind, wird sie möglicherweise nicht gleich mit fliegenden Fahnen angerannt kommen.

10. Groll wegen mangelnder Anteilnahme

Dieser ähnelt Nummer 9, ist aber gleichzeitig ein bisschen anders. Anteilnahme und Unterstützung sind nicht unbedingt dasselbe.

Beispiel:
Dawn arbeitete an einem Projekt für eine bestimmte Organisation mit und hatte sich zu drei Dingen bereit erklärt, um dieses Projekt an die Öffentlichkeit zu bringen. Dann erhielt sie einen Anruf von der PR-Agentur, die im Auftrag der Organisation für die Initiative die Werbetrommel rühren sollte. Man fragte sie, ob sie noch eine zusätzliche vierte Sache machen könne, ein Interview für einen Sky-Sender, das um sechs Uhr am folgenden Morgen aufgezeichnet werden müsse. Dawn fühlte sich zu der Zeit überhaupt nicht gut, sie hatte sich einen schlimmen Erkältungsvirus eingefangen mit Husten, Schnupfen, Heiserkeit. Deshalb sagte sie: »Es tut mir wirklich leid, aber ich kann nicht. Ich betreue heute Abend ein großes Event, das vermutlich lange dauern wird, und außerdem

bin ich krank, und wenn ich um halb fünf aufstehe, werde ich nur noch kränker.«

Statt wie jeder anständige Mensch zu antworten: »Aber natürlich, das verstehen wir vollkommen«, bombardierte die PR-Agentur Dawn mit Anrufen und versuchte, sie umzustimmen. Immer wieder rief jemand anderes aus dem Büro an. Als Dawn nicht mehr ans Telefon ging, fingen sie an, ihr haufenweise SMS zu schicken.

Dawn schrieb zurück: »Ich verstehe ja, dass das wichtig für Sie ist, aber haben Sie bitte Verständnis, dass ich mich sehr krank fühle und kaum weiß, wie ich den heutigen Abend überstehen soll, geschweige denn einen zusätzlichen Termin morgen in aller Frühe. Ich kann das nicht machen. Tut mir leid.« Doch man textete sie weiter zu und flehte sie an, es sich noch einmal zu überlegen, bis sie die Leitung der Organisation anrief, für die sie das Projekt machte, und sie bat, der PR-Agentur zu untersagen, sich jemals wieder mit ihr in Verbindung zu setzen.

Dawn fasste den Entschluss, unter keinen Umständen jemals wieder mit dieser PR-Agentur zusammenzuarbeiten. Ihrer Ansicht nach verdient ein solcher Ausweis an mangelnder Anteilnahme am Wohlergehen eines anderen Menschen einen Ewigkeits-Groll. Auch gegen die Organisation hegt sie einen Groll, weil die weiterhin mit dieser PR-Agentur zusammenarbeitet, obwohl sie weiß, wie man dort mit Dawn umgegangen war. Sie hat beschlossen, auch hier die Zusammenarbeit einzustellen.

(Dies ist auch ein sehr gutes Beispiel für einen Groll wegen Unzumutbarkeit. Häufig passt ein Groll eben in mehr als eine Kategorie.)

11. Groll wegen Undankbarkeit

Wenn jemand undankbar oder nicht dankbar genug ist. Es gibt da eine köstliche Folge in Staffel 9 von *Lass es, Larry!*, in der Larry David entrüstet ist, dass ein paar Fremde, die er freundlicherweise hat in seinem Haus übernachten lassen, ihm nur flüchtig, halbherzig gedankt haben, während er findet, dass überschwänglichere, begeistertere Dankbarkeit angebracht gewesen wäre. In *Lass es, Larry!* dreht sich (wie davor schon in *Seinfeld*, der Serie, die David berühmt machte) alles um den Groll – wie wir ihn hegen und andere mit unserem eigenen schlechten Benehmen dazu veranlassen. Ich kann beide Serien nur wärmstens jedem empfehlen, der sich für die Modalitäten des Groll-Hegens interessiert.

Beispiele:
Frank macht jeden Tag eine Überstunde. Einmal erteilte sein Chef ihm einen Rüffel, weil er fünf Minuten zu spät aus der Mittagspause zurückkam. Selbst mehr als 14 Jahre danach hat Frank ihm das immer noch nicht verziehen.

Chloes Eltern haben für sie und ihre Freundin Shirley ein Haus gekauft, in dem sie mietfrei wohnen konnten. Das Paar wohnte jahrelang dort und sparte eine große Summe an Miete. Während dieser Zeit gingen Chloe und Shirley regelmäßig mit Shirleys Eltern zum Essen aus. Die Eltern bestanden jedes Mal darauf, ganz genau die Rechnung aufzuteilen, und luden Chloe kein einziges Mal ein, obwohl doch Chloes Eltern ihre Tochter mietfrei wohnen ließen.

12. Groll wegen Entwertung

Wenn jemand etwas attackiert, unterminiert oder ins Gegenteil verkehrt, was Ihrer Erfahrung nach richtig ist.

Beispiel:
Mehr als 20 Jahre lang lebte Lara in einer Missbrauchsbeziehung mit Paul. Er schlug sie zwar nur ein einziges Mal – hart ins Gesicht –, war aber immerzu kontrollsüchtig, Angst einflößend, tyrannisch und setzte sie emotional unter Druck. Die Folge war, dass

er Lara lange davon überzeugen konnte, die Schuld liege bei ihr, und sie weinte und entschuldigte sich ständig. Glücklicherweise lebt sie nicht mehr in dieser Beziehung.

Vor ein paar Jahren sprach Lara mit einem nahen Verwandten, Tim, der die Beziehung hautnah miterlebt hatte. Sie sagte: »Kann ich dich mal was fragen? Wenn du zurückdenkst an diese Zeit in unserem Leben… hast du mich da als ständig in Tränen aufgelöst in Erinnerung? In meiner Erinnerung weine und entschuldige ich mich in diesen Jahren nämlich permanent und bitte um Verzeihung, aber dann denke ich auch wieder, dass ich das nicht die *ganze* Zeit über gemacht haben kann – denn sonst hätte ich es ja unerträglich gefunden, was nicht der Fall war. Solange es dauerte, fand ich es in Ordnung und normal – einfach eine normale Beziehung mit einigen schlechten Momenten, so wie Beziehungen eben sind.«

Tim nickte und erwiderte ganz beiläufig: »Ja, ich weiß noch, dass du ziemlich viel geweint hast. Du hast dich vermutlich schuldig gefühlt.« Er schien überhaupt nicht in Erwägung zu ziehen, dass seine Bemerkung Lara quälen oder einen Missklang erzeugen könnte. Er übernahm voll und ganz die Sichtweise des Missbrauchstäters: dass sie, immer wenn er sie anschrie, tyrannisierte oder ignorierte, vorher etwas getan hatte, womit sie es verdiente. Zwar hatte sie sich angewöhnt, ihren Misshandler anzulügen, um sich ein paar vereinzelte Freiräume zu schaffen, doch sie war entsetzt, dass Tim alles mit angesehen und selbst Jahrzehnte später noch nicht begriffen haben konnte, dass sie das Opfer von seelischem und emotionalem Missbrauch und Manipulation gewesen war.

Dass Tim an diesen Teil von Laras Leben zurückdenken und den Schluss ziehen konnte, dass sie diejenige war, die sich schuldig fühlen musste, hat ihn für immer bei Lara in Misskredit gebracht. Das Wort »schuldig« traf sie so hart, als hätte er mit schweren Stiefeln auf ihrer Lebensgeschichte herumgetrampelt.

13. Groll wegen Grenzüberschreitung

Ganz wichtig: Das ist nicht dasselbe wie ein Groll wegen Unzumutbarkeit. Manchmal, wenn jemand unsere Freundlichkeit auszunutzen versucht, haben wir das Gefühl, er würde eine Grenze überschreiten – aber wenn wir ihm Einhalt geböten, indem wir sagten: »Nein, das darfst du nicht tun«, und er darauf hörte, dann wäre es keine Grenzüberschreitung. Eine Grenzüberschreitung liegt vor, wenn man eine klare Grenze gezogen hat oder bereits eine solche existiert, und jemand sie missachtet.

Beispiel:
Wie der Zufall es will, habe ich erst vor ein paar Tagen eine spektakuläre Grenzüberschreitung erlebt. Ich kam in mein Ferienhaus, in der Absicht, in Ruhe ein eiliges Projekt zu Ende zu schreiben. Geschockt musste ich feststellen, dass Angestellte einer örtlichen Ferienwohnungsvermittlung sich Zugang verschafft und ohne meine Erlaubnis Möbel verrückt hatten.

Ich hatte mit dieser Vermittlung vereinbart, dass sie irgendwann einmal vorbeikommen könnten, um eine Bestandsliste des Hauses zu erstellen, mit Blick auf eine mögliche Vermietung des Hauses in der Zukunft. Zu diesem Zweck hatte ich ihnen den Code für den Schlüsselsafe gegeben. Aber ich hatte keinen Schimmer, dass sie irgendetwas anderes machen würden als die Inventarisierung. Das war das Einzige, zu dem ich sie ermächtigt hatte. Ich hatte mich noch nicht endgültig entschieden, ob ich mein Haus tatsächlich vermieten wollte, und auch noch keinen Vertrag unterschrieben.

Zu meinem Entsetzen sah ich, dass sie meine eigene Bettwäsche, Handtücher und Badematten durch ihre ersetzt hatten, sie hatten Toilettenartikel mit ihrem Markennamen in alle Badezimmer gestellt und viele von meinen persönlichen Sachen in Schränken und Schubladen in Sicherheit gebracht. Der Schlüsselring mit dem Logo der Vermietungsgesellschaft war an meinem Schlüssel im Schlüsselsafe befestigt worden, und meine Adresse stand in schwarzem Filzstift auf den Etiketten an allen meinen Steppdecken. Statt mich gleich an die Arbeit setzen zu können, musste ich stundenlang im Haus herumsuchen, um die einfachsten Dinge zu finden, und alles wieder dahin stellen, wo es hingehörte.

Ich schrieb ihnen einen Brief, in dem ich alle meine Beschwerden einzeln aufführte. Ich bemühte mich, bitterböse zu klingen, obwohl mein Zorn in Wirklichkeit erheblich gemildert wurde durch den Gedanken »Oh, das gibt einen schönen Groll!«. Wenn Sie erst einmal so geübte Groll-Heger sind wie ich, liebe Leser, werden auch Sie imstande sein, Ihre Wut herunterzuschrauben, indem Sie sich einfach auf das hohe Groll-Potenzial des Vorfalls konzentrieren. Das verschafft enorme Erleichterung, das garantiere ich Ihnen.

14. Groll wegen des versuchten Entzugs der Handlungsfähigkeit

Wenn jemand Sie davon abzuhalten versucht, die Entscheidungen zu treffen, die Ihnen rechtmäßig zustehen.

Beispiel:
Bald nachdem Luke, seine Frau und ihre vierjährige Tochter in ihr neues Haus gezogen waren, kamen seine Eltern zum Mittagessen vorbei. Wie es sich gehört, führten Luke und seine Frau die beiden überall herum. Als sie zum Kinderzimmer kamen, warf Lukes Mutter einen einzigen Blick auf das Bett und sagte: »Das ist nicht groß genug für sie. Ihr müsst ihr ein größeres kaufen.« Luke erklärte, dass sie ihrer Tochter selbstverständlich irgendwann ein größeres Bett kaufen würden, dass dieses Bett aber fürs Erste ausreiche. Luke und seine Frau wussten das, weil ihre Tochter jede Nacht bequem in dem Bett schlief. Sie streckte sich niemals lang aus und hatte auf beiden Seiten der Matratze jede Menge Platz.

Seine Mutter geriet sofort in Rage. »Warum könnt ihr es denn nicht gleich tun?«, fauchte sie. »Ihr macht es am Ende ja doch, warum also nicht jetzt sofort? Dieses Bett ist *nicht* groß genug für sie. Es ist schlicht und einfach *nicht groß genug*!«

In aller Ruhe erklärte Luke ihr, dass es das doch sei und dass er und seine Frau das so entschieden hätten, da es ihr Haus sei und ihre Tochter. Lukes Mutter wollte das nicht hinnehmen, und ihre schlechte Laune verdarb das ganze Mittagessen und auch den Nachmittag. Sie war beleidigt, wechselte kein Wort mehr mit Luke und warf ihm quer über den Esstisch hinweg feindselige Blicke zu. Zweifelsohne hoffte sie, er würde versuchen sie aufzumuntern, indem er tat, was sie wollte. So hatte er als Kind immer auf ihr feindseliges Schmollen reagiert, aber diesmal war er fest entschlossen, nicht nachzugeben. Als seine Mutter sah, dass er keine Anstalten machte, vor ihren Einschüchterungsversuchen zu kapitulieren, sagte sie schließlich: »Sieh mal, ihr mögt ja denken, dass sie jetzt noch kein größeres Bett braucht … aber kannst du ihr nicht einfach mir zu Gefallen eins kaufen? Würde es dich denn umbringen, *einmal* etwas zu tun, was du eigentlich nicht für nötig hältst, aus dem einfachen Grund, weil es deiner Mutter Freude bereiten würde?«

Luke erklärte ihr, dass er ihr liebend gern jeden Gefallen tue, den er für angemessen halte, dass er sich aber nicht emotional dazu erpressen lasse, Möbelstücke in seinem Haus auszutauschen, die gar nicht ausgetauscht werden müssten. Nach dieser Antwort war Lukes Mutter wieder beleidigt und zeigte bis zum Ende des Besuchs keinerlei Zuneigung mehr.

15. Groll wegen einer Drohung

Wenn jemand Ihnen in inakzeptabler Weise droht. (Ja, es gibt auch akzeptable Drohungen, zum Beispiel: »Wenn du nicht aufhörst, deine Schwester zu treten, kriegst du keinen Kuchen zum Nachtisch.«)

Beispiel:
Anne fuhr Bus. Da kam Greg, der Mann ihrer besten Freundin, und setzte sich neben sie. Anne fing an zu plaudern, merkte dann aber, dass Greg ganz außer sich war und nicht in der Verfassung für Small Talk. Sie fragte ihn, ob alles in Ordnung sei, und er antwortete mit einer langen, verwickelten Geschichte über eine Frau im Büro, Cassie, die ihn soeben zurückgewiesen habe. Er erzählte Anne, er sei nun schon über ein Jahr in Cassie verliebt, habe für sie voller Erwartung seine Frau Donna (Annes beste Freundin) verlassen, aber sie habe ihn abgewiesen, ihm gesagt, sie habe nichts für ihn übrig und er müsse da wohl etwas missverstanden haben.

Anne konnte nicht glauben, dass Greg ihr das alles erzählte, obwohl er doch wusste, dass sie Donnas beste Freundin war. Als er endlich mit seiner Leidensgeschichte zu Ende war, wurde ihm spürbar bewusst, dass er sich ziemlich weit aus dem Fenster gelehnt hatte, indem er das alles jemandem anvertraut hatte, der seiner Frau sehr viel näher stand als ihm. Also nahm er einen gespielt heiteren Tonfall an, lachte unbeholfen und sagte: »Übrigens, du erzählst das besser nicht Donna, denn dann, haha, würde ich deine Kinder totschießen.« Anne war sich ziemlich sicher, dass er nur Spaß machte – aber eben nicht hundertprozentig sicher.

16. Selfie-Groll

Einer der stärksten Groll-Typen, der Groll, den man gegen sich selber hegt. Es ist aber wichtig anzumerken, dass ein Selfie-Groll nicht stärker sein sollte als jeder andere Groll, nur weil er sich gegen einen selbst richtet. Wenn wir uns nicht so bereitwillig vergeben, wie wir anderen vergeben, und einen Selfie-Groll nicht so leicht ablegen wie einen auf andere Leute fokussierten Groll, könnten wir uns einer gewissen Feigheit und Selbstviktimisierung schuldig machen. Weil wir Angst davor haben, eine wie auch immer geartete Konfliktbeziehung mit einem bedrohlicheren »Gegenüber« einzugehen, selbst in der Intimsphäre unseres eigenen Kopfes, gehen wir den Weg des geringsten Widerstands und schelten uns selber schonungslos, nachdem wir vorher stillschweigend zugelassen haben, dass wir unser eigenes Opfer werden. Das ist nicht gut, Freunde. Seien Sie Ihr eigenes bereitwilliges Opfer, und Sie werden bald feststellen, dass Sie diese Rolle auch für andere spielen. Wenn Sie sich selber fair behandeln, werden Sie auch eher eine faire Behandlung durch andere erfahren.

Beispiel:
Grace pflegte eine Freundschaft, die anfangs gedroht hatte, in eine Liebesbeziehung auszuarten. Sie war ein paarmal mit Angus ausgegangen und einmal hatten sie sich auch geküsst, aber dann war das Ganze im Sande verlaufen und sie hatten sich geeinigt, Freunde zu bleiben und weiter nichts. Die Dinge hatten sich dadurch noch verkompliziert, dass Grace zu der Zeit in einer festen Beziehung lebte (mit einem Mann namens Jack). Also hatten sie und Angus beschlossen, ein Ende zu machen, bevor eine Affäre daraus wurde.

Angus arbeitete mit Grace' Bruder Dave in einem örtlichen Ingenieurbüro. So hatte sie ihn kennengelernt. Eines Abends waren Grace und Jack bei Dave und seiner Frau zum Essen eingeladen. Auf einmal sagte Dave zu Grace: »Ich muss unter vier Augen mit dir sprechen. Fahren wir ein bisschen spazieren.« Jack und Daves Frau nahmen an, es handele sich um eine Sache zwischen Bruder und Schwester, und Grace selber machte sich keine Vorstellung, worum es ging.

Gleich nachdem sie losgefahren waren, fragte Dave: »Hast du eine Affäre mit Angus?« Das hatte sie nicht, und sie und Angus waren übereingekommen, dass sie auch keine Affäre anstrebten, also sagte sie wahrheitsgemäß: »Nein.«

»Lüg mich nicht an«, entgegnete Dave. »Ich *weiß*, dass da was läuft. Du musst mir genau sagen, wie die Dinge liegen. Angus ist mein Kollege. Sag mir, was abgeht – die ganze Wahrheit, sofort –, oder ich gehe wieder ins Haus und sage deinem Freund, dass du mit Angus eine Affäre hast.«

Grace war wie vom Donner gerührt. Sie wusste, dass Dave es Jack sagen würde, wenn sie ihm nicht gehorchte, aber sie war nicht bereit, ihm zu erzählen, dass sie Angus geküsst und sich ein paarmal mit ihm getroffen hatte. Erstens, weil es ihn nichts anging, und zweitens, weil ihr das zu heikel erschien. Was, wenn er es Jack weitersagte? Davon wäre Jack ganz und gar nicht begeistert, auch wenn es nicht zum Sex gekommen war und inzwischen nichts mehr war zwischen Grace und Angus.

Hastig dachte sie nach und tischte Dave eine Geschichte auf, die nicht stimmte, die aber, wie sie hoffte, erklären würde, was er möglicherweise gesehen oder mit angehört hatte. Sie erzählte ihm, Angus sei in ihre Freundin Laura verliebt und habe sich bei ihr Rat geholt, weshalb sie sich ein paarmal heimlich mit ihm getroffen habe.

Dave akzeptierte diese ziemlich dürftige Geschichte (vermutlich weil er nur zu gern glauben wollte, dass sein Kollege und seine Schwester nichts miteinander hatten), und er und Grace fuhren zu ihm nach Hause zurück und gesellten sich wieder zu den anderen.

Grace ist seither wütend auf sich. Sie findet, dass sie sich wie ein Schlappschwanz verhalten hat und dass sie eigentlich hätte sagen müssen: »Dave, ich bin nicht verpflichtet, dir irgendwelche Details über meine Beziehung zu Angus mitzuteilen, und wenn du mir noch einmal drohst oder deine Drohung wahrmachst, dann muss ich leider den Kontakt zu dir abbrechen.« Dave hatte keinerlei Recht, diese Auskunft einzufordern, als habe er einen gottgegebenen Anspruch darauf. Grace findet, das hätte sie ihm sagen und standhaft bleiben müssen.

17. Groll wegen böswilligen Verlassens

Wenn jemand einen im Stich lässt. Das Beispiel unten ist ziemlich schockierend und beinhaltet nicht nur den Grund für einen Groll, sondern auch Kindesmissbrauch.

Beispiel:
Als John 14 war, kam er eines Tages von der Schule nach Hause und stellte fest, dass der Haushalt aufgelöst war und seine Habseligkeiten in schwarzen Müllsäcken vor der Tür standen. Seine gesamte Familie war weggezogen und hatte ihn zurückgelassen. Sieben Jahre danach fand er seine Mutter, und sie bauten wieder eine Beziehung auf, bis sie, nur 18 Monate später, erneut verschwand. John weiß, wo seine Mutter sich jetzt aufhält, aber er meldet sich nicht bei ihr. Er will ihr keine dritte Chance geben.

Es gibt auch weniger erschütternde Vorfälle, die zu einem Groll wegen böswilligen Verlassens führen können. Man kann Gespräche, Situationen oder kreative Projekte ebenso verlassen wie Menschen. Vergangenes Jahr äußerte Shane Interesse daran, mit mir an einem Projekt zu arbeiten, bei dem es um Literatur und Theater ging. Mehrere Monate lang hatten wir einen regen Austausch, und dann schickte ich ihm irgendwann eine E-Mail und er antwortete nicht. Er hat sich nie wieder bei mir gemeldet. Aus welchem Grund auch immer hatte er entschieden, dass er bei unserem Projekt nicht weiter mitmachen wollte – ein Entschluss, den er mir leicht per Brief, E-Mail oder im persönlichen Gespräch hätte mitteilen können. Stattdessen hat er sich einfach verdünnisiert. Ich bin froh, dass ich die Chance hatte, zu erleben, wie er sich verhält, bevor ich mich zu weit mit ihm und seiner Organisation eingelassen hatte. Ich würde nicht mehr mit ihm oder mit seinen Kollegen arbeiten wollen.

18. Groll wegen Ungerechtigkeit

Wenn Ihnen oder jemand anderem etwas Unfaires widerfährt.

Beispiel:
Eine Highschool für Mädchen vergibt jedes Jahr jede Menge Preise und Auszeichnungen. Einer der renommiertesten ist der Sportpo-

kal in Silber. In einem Jahr bekam diesen Pokal Olivia, eine sehr begabte Schülerin, die recht gut in einigen Korbballspielen gewesen war. Allerdings waren alle ziemlich überrascht, denn es gab da in diesem Jahrgang noch eine andere Schülerin – nennen wir sie Megan –, die herausragende Sportskanone der Schule. Jedem war klar, dass Megan das Zeug zur Goldmedaillengewinnerin bei den Olympischen Spielen hatte, so gut war sie.

Ein paar Tage nach der Preisverleihung kam heraus, dass die leitende Sportlehrerin (deren Aufgabe es war, jedes Jahr die Gewinnerin auszuwählen) tatsächlich Megan den Preis zuerkannt hatte – zumindest hatte sie das versucht. Die Direktorin hatte, als sie hörte, dass der Sportpokal an Megan gehen sollte, zu der Sportlehrerin gesagt: »Ich würde es begrüßen, wenn Sie den Pokal stattdessen Olivia verliehen.«

»Nein, ich habe ihn Megan zugedacht«, entgegnete die Sportlehrerin. »Die hat ihn eindeutig verdient.«

»Ja, aber Olivia bekommt keinen anderen Preis«, erklärte die Direktorin. »Wenn sie den Sportpokal nicht bekommt, dann hat sie gar nichts.«

Da die Sportlehrerin den starken Verdacht hatte, dass sie, wenn sie auf ihrem Standpunkt beharrte, ohnehin den Kürzeren ziehen würde, fügte sie sich, und Olivia bekam den Sportpokal.

Und wissen Sie was? Irgendwie war der Direktorin entgangen, dass Olivia in Wirklichkeit zusätzlich zu dem Sportpokal noch *zwei* weitere Preise verliehen bekommen hatte. Am Morgen der Preisverleihung sagte die Direktorin zu der Sportlehrerin: »Oh, tut mir leid, das habe ich erst heute Morgen erfahren – und jetzt ist es zu spät. In den Sportpokal ist schon Olivias Name eingraviert.«

19. Groll wegen Ungezogenheit (auch bekannt als Groll wegen fahrlässiger Taktlosigkeit)

Wenn sich jemand unzumutbar ungezogen verhält. (Es gibt auch Situationen, in denen Ungezogenheit zumutbar ist – wenn Sie beispielsweise jemanden provoziert haben oder selbst schon ungezogen zu ihm waren.)

Beispiel:
Samantha war einmal zu einem Lyrikfestival eingeladen. Sie sollte die Lesung am Samstagabend bestreiten, den Hauptprogrammpunkt des Festivals. Mehr als 200 Eintrittskarten waren für ihren Auftritt verkauft worden, worüber sich die Veranstalter sehr freuten. An dem Samstag lud der Organisator des Festivals, Clive, alle auftretenden Dichter, ihre Partner sowie weitere Gäste zum Mittagessen ein. Das Thema, welche Dichter man für das Festival im nächsten Jahr einladen könnte, kam auf, und Samantha schlug die berühmte Dichterin Althea Clements vor, die sie sehr verehrte. Clive lachte wehmütig und sagte: »Ha! Die können wir uns nicht leisten! Haben es dieses Jahr schon versucht. Du bist nur hier, weil du die Althea Clements des kleinen Mannes bist.« Wie Sie sich denken können, senkte sich sogleich entsetztes Schweigen über die Anwesenden. Später entschuldigte sich Clive bei Samantha und bestand darauf, dass sie ihm verzeihe müsse, da er zu anderen schon weitaus ungezogener gewesen sei, und außerdem sei er ein unglückseliger Alkoholiker, dessen Frau vor Kurzem verstorben war.

20. Groll, weil jemand immer vom Schlimmsten ausgeht

Wenn jemand Ihr Handeln auf die schlimmstmögliche Weise interpretiert und das gegen Sie verwendet.

Beispiel:
Bobs Sohn Sam, ein Fußballfan, wünschte sich sehnlichst ein ganz bestimmtes Poster von Leeds United. Als Bobs Eltern sich erkundigten, was Sam sich zu Weihnachten wünsche, erzählte Bob ihnen von dem Poster, und sie sagten, sie würden es ihm besorgen, was sie auch taten. Sam war begeistert und wollte es sofort aufhängen, aber Bob entgegnete: »Hör mal, wenn wir es einfach an die Wand kleben, kriegt es schnell Eselsohren und reißt ein. Lass es uns doch rahmen.«

»Gute Idee«, erwiderte Sam. Das war also der Plan. Bob hatte wahnsinnig viel im Büro zu tun, dazu kamen dann noch der Alltag und kleine Kinder – er konnte also nicht sofort zum Rahmenladen gehen. Er packte das Poster sorgfältig ein und nahm sich vor, es wegzubringen, sobald er einmal einen freien Tag hatte. Zu der Zeit hatte er nicht viele freie Tage.

Ein paar Wochen später war Bob bei seinen Eltern zu Besuch, und sein Vater fragte: »Na, wie macht sich denn das Poster an Sams Wand?«

»Ich hab es noch nicht aufgehängt«, erwiderte Bob. »Ich hatte so viel zu tun, dass ich …«

Weiter kam er nicht. »Du *hast es noch nicht aufgehängt*?«, brüllte sein Vater los. »Du hast dieses Poster schon seit *Wochen*. Deine Mutter und ich haben Zeit und Mühe darauf verwendet, es aufzutreiben – genau das, was er haben wollte. Es dauert fünf Minuten, ein Poster an die Wand zu hängen. *Fünf Minuten*.«

Bob fühlte sich ungerecht beurteilt. Später sagte er zu seiner Frau: »Ich kann dieses Poster jetzt unmöglich noch rahmen lassen und aufhängen. Dabei würde mir übel. Du musst das machen.«

Wie sich herausstellte, war das gar nicht mehr nötig. Ein paar Tage danach verkündete Sam, dass er kein Leeds-United-Fan mehr sei und ab jetzt zu Chelsea wechsle. Bob empfand das sehr stark als Karma.

Weitere gängige Groll-Typen

GROLL WEGEN AUSSCHLUSSES – wenn man Sie mit Absicht außen vor lässt.

GROLL WEGEN FEIGHEIT – wenn jemand zu ängstlich ist, um das Richtige zu tun, und das auf eine Weise, die sich negativ auf Sie auswirkt.

GROLL WEGEN EINER UNANGEBRACHTEN WARNUNG – der ist ein bisschen schwer zu begreifen. Er tritt ein, wenn jemand Sie vor etwas warnt, das so unwahrscheinlich ist, dass die Warnung nicht nur unnötig ist, sondern auch noch an sich schon einen aggressiven Akt darstellt.

GROLL WEGEN ÜBERREAKTION – wenn jemand in einem Maße überreagiert, das sich negativer auswirkt oder anstößiger ist als der auslösende Vorfall. Wenn eine Person den verhältnismäßigen Schaden der ursprünglichen Verfehlung und ihre Reaktion darauf nicht gegeneinander abwägt und am Ende noch größeren beziehungsweise unnötigen Schaden anrichtet.

GROLL WEGEN EINES UNFAIREN GROLLS – wenn Sie einen Groll gegen jemand anderen hegen, der einen Groll hegt, den Sie für unberechtigt halten.

GROLL WEGEN FALSCH VERSTANDENER LOYALITÄT – wenn jemand irrtümlich annimmt, dass Sie, wenn Sie wirklich loyal zu ihm sein wollen, bereit sein müssen, jeden, den er nicht leiden kann, zu verstoßen, zu verhauen oder zu verleumden.

GROLL, WEIL JEMAND WUT ODER KUMMER ABLÄDT – wenn jemand wütend oder unglücklich ist, nicht einsieht, dass ihm das nicht das Recht gibt, Sie auch noch mit runterzuziehen, nicht die Verantwortung für seine Gefühle übernimmt und Sie von oben bis unten mit seiner Wut oder seinem Kummer besprüht.

GROLL WEGEN VERHARMLOSUNG – wenn jemand eine schwerwiegende zurückliegende Verfehlung beichtet, als wäre es etwas Banales, über das man schmunzeln kann, zum Beispiel: »Also weißt du, haha, ich habe früher immer ein bisschen Hackfleisch unter deine vegetarischen Aufläufe gemischt, wenn du nicht hingeschaut hast.«

GROLL WEGEN EINES ENTSCHULDIGUNGSJOKERS – wenn jemand Entschuldigungen wie »Du kommst aus dem Gefängnis frei«-Karten einsetzt.

Es gibt noch viele, viele weitere Groll-Typen. Wenn Sie noch interessante kennen, lassen Sie es mich bitte wissen!

Da wir jetzt am Ende des Kapitels angelangt sind, wird es Zeit für noch eine von meinen privaten Groll-Geschichten. Dabei handelt es sich um einen 2-karätigen Groll …

Der berühmte Autor

Groll-Typ Nr. 5: Groll wegen Heuchelei

Wenn ich nicht gerade über Groll schreibe, schreibe ich im Prinzip immer noch über Groll – womit ich sagen will, dass ich Kriminalromane schreibe. Ein Groll ist das Motiv für so manchen fiktionalen Mord. Vielleicht ist das ja der Grund, warum Krimis mein liebstes Genre sind.

Eine Schiene meines Krimiautorendaseins ist diese: Auf Bitten der Familie von Agatha Christie schreibe ich Fortsetzungen ihrer Geschichten mit dem weltberühmtem belgischen Detektiv Hercule Poirot als Hauptfigur.

Im September 2013 wurde mein neuer Poirot-Roman angekündigt. Da es sich um den ersten nach dem Tod von Agatha Christie handelte, sorgte es in der ganzen Welt für Schlagzeilen. Zur gleichen Zeit hatte ein berühmter britischer Autor – nennen wir ihn Michael Baker – ein neues Buch veröffentlicht und machte viel Werbung dafür. Ich hatte schon von Michael Baker gehört, denn er ist wirklich sehr berühmt, wusste aber rein gar nichts von seinem neuen Buch.

Der Verlag meines anstehenden Poirot-Romans, HarperCollins, schickte mir alle Presse-Auszüge, sowohl aus britischen Zeitungen als auch aus internationalen. Die meisten Artikel waren unterschiedliche Versionen des gleichen Inhalts: Ein neuer Hercule Poirot nach fast 40 Jahren! Dann stieß ich auf einen Artikel, der, wie ich zunächst annahm, versehentlich in meinen Stapel geraten sein musste: ein Interview mit Michael Baker über sein neues Buch, das am selben Tag herausgekommen war, an dem die Nachricht von meinem Poirot-Roman die Runde machte.

Ich überflog den Artikel und entdeckte ungefähr am Ende der Seite das Wort »Poirot«. Die meisten der an Baker gestellten Fragen bezogen sich auf sein Buch, nur die letzte lautete sinngemäß: »Haben Sie gehört, dass ein neuer Hercule-Poirot-Roman erscheinen wird, auf Bitten der Christie-Erben von Sophie Hannah verfasst? Was halten Sie davon?«

Bakers Antwort wunderte mich nicht im Geringsten. Er sagte: »Ach ja? Das kommt mir ziemlich zweitklassig vor. Warum können die Leute nicht mal was Originelles schreiben?« Viele Menschen halten Fortführungsromane für unoriginell oder bequem, daher war ich an eine solche Sichtweise gewöhnt. Ich stimme aber nicht mit ihr überein. Für gewöhnlich sind alle Aspekte an einem Fortführungsroman etwas durch und durch Eigenes, abgesehen von einem vorgegebenen Element, in meinem Fall Poirot. In Romanen, die nichts fortschreiben, gibt es ebenfalls vorgegebene Elemente: den Himmel, die Sonne, Sauerstoff …

Darum geht es hier aber gar nicht. Mir machte es überhaupt nichts aus, dass Michael Baker die Vorstellung von einer Poirot-Fortführung nicht gefiel. Anderen machte es dagegen sehr wohl etwas aus. Der Posteingang meines E-Mail-Accounts quoll schon bald über von Nachrichten mit Betreffzeilen wie »Ganz schön dreist!« oder »Michael Baker ver***er Heuchler!«.

Das verwirrte mich etwas. Wieso Heuchler? Hatte Baker etwa ebenfalls einen Poirot-Roman geschrieben und es dann abgestritten? Einen Miss-Marple-Roman vielleicht? Nein, das war unmöglich, da war ich mir ziemlich sicher. Davon hätte ich gehört, wo ich doch so ein glühender Agatha-Fan bin.

Ich machte mich daran, die Mails zu öffnen, und erkannte schnell, worum es ging. Mehr als 20 Leute hatten es mir mitgeteilt: Bakers neues Buch – für das er diese ganze Reklame machte – war eine Nacherzählung einer Auswahl der Geschichten von jemand anderem.

Moment mal, was? Eine *Nacherzählung*? Von Geschichten – jeder Menge davon –, die sich alle, ohne Ausnahme, *jemand anders* ausgedacht hatte? Eine Nacherzählung?

Das hielt ich schlicht und einfach für ausgeschlossen. Niemand, von dem soeben eine Nacherzählung von Geschichten erschienen war, zu denen er *überhaupt nichts Eigenes beigetragen hatte* und die davor schon ein anderer Autor herausgebracht hatte, konnte einen Fortführungsroman in aller Öffentlichkeit als unoriginell und zweitklassig bezeichnen, ohne zu merken, dass er selbst genau in diesem Moment etwas publizierte, das noch sehr viel weniger originell war. Ganz sicher nicht.

Hastig rief ich die Amazon-Website auf, um festzustellen, wie sich mehr als 20 Menschen so vertan haben konnten. Das hatten sie nicht.

(Verzeiht mir dieses krasse, schockierende Ende, Leute. Ich fürchte, es kommt keine unvorhersehbare Wendung mehr – kein Postskriptum, das alles zum Guten führt. Michael Baker ist meines Wissens nicht kurz darauf mitten in der Nacht ruckartig wachgeworden und hat gedacht: »O nein! Was für ein Riesenheuchler ich doch war! Das werde ich richtigstellen, und wenn es das Letzte ist, was ich tue.« Ich bezweifle, dass so etwas jemals geschehen wird.

Wahrscheinlicher ist, dass Michael Baker eines Tages ein Buch über Groll herausbringen wird. In einem Interview dazu wird man ihn dann fragen, was er von *diesem* Buch hier hält, und er wird sagen: »Ach, ein Buch über Groll? Wie unoriginell! Das halte ich für absolut drittklassig!«)

So, nun habe ich Ihnen also einen 1-karätigen Groll vorgestellt (»Das Taxi, das sich nicht vom Fleck bewegte«) und gerade eben einen 2-karätigen. Einige von Ihnen fangen sicher schon langsam an, sich zu wundern. Was, im Namen aller grollenswerten Vorfälle, hat es mit dieser ganzen Karat-Terminologie auf sich? Wenn Sie das wissen wollen, müssen Sie schon weiterlesen!

Kapitel 4

Wie man einen Groll bewertet

»Wie Sie sehen, bin ich nicht boshaft veranlagt, andernfalls
könnte ich hier leicht den Namen eines Dummschwätzers einfügen,
gegen den ich einen Groll hege.«

Anthony Trollope

Nachdem wir uns nun einige wesentliche Groll-Typen angesehen haben, wollen wir uns der nächsten wichtigen Frage zuwenden: Wenn Sie erst einmal Ihren Groll unter Dach und Fach haben und sich über den Gegenstand im Klaren sind, wie schätzen Sie seinen Groll-Wert ein? Ist es ein essenzieller, mächtiger (größerer) Groll oder ein verhältnismäßig alberner, belangloser (kleinerer). Und wie können wir die Größe und Stärke eines Grolls genau ermessen, wo ein Groll doch keine reale, fassbare Größe ist?

Es hat noch keiner ein Groll-Bewertungssystem erfunden, also habe ich einmal mehr beschlossen, mich einfach daran zu versuchen. Und einmal mehr habe ich vorher meinen Mann zurate gezogen. »Bei jedem Groll musst du zwei Dinge in Betracht ziehen«, sagte er.

»Nur zwei?« Das kam mir nicht richtig vor.

»Ja. Den ›Grrr‹-Faktor und wie lange du den Groll schon hegst.«

Ich hatte, um genau zu sein, bereits Überlegungen zu einem Groll-Bewertungssystem angestellt. Ich fand es ziemlich gut, aber es unterschied sich erheblich von dem, was mein Mann vorschlug. Da wir (soweit ich weiß) die einzigen beiden Menschen auf diesem Planeten waren, die sich jemals Gedanken darüber gemacht haben, wie man einen Groll bewerten und messen kann, kam ich zu folgendem Schluss: Wenn ich seine messbaren Faktoren meinen messbaren Faktoren hinzufügte, würden wir am Ende zu einem narrensicheren System gelangen, nämlich dem folgenden:

Das Karat-basierte Groll-Bewertungssystem

Karat ist, wie Sie vielleicht schon wissen, die Einheit zur Bestimmung des Gewichts von Diamanten. Wie ein Diamant kann auch ein Groll mehr oder weniger Gewicht in die Waagschale werfen (und natürlich kann und soll er auch funkeln, sowohl in unserer Groll-Vitrine als auch in unseren Gedanken!), deshalb habe ich mich für ein Karat-basiertes Bewertungssystem entschieden.

So bewerten Sie einen Groll: Rufen Sie sich Ihren Groll ins Gedächtnis, und beantworten Sie die folgenden Fragen dazu:

1. War die Absicht des Groll-Absenders
   a. eindeutig oder vermutlich böse?
   b. möglicherweise böse?
   c. nicht böse?

2. Wusste er, dass er Sie aus der Fassung bringen, verletzen oder unfair behandeln würde?
   a. Ja, eindeutig.
   b. Möglicherweise.
   c. Überhaupt nicht.

3. War die Gesamtsituation
   a. sehr ernst?
   b. ziemlich ernst?
   c. nicht sehr ernst?

4. War die Auswirkung von dem, was er tat oder sagte, auf Sie
   a. sehr schlimm?
   b. ziemlich schlimm?
   c. nicht so schlimm?

5. Hätte er es besser wissen/machen müssen oder können?
   a. Ja.
   b. Könnte sein.
   c. Nein.

6. Hat er Ihnen ernsthaften Schaden zugefügt?
   a. Ja.
   b. Könnte sein.
   c. Nein.

7. Ist der Grrr-Faktor (das Ausmaß, in dem Sie immer noch sehr stark das Gefühl haben: »Wow, das war ja wohl völlig daneben«, wenn Sie heute an den Vorfall zurückdenken) des Grolls
   a. hoch?
   b. mittel?
   c. gering?

8. Hegen Sie diesen Groll
   a. schon ewig beziehungsweise noch nicht sehr lange, aber Sie wissen, dass er für immer bleiben wird?
   b. mittellang bzw. seit Kurzem, und glauben, dass Sie ihn noch etwas weiterhegen werden, aber nicht ewig?
   c. erst seit Kurzem und werden ihn vermutlich bis nächste Woche wieder abgelegt haben?

Geben Sie Ihrem Groll für jede Antwort auf die oben gestellten Fragen 3 Punkte für eine a)-Antwort, 2 Punkte für eine b)-Antwort und 1 Punkt für eine c)-Antwort. Dann haben Sie eine Gesamtpunktzahl. Nehmen Sie diese Zahl mit in den nächsten Teil des Bewertungsablaufs.

9. Würde dieser Vorfall allein ausreichen, dass Sie einen Groll gegen die betreffende(n) Person(en) hegen?
   a. Ja.
   b. Nein, nur wenn noch andere Vorfälle mitberücksichtigt werden.

Wenn Sie mit a) geantwortet haben, bleibt Ihre Punktzahl unverändert. Wenn Sie mit b) geantwortet haben, ziehen Sie 1 Punkt von Ihrer Gesamtsumme ab.

10. Wäre Ihrem Groll-Absender etwas Schlimmes oder Beängstigendes widerfahren, wenn er die Groll auslösende Tat nicht begangen hätte?
    a. Nein.
    b. Ja.

Wenn Sie mit a) geantwortet haben, bleibt Ihre Punktzahl unverändert. Wenn Sie mit b) geantwortet haben, ziehen Sie 1 Punkt von Ihrer Gesamtsumme ab.

11. Wäre der Groll aufgehoben/hinfällig, wenn sich Ihr Groll-Absender umfassend und aus vollem Herzen entschuldigte?
    a. Nein.
    b. Ja.

Wenn Sie mit a) geantwortet haben, bleibt Ihre Punktzahl unverändert. Wenn Sie mit b) geantwortet haben, ziehen Sie 1 Punkt von Ihrer Gesamtsumme ab.

12. Liegt Ihnen etwas an Ihrem Groll-Absender und ihm an Ihnen?
    a. Ja, ausgesprochen viel.
    b. Ja, eine ganze Menge.
    c. Nicht besonders viel – lediglich als Mitmensch.

Wenn Sie mit a) geantwortet haben, zählen Sie 4 Punkte hinzu. Wenn Sie mit b) geantwortet haben, zählen Sie 2 Punkte hinzu. Wenn es c) war, lassen Sie alles beim Alten.

Gut gemacht! Ihr Groll hat nun eine Gesamtpunktzahl. Und jetzt zur Bewertung:

13 Punkte oder weniger = ein 1-karätiger Groll
14 Punkte = ein 2-karätiger Groll
15 Punkte = ein 3-karätiger Groll
16 Punkte = ein 4-karätiger Groll
17 Punkte = ein 5-karätiger Groll
18 Punkte = ein 6-karätiger Groll
19 Punkte = ein 7-karätiger Groll
20 Punkte = ein 8-karätiger Groll
21 Punkte = ein 9-karätiger Groll
22 Punkte und mehr = ein 10-karätiger Groll

Ein 10-karätiger Groll ist der stärkste, gewichtigste, mächtigste Groll, den man hegen kann, ein 1-karätiger Groll der schwächste und geringfügigste. Im Idealfall sollte Ihre Groll-Vitrine eine gute Mischung der verschiedenen Karatstärken aufweisen.

Nehmen wir uns noch einmal die Beispiele zu meinem 1-karätigen und meinem 2-karätigen Groll vor, »Das Taxi, das sich nicht vom Fleck bewegte« und »Der berühmte Autor«. Dann können wir sehen, wie das Groll-Bewertungssystem in der Praxis funktioniert. Meine Antworten sind **fett** gedruckt.

Bewertung des »Das Taxi, das sich nicht vom Fleck bewegte«-Grolls:

1. War die Absicht des Groll-Absenders (Vern)
   a. eindeutig oder vermutlich böse?
   b. möglicherweise böse?
   c. **nicht böse – Vern ist zwar neurotisch, aber er wollte einzig und allein sicherstellen, dass alle in Sicherheit waren. (1 Punkt)**

2. Wusste er, dass er Sie aus der Fassung bringen, verletzen oder unfair behandeln würde?
   a. Ja, eindeutig.
   b. Möglicherweise.
   c. **Überhaupt nicht – es wäre ihm nie in den Sinn gekommen, dass seine Neurose irgendeine negative Auswirkung auf mich haben könnte. (1 Punkt)**

3. War die Gesamtsituation
   a. sehr ernst?
   b. ziemlich ernst?
   c. **nicht sehr ernst – niemand war zu irgendeinem Zeitpunkt in Gefahr und es stand auch nicht besonders viel auf dem Spiel. (1 Punkt)**

4. War die Auswirkung von dem, was er tat oder sagte, auf Sie
   a. sehr schlimm?
   b. ziemlich schlimm?
   c. **nicht so schlimm – ich war kurzzeitig etwas aufgewühlt und verärgert, hatte das aber schnell überwunden und fand es lustig. (1 Punkt)**

5. Hätte er es besser wissen/machen müssen oder können?
   a. Ja.
   b. **Könnte sein – einerseits ja, Vern hätte es absolut besser wissen müssen und sich nicht so albern verhalten dürfen. Andererseits war er außerstande, es besser zu wissen, aufgrund seiner Neurose, die schwer genug war, um als Krankheit durchzugehen. (2 Punkte)**
   c. Nein.

6. Hat er Ihnen ernsthaften Schaden zugefügt?
   a. Ja.
   b. Könnte sein.
   c. **Nein. (1 Punkt)**

7. Ist der Grrr-Faktor des Grolls
   a. hoch?
   b. mittel?
   c. **gering – meine primäre Empfindung ist nicht »Grrr«, sondern »Was für ein Jammer, dass Vern so neurotisch ist«. (1 Punkt)**

8. Hegen Sie diesen Groll
   a. **schon ewig – seit 2007. Ich möchte mich immer daran erinnern, dass Vern das gemacht hat, und dadurch ihn (und anderen) in Zukunft daran hindern, ihre Neurosen an mir auszulassen. (3 Punkte)**
   b. mittellang beziehungsweise erst seit Kurzem und glauben, dass Sie ihn noch ein bisschen weiterhegen werden, aber nicht ewig?
   c. erst seit Kurzem und werden ihn vermutlich bis nächste Woche wieder abgelegt haben?

Mein »Das Taxi, das sich nicht vom Fleck bewegte«-Groll hat bisher 11 Punkte.

9. Würde dieser Vorfall allein ausreichen, dass Sie einen Groll gegen die betreffende(n) Person(en) hegen?
   a. **Ja – also kein Punktabzug.**
   b. Nein, nur wenn noch andere Vorfälle mitberücksichtigt werden.

10. Wäre Ihrem Groll-Absender etwas Schlimmes oder Beängstigendes widerfahren, wenn er die Groll auslösende Tat nicht begangen hätte?
    a. Nein.
    b. **Ja – Vern war in seiner neurotischen Panik überzeugt, dass, wenn er mich nicht im Auge behielt, bis ich wieder im Haus war, meinen Kindern etwas Entsetzliches hätte zustoßen können. Daher hätte er sich auf der ganzen Heimfahrt mulmig gefühlt und sich geängstigt. (minus 1 Punkt)**

11. Wäre der Groll aufgehoben/hinfällig, wenn sich Ihr Groll-Absender umfassend und aus vollem Herzen entschuldigte?
    a. Nein.
    b. **Ja – wenn Vern eine Therapie machen und eines Tages sagen würde: »Ich war damals vollkommen von einer irrationalen Paranoia befallen. Es tut mir leid, wenn dich das irgendwie in Mitleidenschaft gezogen hat.«, dann wäre der Groll aufgehoben. (minus 1 Punkt)**

12. Liegt Ihnen etwas an Ihrem Groll-Absender und ihm an Ihnen?
    a. **Ja, ausgesprochen viel. (plus 4 Punkte)**
    b. Ja, eine ganze Menge.
    c. Nicht besonders viel.

Somit haben wir am Ende 13 Punkte für den »Das Taxi, das sich nicht vom Fleck bewegte«-Groll, was ihn zu einem 1-karätigen

Groll macht. Und da wir uns in diesem Kapitel auch mit Groll-Typen beschäftigt haben – für diesen speziellen Groll kämen einige infrage. Groll wegen einer unangebrachten Warnung wäre mein Favorit, aber es könnte auch ein Groll, weil jemand seine Neurosen ablädt, sein (eine Variante des Grolls, weil jemand Wut oder Kummer ablädt) oder ein Groll wegen Überreaktion.

Bewertung des »Der berühmte Autor«-Grolls

1. War die Absicht des Groll-Absenders (Michael Baker)
   a. eindeutig oder vermutlich böse?
   b. möglicherweise böse?
   c. **nicht böse – ich bin mir sicher, dass ihm die unterschwellige Heuchelei nicht in den Sinn kam. Ich glaube nicht, dass er überhaupt an sein eigenes Buch dachte, als er nach meiner Poirot-Fortschreibung gefragt wurde. Ich vermute mal, er hat eine Grundüberzeugung, die er nie hinterfragt und nach der die beiden in zwei völlig unterschiedlichen Ligen beheimatet sind. Deshalb würde es ihm schlichtweg nicht einfallen, die zwei in einem Zusammenhang zu sehen, selbst wenn ihm das eine gewaltige Heuchelei erspart hätte. (1 Punkt)**

2. Wusste er, dass er Sie aus der Fassung bringen, verletzen oder unfair behandeln würde?
   a. Ja, eindeutig.
   b. Möglicherweise.
   c. **Überhaupt nicht. (1 Punkt)**

3. War die Gesamtsituation
   a. sehr ernst?
   b. ziemlich ernst?
   c. **nicht sehr ernst. (1 Punkt)**

4. War die Auswirkung von dem, was er tat oder sagte, auf Sie
   a. sehr schlimm?
   b. ziemlich schlimm?
   c. **nicht so schlimm. (1 Punkt)**

5. Hätte er es besser wissen/machen müssen oder können?
   a. **Ja – auf jeden Fall. Er ist ein sehr kluger Mann, und er hätte merken müssen, dass er sich gerade als großer Heuchler outete. (3 Punkte)**
   b. Könnte sein.
   c. Nein.

6. Hat er Ihnen ernsthaften Schaden zugefügt?
   a. Ja.
   b. Könnte sein.
   c. **Nein. (1 Punkt)**

7. Ist der Grrr-Faktor des Grolls
   a. **hoch – ich empfinde diesbezüglich immer noch ein sehr starkes Grrr. So ganz nebenbei ein Buch als unoriginell und zweitklassig zu bezeichnen, bevor es überhaupt geschrieben ist, wenn man selber die Unoriginalität noch um mehrere Grade verschärft hat, das verdient alle Grrrs, die es gibt. (3 Punkte)**
   b. mittel?
   c. gering?

8. Hegen Sie diesen Groll
   a. **schon ewig – seit 2013. (3 Punkte)**
   b. mittellang beziehungsweise erst seit Kurzem und glauben, dass Sie ihn noch ein bisschen weiterhegen werden, aber nicht ewig?
   c. erst seit Kurzem und werden ihn vermutlich bis nächste Woche wieder abgelegt haben?

Mein »Der berühmte Autor«-Groll hat bisher 14 Punkte.

9. Würde dieser Vorfall allein ausreichen, dass Sie einen Groll gegen die betreffende(n) Person(en) hegen?
   a. **Ja – also kein Punktabzug.**
   b. Nein, nur wenn noch andere Vorfälle mitberücksichtigt werden.

10. Wäre Ihrem Groll-Absender etwas Schlimmes oder Beängstigendes widerfahren, wenn er die Groll auslösende Tat nicht begangen hätte?
   a. **Nein – also kein Punktabzug.**
   b. Ja.

11. Wäre der Groll aufgehoben/hinfällig, wenn sich Ihr Groll-Absender umfassend und aus vollem Herzen entschuldigte?
   a. **Nein – also kein Punktabzug. Ich habe ihm bereits verziehen, und ich würde die Entschuldigung auch zu schätzen wissen, aber ich möchte niemals vergessen, dass ein intelligenter Mensch so scheinheilig sein kann und es nicht einmal merkt – um sicherzustellen, dass ich niemals selbst so scheinheilig bin. Zu leicht setzt man voraus, dass das eigene Handeln ganz selbstverständlich dem der anderen überlegen ist, aber wer das nicht immer wieder hinterfragt, könnte am Ende seinen eigenen Standards hinterherhinken.**
   b. Ja.

12. Liegt Ihnen etwas an Ihrem Groll-Absender und ihm an Ihnen?
   a. Ja, ausgesprochen viel.
   b. Ja, eine ganze Menge.
   c. **Nicht besonders viel. (Es bleibt also bei der Punktzahl.)**

Mein »Der berühmte Autor«-Groll erreicht also eine Gesamtpunktzahl von 14. Damit ist er ein 2-karätiger Groll.

Und jetzt zu einem von meinen 3-karätigen »Grollen«:

Das Gemälde im Heuhaufen

Groll-Typ Nr. 2: Groll wegen Unzumutbarkeit

Die Geschichte handelt nicht von einem Bild, das wortwörtlich in einem Heuhaufen steckte, wie die Überschrift vermuten ließe. Ich war ein paar Tage zuvor umgezogen und hatte immer noch jede Menge mit Klebeband verschlossene Kisten stapelweise in allen Zimmern meines neuen Hauses stehen. Ein ganz bestimmtes Teil finden zu wollen, wäre der Suche nach der sprichwörtlichen Nadel im Heuhaufen gleichgekommen.

Zu der Zeit hatte ich zwei Kinder im Alter von zwei und drei Jahren, schrieb meinen dritten Kriminalroman und reiste kreuz und quer durchs Land, um meinen ersten und meinen zweiten Kriminalroman zu bewerben. Mein Mann arbeitete unterdessen Vollzeit und kam abends erst spät nach Hause, was bedeutete, ich war ziemlich beschäftigt. Vermutlich beschäftigter als jemals zuvor oder danach.

Seit unserem Umzug hatte ich nur die Kisten mit der Aufschrift »Zuerst öffnen« ausgepackt. Alle Kisten, auf denen nicht etwas stand, das von einer gewissen Dringlichkeit zeugte, mussten warten, bis ich mal zwei oder drei freie Tage hatte, an denen ich vernünftig auspacken konnte.

Mein Bruder Ted und seine Frau Laura wollten unbedingt so bald wie möglich vorbeikommen, um das neue Haus in Augenschein zu nehmen. »Super!«, sagte ich und freute mich schon darauf, sie herumzuführen. Laura ist Malerin. Außerdem ist sie ein sehr empfindlicher, launischer Mensch. Wenn sie etwas persönlich nimmt oder wenn etwas nicht nach ihren Vorstellungen läuft, lässt sie ihre schlechte Laune an Ted aus. Ich habe das schon viele Male miterlebt und kann bestätigen, dass bei solchen Gelegenheiten Ted ganz schön zu leiden hat. So lieb ich Laura auch habe, wäre ich doch lieber für immer Single, als mit jemandem wie ihr verheiratet zu sein. Nach einer chaotischen und traumatischen Kindheit steckt sie emotional noch immer in den Kinderschuhen.

Mein Mann und ich haben oft darüber gerätselt, warum Ted wohl bei Laura bleibt, da keiner von uns beiden es jemals in einer solchen Beziehung aushalten würde. Wir sind einhellig zu dem Schluss gekommen, dass Ted wahrscheinlich den Gedanken nicht ertragen kann, allein zu sein. Und er hätte wohl auch Angst, dass, sollte er jemand Neues kennenlernen, diese Person womöglich genauso schwierig wäre wie Laura oder sogar noch schlimmer.

Ein paar Jahre vor unserem Umzug hatte Laura mir eines ihrer Bilder geschenkt – ein kleines Ölgemälde von vier Frauen, die mit ausgestreckten Armen mitten auf einer Straße stehen, als würden sie jeden Augenblick abheben und davonfliegen. Ich fand es wunderbar. In dem Haus, das wir gerade verkauft hatten, hatte es an der Wohnzimmerwand gehangen, deshalb hatte ich es in eine von mehreren Kisten mit der Aufschrift »Wohnzimmer« gepackt, damit es auch im neuen Wohnzimmer an die Wand kam.

An dem Tag, an dem wir Ted und Laura zum Essen inklusive Besichtigungstour erwarteten, hatte ich eine Reihe von Terminen in London mit meinem Agenten und meinem Verlag. Zwischen den Treffen sah ich, dass Ted mir eine Nachricht geschickt hatte. Sie lautete: »Gerade ist mir eingefallen: Lauras Bild, das sie dir geschenkt hat – hast du es schon aufgehängt?«

Ich antwortete: »Nein, noch nicht. Hab erst die wichtigsten Sachen ausgepackt! LG«

Ted erwiderte: »Tut mir leid, wenn ich nerve, aber kannst du es nicht noch irgendwie aufhängen, bevor wir kommen? Wenn es nicht hängt, regt sich Laura furchtbar auf.«

Ich simste zurück: »Sorry, keine Chance. Ich hab den ganzen Tag Meetings, dann mit dem Zug nach Hause, zur Tagesmutter, die Kinder holen. Weiß nicht, welche Kiste – hab auch keine Zeit zum Suchen! LG«

Ted wieder: »Müsste nicht auf der Kiste ›Bilder‹ stehen? Bitte, wenn du es irgendwie finden könntest, würde das mein Leben SEHR erleichtern. Und nicht nur ich würde den Segen abkriegen, wenn das Bild nicht hängt – sie würde es auch dir übel nehmen. Würde dir dringend raten, das Bild zu suchen und aufzuhängen. Danke und sorry wegen der Mühe. Freu mich aufs Haus.«

Ein eigenartiges, heißes und kratziges Gefühl breitete sich langsam auf meiner Haut und über meinen ganzen Körper aus. Ich rief Ted an, bevor ich mich davor drücken konnte, meiner Wut, die in diesem Moment ein Ventil suchte, Luft zu machen.

»Kann ich dich mal was fragen?«, sagte ich, als er sich meldete. »Statt mich mit Dingen zu nerven, für die ich heute, wie ich dir bereits mitgeteilt habe, überhaupt keine Zeit habe, warum gehst du nicht hin und nervst Laura? Warum schickst du ihr keine SMS: ›He, Laura, wenn wir heute Abend zu Sophie gehen und sie dein Bild noch nicht aufgehängt hat, weil das meiste von ihrem Hab und Gut noch in Kisten steckt, dann mach bitte weder ihr noch mir die Hölle heiß deswegen. Ist das klar?‹«

»Das kann ich ihr doch nicht sagen«, entgegnete Ted.

»Wieso nicht? Du könntest sagen: ›Sieh mal, du weißt doch, dass Sophie das Bild liebt. Sie hatte nur bis jetzt zu viel um die Ohren, um auszupacken, und das ist der einzige Grund, warum es noch in der Kiste ist. Nimm es nicht persönlich, und reg dich nicht auf deswegen, denn das wäre albern.‹ Oder, wenn du dich nicht traust, das zu sagen, dann kann ich das machen.«

»Nein, bitte sag nichts«, flehte Ted nervös.

»Na gut, ich lass es bleiben«, erwiderte ich. »Aber versuch es in Zukunft bitte nicht mehr mit emotionaler Erpressung bei mir – dazu hast du kein Recht. Nur weil du zu feige bist, der Person entgegenzutreten, deren Einstellung und Verhalten sich mal dringend ändern müssten. Und droh mir auch nicht mit Lauras Zorn oder Enttäuschung. Wenn du dir unbedingt die Mühe machen willst, ein potenzielles Problem aus dem Weg zu räumen, dann richte deine Mühe lieber auf die Person, die der irrationale Grund für den potenziellen Ärger ist – mit anderen Worten: auf Laura. Nicht auf mich. Wenn du dich emotional von ihr erpressen lassen willst, dann ist das deine Sache, aber versuche nicht, das auf mich abzuwälzen.«

»Ja, du hast recht, tut mir leid«, sagte Ted, der schon seit vielen Jahren in schöner Regelmäßigkeit diesen Satz in der einen oder anderen Form zum Besten gab. Ich konnte hören, wie leicht es für ihn war, mich im Geiste der Liste der Adressaten hinzuzufügen. »Es wird nicht wieder vorkommen«, murmelte er voller Zerknirschung. (Ich wusste, dass es doch wieder vorkommen würde, und ich hatte recht. Inzwischen war Teds Reaktion auf Lauras Verhalten in seinem Gehirn fest verdrahtet. Er würde niemals imstande sein, ihr Paroli zu bieten oder ihr auch nur vorzuschlagen, etwas einmal mit anderen Augen zu betrachten.)

Ich weiß noch, dass ich bei mir dachte: »Ich wünschte, ich könnte Teds und Lauras Besuch heute Abend absagen.« Im Prinzip hätte ich das natürlich tun können, aber ich war genauso ein Feigling wie Ted. Die meisten von uns sind im Umgang mit den Menschen, vor denen wir Angst haben, Feiglinge. Ich hatte zwar bei Weitem nicht so viel Angst vor Laura wie Ted, aber ich war auch nicht ganz frei davon. Ich wusste, dass sie die Macht hatte, mir den Abend und auch noch die nächsten Tage zu verderben, wenn ihr der Sinn danach stand – das hatte sie in den Jahren, seit ich sie kannte, schon viele Male bewiesen.

Ich nahm noch an zwei weiteren Meetings teil, dann fuhr ich mit dem Zug nach Hause, sammelte meine Kinder ein und ging in die Küche, damit das Essen fertig war, wenn Ted und Laura kamen. Eine halbe Stunde vor ihrer Ankunft öffnete ich – wider besseres Wissen – auf gut Glück eine der Kisten mit der Aufschrift »Wohnzimmer«. Wenn das Bild nicht darin war, was es mit ziemlicher Sicherheit nicht wäre, würde ich auf gar keinen Fall noch eine weitere aufmachen …

Oh. Da war das Bild. Es starrte zu mir hoch.

Ich hatte keine Ahnung, in welcher Kiste sich die Bilderhaken befanden, aber die Vorbesitzer des Hauses hatten ein paar an der

Wand gelassen, daher hängte ich Lauras Bild an einem von ihnen auf. Dann kamen, wie vorgesehen, sie und Ted, sie segnete die Position des Bildes ab und der Abend verlief reibungslos. Alle schienen sich prächtig zu amüsieren (ich eingeschlossen, obwohl ich es eigentlich nicht tat). Am Ende des Besuchs formte Ted mit den Lippen ein »Danke« in meine Richtung, und ich hätte am liebsten laut geschrien. Ich hatte das Bild nicht ihm zuliebe aufgehängt, weil er mich darum gebeten hatte. Ich hatte es aufgehängt, weil es zufällig in der ersten Kiste gewesen war, die ich geöffnet hatte, und weil ich nicht wollte, dass der Abend von einer Laura dominiert wurde, die schmollend an ihrer Unterlippe kaute. Ich wollte keinen Dank von Ted. Es fühlte sich an wie eine Ohrfeige. Ich zuckte mit der Schulter, als wollte ich sagen: »Keine Ahnung, was du meinst, Kumpel.«

Ich hatte das Gefühl, dass Ted, indem er sich bei mir bedankte, seine vorherige Entschuldigung de facto wieder aufhob. Jetzt schien er zu meinen, es sei okay gewesen, mir Angst einjagen zu wollen, damit ich Lauras Bild aufhängte, und es hätte auch funktioniert. Es war ein Dankeschön nach dem Motto »Ende gut, alles gut«. Wenn seine Entschuldigung aufrichtig gewesen war, wieso hatte er dann nicht »Sorry« oder »Wär doch nicht nötig gewesen« gemurmelt?

Ich hege diesen Groll nicht gegen Ted, weil er verlangte, dass ich etwas Zeitaufwendiges tat, für das ich weder Zeit noch Energie übrig hatte. Hätte er mich gedrängt, mit ihm auf eine dreitägige Wanderung zu kommen, hätte ich ihm erklärt, mir fehle die Zeit, und gebeten, mich damit nicht zu nerven, aber es wäre kein Groll zurückgeblieben. Der Grund, warum ich den Vorfall in meinem Kopf mit einem Bookmark versehen wollte, und was dem »Gemälde im Heuhaufen« immer noch emotionale Brisanz verleiht, ist Folgendes: die Erkenntnis, dass Ted in bestimmten Situationen lieber unfairen Druck auf mich ausübt, selbst wenn er weiß, dass ich sowohl körperlich als auch seelisch überlastet bin, als einer vollkommen uneinsichtigen Narzisstin zu sagen, dass er nicht als

Bindeglied für ihre emotionalen Erpressungsversuche an seiner Schwester zur Verfügung steht.

Ich nahm das Bild von der Wand, sobald Ted und Laura aus der Tür waren. Innerhalb von weniger als 24 Stunden war es mir zuwider geworden. Seit diesem Tag hat es nicht mehr bei mir gehangen – außer wenn ich wusste, dass Laura kommen würde.

Ein paar Jahre später hat sich Laura aus Teds Leben verabschiedet – und aus meinem auch. (Ich wünschte, ich könnte sagen, er hat ihr den Laufpass gegeben, aber so ist es nicht gewesen.) Sobald ich wusste, dass Laura aller Wahrscheinlichkeit nach nie wieder mein Haus betreten würde, spendete ich das Bild einem örtlichen Wohltätigkeitsladen.

Bewertung des »Das Gemälde im Heuhaufen«-Grolls

1. War die Absicht des Groll-Absenders (Ted)
   a. eindeutig oder vermutlich böse?
   b. möglicherweise böse?
   c. **nicht böse – er wollte nur für alle Beteiligten Ärger vermeiden. (1 Punkt)**

2. Wusste er, dass er Sie aus der Fassung bringen, verletzen oder unfair behandeln würde?
   a. Ja, eindeutig.
   b. Möglicherweise.
   c. **Überhaupt nicht – erst, als ich ihn darauf hinwies. (1 Punkt)**

3. War die Gesamtsituation
   a. sehr ernst?
   b. ziemlich ernst?
   c. **nicht sehr ernst. (1 Punkt)**

4. War die Auswirkung von dem, was er tat oder sagte, auf Sie
   a. sehr schlimm?
   b. **ziemlich schlimm – als ich noch ganz kleine Kinder hatte und mein Mann noch Vollzeit arbeitete, war ich gestresster als jemals sonst. Ted machte gemeinsame Sache mit einer gänzlich uneinsichtigen Person, um mich noch weiter unter Druck zu setzen, was mir vor Augen führte, dass mein Wohlergehen meinem Bruder nicht allzu wichtig ist. Die Erkenntnis, dass er diesen Gedanken hatte – »Es ist einfacher, Sophie zu drangsalieren, als dass Laura mich drangsaliert« – hat dauerhaft mein Vertrauen in ihn erschüttert. (2 Punkte)**
   c. nicht so schlimm?

5. Hätte er es besser wissen/machen müssen oder können?
   a. Ja.
   b. Könnte sein.
   c. **Nein – Ted hätte es zwar besser wissen müssen, aber er hätte es einfach nicht besser machen können, da seine Angst vor Lauras Zorn ihn vollkommen lähmte. (1 Punkt)**

6. Hat er Ihnen ernsthaften Schaden zugefügt?
   a. Ja.
   b. Könnte sein.
   c. **Nein. (1 Punkt)**

7. Ist der Grrr-Faktor des Grolls
   a. **hoch – ich liebe Ted über alles, aber mich packt immer noch der Grrr, wenn ich daran denke – vermutlich weil es nicht die einzige Gelegenheit war, bei der er von mir etwas zu meinem eigenen Nachteil verlangte, um Laura zu beschwichtigen. (3 Punkte)**
   b. mittel?
   c. gering?

8. Hegen Sie diesen Groll
   a. **schon ewig – seit 2007. (3 Punkte)**
   b. mittellang beziehungsweise erst seit Kurzem und glauben, dass Sie ihn noch ein bisschen weiterhegen werden, aber nicht ewig?
   c. erst seit Kurzem und werden ihn vermutlich bis nächste Woche wieder abgelegt haben?

Mein »Das Gemälde im Heuhaufen«-Groll hat bisher 13 Punkte.

9. Würde dieser Vorfall allein ausreichen, dass Sie einen Groll gegen die betreffende(n) Person(en) hegen?
   a. **Ja – also kein Punktabzug.**
   b. Nein, nur wenn noch andere Vorfälle mitberücksichtigt werden.

10. Wäre Ihrem Groll-Absender etwas Schlimmes oder Beängstigendes widerfahren, wenn er die Groll auslösende Tat nicht begangen hätte?
    a. Nein.
    b. **Ja – Ted hatte richtig Angst davor, was passieren würde, wenn er und Laura zu mir nach Hause kämen und das Bild noch nicht an der Wand hinge. (minus 1 Punkt)**

11. Wäre der Groll aufgehoben/hinfällig, wenn sich Ihr Groll-Absender umfassend und aus vollem Herzen entschuldigte?
    a. Nein.
    b. **Ja – seit Laura aus seinem Leben verschwunden ist, scheut Ted jede neue Liebesbeziehung. Das ist traurig für ihn, und es liegt zum Teil daran, dass er Liebesbeziehungen mit einem Mangel an Freiraum verbindet. Ich habe aber den starken Verdacht, es könnte auch daran liegen, dass er nie wieder von jemandem so eingeschüchtert werden will, dass er am Ende dessen schlimmes Verhalten entschuldigt**

beziehungsweise auch noch unterstützt. Ich glaube, Ted bedauert aufrichtig sein von Furcht bestimmtes Verhalten während seiner Ehe mit Laura. (minus 1 Punkt)

12. Liegt Ihnen etwas an Ihrem Groll-Absender und ihm an Ihnen?
    a. **Ja, ausgesprochen viel. (plus 4 Punkte)**
    b. Ja, eine ganze Menge.
    c. Nicht besonders viel.

Der »Das Gemälde im Heuhaufen«-Groll hat eine Gesamtpunktzahl von 15 und ist somit ein 3-karätiger Groll.

Kapitel 5

Groll liegt in der Luft

»Die Bibel mahnt uns, unsere Nächsten und auch unsere Feinde zu lieben – vermutlich weil es in der Regel dieselben Leute sind.«

G. K. Chesterton

Als ich mich mit dem Gedanken trug, dieses Buch zu schreiben, sagte eine Freundin zu mir: »Meinst du nicht, dass das ein ziemliches Nischenthema ist? Die meisten Leute reden oder denken doch vermutlich nicht so über den Groll wie du und ich. Vielleicht solltest du das Wort nicht unbedingt mit in den Titel reinnehmen.«

»Wirklich?«, erwiderte ich. »Aber das widerspricht doch total dem, was immer gesagt wird: Der Titel eines Buches sollte so klar wie möglich zum Ausdruck bringen, wovon es handelt. Und mein Buch handelt *ausschließlich* vom Groll.«

»Ja, aber ich frage mich, ob die meisten Leute, wenn sie das Wort ›Groll‹ hören, vielleicht gar nichts damit anfangen können. Es ist womöglich kein Wort, das in ihrem Wortschatz vorkommt.«

Ich weiß nicht, ob meine Freundin nun recht hatte oder nicht (sie war dafür, das Buch *Du bist für mich gestorben* zu nennen, weil, wie sie geltend machte, *das* ein Ausdruck sei, mit dem alle etwas anfangen könnten), aber eins weiß ich ganz sicher, dass ich beileibe nicht die Einzige bin, die Groll hegt.

Viele von uns mögen vielleicht nicht jeden Tag über Groll nachdenken, aber das bedeutet nicht, dass er nicht überall zugegen ist. In der Politik wimmelt es davon. Man denke nur an Gordon Browns Groll gegen Tony Blair darüber, wer Premierminister werden sollte, Jimmy Carters Groll gegen Ted Kennedy, weil dieser es nicht vermocht hatte, während Carters Regierungszeit eine Gesundheitsgesetzgebung durchs Parlament zu bekommen. Von den Clintons erzählt man sich, dass sie eine »Für mich und gegen mich«-Datenbank geführt haben. Dazu würde ich Ihnen aber nicht raten, liebe Leser. Es ist überhaupt nicht vergleichbar mit dem Unterhalten einer ausgewogenen, erleuchteten Groll-Vitrine voller Geschichten, die Sie wertvolle Lektionen gelehrt haben. In einem Artikel von Tracy Moore im MEL-Magazin ist zu lesen:

»Psychologen zufolge praktizieren Menschen, die Groll hegen, etwas, das man ›Spaltung‹ nennt. Dabei werden die Welt und andere Menschen als entweder nur gut oder nur böse wahrgenommen – ohne Grauzone dazwischen. Wenn Sie schon einmal jemanden etwas haben sagen hören wie ›Du bist entweder für mich oder gegen mich‹, dann haben Sie ein klassisches Beispiel für einen Spalter beziehungsweise Groll-Heger.«

Diese Art von Spaltung kann auch ein Anzeichen für eine narzisstische Persönlichkeitsstörung sein und dazu führen, dass Sie immer wieder unberechtigten Illoyalitäts-Groll hegen und Ihre Groll-Absender entsprechend berechtigten Groll wegen falsch verstandener Loyalität gegen Sie. Weiter hinten im Buch werden Sie einer Groll-Geschichte begegnen, »Das Gebrüll in der Küche«, die eingängig die Gefahren der Spalter-Mentalität veranschaulicht.

Die Geschichte und die Popkultur sind voll von Groll-Geschichten. Hier einige Beispiele:

Bette Davis und **Joan Crawford**. Diese beiden Hollywood-Diven gaben sich alle Mühe, harmonisch zusammenzuarbeiten, aber es war ein offenes Geheimnis, dass sie einander hassten. Es gab jede Menge Seitenhiebe und entsprechende Konter. Am Set von *Was geschah wirklich mit Baby Jane?* ließ Davis einen Coca-Cola-Automaten aufstellen, weil Crawfords verstorbener Ehemann Generaldirektor bei Pepsi gewesen war. In einer Szene, in der Davis Crawford quer über den Fußboden schleifen musste, stopfe sich Crawford die Taschen mit Steinen voll, damit sie so schwer wie möglich wurde. Als Davis und nicht Crawford für einen Oscar nominiert wurde, überredete Crawford die anderen Nominierten, sie deren Oscar stellvertretend in Empfang nehmen zu lassen. In einem kürzlich ausgestrahlten Fernsehfilm über die beiden reagiert Davis auf die Nachricht von Crawfords Tod mit den Worten: »Man soll ja nichts Schlechtes über Tote sagen, nur Gutes. Joan Crawford ist tot? Gut.«

Olivia de Havilland, eine weitere Hollywood-Schauspielerin, hegte einen Groll gegen ihre Schwester **Joan Fontaine**. 1937 waren die beiden für denselben Oscar nominiert. Fontaine gewann ihn, und das führte zu einer Entfremdung, die sich über Jahrzehnte hinzog. Fontaine sagte einmal: »Olivia sagt immer, ich wäre bei allem die Erste gewesen. Ich habe zuerst geheiratet, als Erste einen Oscar gewonnen, zuerst ein Kind bekommen. Wenn ich sterbe, wird sie stinkwütend sein, weil ich es wieder als Erste geschafft habe.«

Die Autoren **Salman Rushdie** und **John le Carré** führten einen literarischen Kleinkrieg, der begann, als le Carré die *Satanischen Verse* dafür kritisierte, dass sie sich über religiöse Werte lustig machten. Die beiden Männer scheinen einige Jahre lang Groll gegeneinander gehegt zu haben, bis sie die Angelegenheit zumindest teilweise beilegten. (Weder Rushdie noch le Carré hat sich eindeutig entschuldigt, aber sie haben beide Nettigkeiten über das

Werk des jeweils anderen gesagt und, wie wir hoffen wollen, ihren gegenseitigen Groll aus ihren Groll-Vitrinen geworfen.)

Madonna nahm Anstoß, als **Lady Gaga** in ihrem Song »Born This Way« eine Bassline einsetzte, die klingt wie die Bassline zu Madonnas »Express Yourself«. In einem Interview erklärte Madonna, der neue Song sei »reduktiv … schlagen Sie es nach«, und auf ihrer nächsten Tour sang sie ein Mashup der beiden Songs. Gaga hat sich nur einmal zu dem Thema geäußert, und zwar geringschätzig, und Madonna behauptet seither, es gebe keine Fehde zwischen ihnen, die Geschichte sei von den Medien aufgebauscht worden. Die beiden Sängerinnen, die davor schon mal zusammen aufgetreten waren, standen seitdem nicht mehr zusammen auf der Bühne.

Der Maler **Stuart Semple** hegt einen fantastischen Groll – ich würde sagen, das ist mein Lieblings-Groll im ganzen Buch! Sein Groll richtet sich gegen seinen Kollegen **Anish Kapoor**. 2016 entwickelte ein auch fürs Militär tätiges Unternehmen das schwärzeste Pigment der Farbe Schwarz, das es jemals gab. Kapoor schloss einen Deal mit der Firma, mit dem er sich die Exklusivrechte für diese Farbe sicherte und anderen Künstlern den Zugang dazu versperrte. Aus Rache entwickelte Semple eine Reihe von einzigartigen Farben und Pigmenten, die er auf seiner Webseite in aller Welt an jeden verkauft, nur nicht an Anish Kapoor und alle, die mit ihm in Verbindung stehen. Um Semples Farben zu erwerben, muss man vorher nachweisen, dass man keine Beziehung zu Kapoor hat.

Noel Gallagher, Frontman der Band Oasis, hegte einen Groll gegen seinen Bruder **Liam**, weil dieser im Alter von 15 Jahren auf Noels neues Stereo-Soundsystem pinkelte. Die Brüder haben schließlich die Band gegründet – und sie anschließend aufgelöst und nicht mehr miteinander gesprochen. Dem Vernehmen nach versöhnten sie sich im Dezember 2017 und Liam twitterte: »Alles wieder gut.«

Die Schauspielerin **Debbie Reynolds** hegte einen lange währenden Groll gegen Kollegin **Elizabeth Taylor**, bei dem sie jedoch nach außen hin die Höflichkeit wahrte. Reynolds' Ehemann hatte sie verlassen, um Taylor zu heiraten. Reynolds behauptete zwar, sie trage es ihr nicht nach, doch bei Elizabeth Taylors Beerdigung konnte sie sich einen Seitenhieb nicht verkneifen: »Niemand reichte an Elizabeths Schönheit und sexuelle Ausstrahlung heran. Die Frauen mochten sie, und die Männer waren verrückt nach ihr – mein Mann eingeschlossen.«

Das berühmte Tanzpaar **Fred Astaire** und **Ginger Rogers** geriet am Set von *Ich tanz mich in dein Herz hinein* (1935) heftig aneinander. Für die Tanznummer »Cheek to Cheek« trug Rogers ein Kleid aus Federn. Die Straußenfedern lösten sich und verursachten eine große Unordnung. Astaire bekam einen Wutanfall und nannte Rogers fortan nur noch »Feathers«. Die beiden mimten noch in mehreren weiteren Filmen das Liebespaar, doch wie man hört, wechselten sie hinter den Kulissen kaum ein Wort miteinander.

Taylor Swift macht ihrem Groll ständig – auch in ihren Liedern – Luft. Ein gutes Beispiel ist das Video für den Song »Bad Blood« (böses Blut!), in dem sie gegen eine Frau, die der Sängerin **Katy Perry** ähnelt, kämpft und siegt. Im Jahr davor hatte Perry drei von Swifts Backup-Tänzern mit auf ihre Welttournee genommen, was dem Vernehmen nach der Ursprung für Swifts Groll war.

V.S. Naipaul und **Paul Theroux**. Nachdem sie über viele Jahre eng befreundet gewesen waren, fand Theroux heraus, dass Naipaul einen seiner Romane verschenkt hatte, den Theroux mit einer persönlichen Widmung versehen und von dem er angenommen hatte, dass Naipaul ihn für alle Zeiten in Ehren halten würde. Theroux interpretierte Naipauls Aktion vermutlich dahingehend, dass Naipaul seine Freundschaft nicht hinreichend zu würdigen wusste.

13 Prozent der USA. Laut einer Umfrage des Meinungsforschungsinstituts YouGov aus dem Jahr 2014 hegen 13 Prozent der Amerikaner immer noch negative Gefühle gegenüber Großbritannien als Nation, »weil es die Vereinigten Staaten 1776 daran zu hindern versuchte, ihre Unabhängigkeit zu erklären«.

In **Mary Shelleys Roman** ***Frankenstein*** hegt das Monster einen Groll gegen Dr. Frankenstein, weil er es zum Leben erweckt hat.

In **Emily Brontës** ***Sturmhöhe*** hegen viele der Figuren Groll, der auf Verletzungen in der Kindheit zurückgeht und auch irgendwie mit Grundbesitz in West Yorkshire zu tun hat.

In **Agatha Christies** ***Mord im Spiegel*** geht es unter anderem um eine amüsante Rivalität zwischen zwei Hollywood-Diven, die ihre Glanzzeit schon hinter sich haben. Das Motiv für den Mord ist ein faszinierender, ungewöhnlicher Groll, und wie die Figur zu dem Groll gekommen ist, ist fesselnd und originell. (Mehr kann ich leider nicht verraten, ohne die Spannung zu verderben, nur so viel: Es ist einer der besten Groll-basierten Kriminalromane aller Zeiten.) Christies *Mord im Orient-Express* ist ebenfalls ein genialer Groll-basierter Krimi.

Es gibt auch Tausende Lieder über Groll. (Ich habe sie zwar nicht alle zusammengezählt, nehme aber an, dass es Tausende sein müssen, denn eine Stichprobe bei den Hunderten von Liedern auf meinem Handy hat ergeben, dass beinahe die Hälfte sich um Groll drehen.) Die Countrymusik kann mit einigen fantastischen Groll-basierten Songs aufwarten. Man denke nur an Titel wie »God May Forgive You (But I Won't)« oder »I Hope You're Never Happy (With Anybody But Me)«. In der Rock- und Popmusik lassen sich »You Oughta Know« von Alanis Morissette und »Fuck It (I Don't Want You back)« von Eamon anführen.

Filme sind genauso voll von Groll wie Lieder: *Kap der Angst*,

Gladiator, Erbarmungslos, Straw Dogs, Carrie, Der weiße Hai – Die Abrechnung, Ein Fremder ohne Namen und, und, und.

Ich habe viele Gedichte über den Groll verfasst, ebenso wie andere Dichter, von Catull im alten Rom bis in die Gegenwart. Hier eins meiner liebsten zeitgenössischen Groll-Gedichte von dem genialen Nic Aubury:

RSVP
It seems that you like me enough that you'd ask me
To buy you a coffee machine,
Some porcelainware, a patio chair,
Or a Villeroy & Boch figurine;
Enough that you'd ask for a Waterford vase
Or a full set of white, cotton bedding,
But not quite enough that you'd actually like me
To come to the whole of your wedding.

[u. A. w. g.
Deine Zuneigung zu mir ist anscheinend groß genug, dass du mich bittest, dir eine Kaffeemaschine zu kaufen,
Porzellan, einen Sessel für die Terrasse
oder ein Figürchen von Villeroy & Boch;
groß genug, dass du dir eine Waterford-Vase wünschst
oder eine vollständige Garnitur weißer Baumwollbettwäsche,
aber doch nicht ganz ausreichend, um mich
zu deiner ganzen Hochzeitsfeier einzuladen.]

Groll findet man auch an ganz unerwarteten Stellen, wo es uns vielleicht nie eingefallen wäre, danach Ausschau zu halten. Kürzlich endete eine Todesanzeige in einer amerikanischen Lokalzeitung mit den Worten »Gina und Jay werden sie nicht vermissen, und sie sind sich im Klaren darüber, dass die Welt ohne sie besser dran ist«.

Ein Artikel auf der Website mentalfloss.com offenbarte, dass sowohl Krähen als auch Raben Groll hegen. Eine von Forschern einer schwedischen Universität durchgeführte Studie fand heraus, dass Raben im Umgang mit Menschen zwischen »fair« und »unfair« unterscheiden können und gegen »Schwindler« über mehrere Wochen einen Groll hegen. Sehr vernünftig, kann ich da nur sagen.

Am 21. Juni 2018 veröffentlichte der *Guardian* auf seiner Website einen Artikel mit der Überschrift »Boshafte Bauten. Wenn der Groll der Menschen sich in Architektur manifestiert«. Unter den Fallstudien waren: ein Wolkenkratzer, gezielt errichtet, um einem Groll-Absender den Blick auf seine Kirche zu versperren; ein Haus, das jemandem die Aussicht aufs Meer nimmt, ein weiteres, das das Sonnenlicht ausblendet, sowie ein Haus, das ein der ständigen Störung müder Mensch in einer Gasse bauen ließ, damit Pferdekutschen nachts nicht mehr geräuschvoll durch die Gasse fahren konnten.

Der Rat, zu verzeihen und positiv zu denken, ist in erleuchteten Kreisen schon seit einer ganzen Weile verbreitet. Allerdings scheint er nicht so recht zu fruchten. Egal in welches Internetforum ich schaue, die vorherrschende Stimmung ist viel eher: »Ich streiche mein Haus weiß-rot an, um meine Nachbarn zu verarschen« als »Ich verzeihe dir, lass uns Hand in Hand einträchtig in eine konfliktfreie Zukunft schreiten«. Deswegen sind die Lehren des Groll-fachen Pfads ja auch so dringend geboten. In einer Welt, die bis an den Rand gefüllt ist mit Groll, wird es nichts bringen, den Leuten einfach nur mit auf den Weg zu geben: »Hegt keinen Groll.« Es ist ungefähr so ergiebig, als würde man ins Meer waten und dabei sagen: »Na komm schon, mach dich nicht nass.« Der Groll-fache Pfad (den Sie im Detail in Kapitel 7 kennenlernen werden) besagt: »Wir haben doch alle schon einmal den Drang verspürt, boshafte Bauten zu errichten – warum malst du nicht ein Bild von dem Bau, der dir da so vorschwebt? Es wird vielleicht wunderschön und heitert dich auf. Und du tust damit niemandem etwas zuleide.«

Bereit für meine 4-karätige Groll-Geschichte? Aber seien Sie gewarnt: Sie drückt ein bisschen auf die Tränendrüse …

Das Baby im herzförmigen Rahmen

Groll-Typ Nr. 20: Groll, weil jemand immer vom Schlimmsten ausgeht

Zu den größten Schätzen in meinem Besitz gehört ein Bild von meiner Tochter in einem winzigen herzförmigen Rahmen. Es wurde aufgenommen am Tag ihrer Geburt. In unserem alten Haus hatte es seinen Platz in meinem Schreibzimmer, zusammen mit einem genauso kleinen und mir genauso teuren gerahmten Foto meines Sohnes bei seiner Geburt. (Viele Jahre später gesellte sich in einem neuen Haus in einem anderen Teil des Landes zu diesen beiden Fotografien noch eine dritte: unser Welsh Terrier Brewster als Welpe. Meine kleine Fotogalerie bedeutet mir sehr viel, und es kümmert mich nicht, wenn manche Gäste womöglich denken: »O mein Gott, sie hat ein Foto von einem *Hund* neben dem ihrer beiden Kinder, als wäre er ein Mensch!«)

Alle unsere anderen Familienfotos standen auf den Regalen im Esszimmer, aber diese beiden kleinen von meinem Sohn und meiner Tochter waren meine besonderen Lieblinge, deshalb hatte ich sie mit in mein Schreibzimmer genommen, damit ich sie beim Arbeiten sehen konnte.

Eines Tages kam eine alte Freundin, Heather, zu Besuch. Ich hatte kürzlich mein Schreibzimmer renoviert, und Heather wollte es sich ansehen. Meine vierjährige Tochter kam auch mit (sie liebte es, Leute im Haus herumzuführen). Mein Schreibzimmer befand sich nicht im Haupthaus, sondern in einem Anbau – einem Teil des Hauses, in den meine Tochter selten vordrang, da er weder in der Nähe ihres Kinderzimmers lag noch in der des Zimmers, in dem sie für gewöhnlich spielte. Wir hatten vorher noch nie in einem großen Haus gewohnt, und dieses war wirklich riesig, weitläufig und alt. Mir fiel es schwerer, hier den Überblick zu behalten als in unserem kleinen, quadratischen modernen Haus, in dem alles nahe beieinander gewesen war.

Das Erste, was meiner Tochter auffiel, als sie das Schreibzimmer betrat, war das kleine Bild von ihr in einem goldenen, herzförmigen Rahmen. »Mummy, das ist ein Bild von mir!«, verkündete sie stolz, während Heather sich in Begeisterungsstürmen über die gelben Seidenvorhänge und den gestreiften Teppich erging.

Ich erklärte ihr, dass es das allererste Foto war, das je von ihr gemacht wurde, und sie war davon sichtlich beeindruckt und fast schon von Ehrfurcht ergriffen. Heather kam es sich ebenfalls ansehen und bemerkte, was für ein hübsches Foto es doch sei. »Kann ich es haben?«, fragte meine Tochter hoffnungsvoll. »Ich möchte es behalten. Ich möchte, dass es meins ist.«

Seit wir in das neue Haus gezogen waren, hatten meine Kinder so ungefähr 20 ihrer Lieblingsspielsachen verkramt. Ich war anscheinend nicht die Einzige, die sich mit den Ecken, Winkeln und unerwarteten Schränken schwertat. Da die Kinder beide noch keine fünf Jahre alt waren, hatten sie noch nicht den Dreh raus, sich zu erinnern, wo sie ein bestimmtes Teil zuletzt gesehen hatten, daher gingen jede Menge Sachen verloren. Manche tauchten nach einiger Zeit wieder auf, andere nicht.

Ich wusste, wenn ich meiner Tochter das Foto in dem herzförmigen Rahmen gäbe, würde sie aller Wahrscheinlichkeit nach damit davonspazieren, von etwas abgelenkt werden, das Bild irgendwo in einen schmalen Spalt an einer Sockelleiste stecken und es komplett vergessen. Und dann würde ich es womöglich nie mehr wiedersehen. Diese Aussicht konnte ich nicht ertragen. Die meisten Dinge sind ersetzbar, aber obwohl ich noch viele andere Fotos von meiner Tochter hatte, besaß dieses spezielle in genau diesem Rahmen so viel sentimentalen Wert für mich, dass es unersetzlich war.

Ich sagte also: »Schätzchen, ich kann dir dieses Bild nicht geben, weil es nämlich mein Lieblingsfoto von dir ist, und ich möchte nicht, dass es verloren geht. Aber ich kann dir ein anderes Foto in einem hübschen Rahmen geben. Wollen wir eins aussuchen?«

Meine Tochter verzog das Gesicht und fing an zu weinen. »Aber ich will *das* hier!«, jammerte sie. »Warum kann ich es nicht haben? Ich will das *erste* Foto von mir. Ich will es!«

Heather (die die ganze Angelegenheit nicht das Allergeringste anging) fing an, mit der Zunge zu schnalzen und »Na, na, na!« zu murmeln. Ich schaute hoch, um zu ermitteln, wieso meine Freundin diese eigenartigen Geräusche von sich gab, und sah zu meiner unermesslichen Überraschung, dass Heather mich mit Abscheu im Gesicht anstarrte. Sie schüttelte den Kopf, als wäre sie Zeuge eines barbarischen Akts der Grausamkeit geworden, äußerte noch einmal »Na, na, na« und sagte dann: »Na komm! Gib es ihr doch einfach.«

»Ja, gib es mir einfach!«, stimmte meine Tochter hoffnungsvoll zu.

Ich sagte zu Heather: »Ich möchte es wirklich nicht verlieren. Wenn ich es ihr mitgebe, ist die Wahrscheinlichkeit groß, dass ich es nie mehr wiedersehen werde, und es bedeutet mir wirklich viel.« Zu meiner Tochter gewandt: »He, ich kenne ein Foto, das dir noch viel besser gefallen wird – von dir und Daddy, das *auch* am Tag deiner Geburt aufgenommen wurde.«

Bei dieser Aussicht besserte sich die Laune meiner Tochter schlagartig. Heathers nicht. »Das ist einfach *gemein*, Sophie«, sagte sie. »Warum gibst du ihr nicht das Foto, das sie eigentlich will?«

»Ich habe dir erklärt, warum«, entgegnete ich. »Weil ich Angst habe, dass sie es verliert, und ich möchte es nicht verlieren.«

Wieder verzog Heather angewidert die Mundwinkel, und sie schüttelte den Kopf, als wollte sie sagen: »Ich habe ja schon einiges an hartherziger Kindererziehung erlebt, aber das bricht wirklich alle Rabenmutter-Rekorde.«

Ich war geschockt darüber – und bin es noch –, dass eine vermeintlich gute Freundin von mir mein verzweifeltes Bemühen, ein Foto meiner Tochter nicht zu verlieren, als gemeines Verhalten gegenüber meinem eigenen Kind deuten konnte, selbst noch nachdem ich ihr dreimal meine Gründe dargelegt hatte.

Ich dachte zurück an etwas, das Heather erst vor ein paar Wochen zu mir gesagt hatte und das irgendwie zu dem aktuellen Vorfall zu passen schien, da es sich auch auf meine Erziehungsmethoden bezog. Ich hatte Heather und einer weiteren Freundin erzählt, dass eine Frau von Mitte sechzig mir bei einem Besuch gesagt hatte, sie sei beeindruckt gewesen, als ich meinen Kindern erklärt hatte, sie sollten nicht dazwischenreden, wenn Erwachsene sich unterhielten. Heather rümpfte sofort die Nase und sagte in aggressivem Ton: »Ja, das kann ich mir vorstellen, dass es sie beeindruckt hat, dass du deinen Kindern gesagt hast, sie sollten *ihre verdammte Klappe halten*, damit ihr beiden stattdessen reden konntet. So hat ihre Generation ihre Kinder erzogen, damit sie gesehen, aber nicht gehört wurden.«

Wie sie »ihre verdammte Klappe halten« sagte, das versprühte wirklich Gift. Außerdem war es nicht korrekt. Ich hatte meinen Kindern noch nie gesagt, sie sollten ihre verdammte Klappe halten, und das wusste Heather auch. *Was* ich ihnen gesagt hatte, war, dass sie, wenn wir Erwachsene zu Besuch hatten, möglichst die Erwachsenen reden lassen und nicht unterbrechen sollten, es sei denn, es gehe um etwas wirklich Wichtiges.

Es gab jede Menge ähnliche Vorfälle – bei denen Heather wegen etwas, das die Erziehung meiner Kinder betraf, entweder ihr Missfallen zum Ausdruck gebracht, mich angeschrien oder sich über mich mokiert hatte –, aber das Foto in dem herzförmigen Rahmen traf mich am meisten und machte mich absolut fassungslos.

Bewertung des »Das Baby im herzförmigen Rahmen«-Grolls

1. War die Absicht des Groll-Absenders (Heather)
   a. eindeutig oder vermutlich böse?
   b. **möglicherweise böse – ich entscheide mich für diese Option, weil ich es einfach nicht weiß. Vielleicht dachte Heather ja ernsthaft, ich wäre gemein zu meiner Tochter, aber … es war so offensichtlich, dass ich es nicht war!**

Es kam mir eher so vor, als wollte sie mich provozieren, indem sie an meinem Vertrauen in meine Fähigkeiten als Mutter kratzte. (2 Punkte)

c. nicht böse?

2. Wusste er, dass er Sie aus der Fassung bringen, verletzen oder unfair behandeln würde?
   a. Ja, eindeutig.
   b. **Möglicherweise (siehe oben). (2 Punkte)**
   c. Überhaupt nicht.

3. War die Gesamtsituation
   a. sehr ernst?
   b. ziemlich ernst?
   c. **nicht sehr ernst. (1 Punkt)**

4. War die Auswirkung von dem, was er tat oder sagte, auf Sie
   a. sehr schlimm?
   b. ziemlich schlimm?
   c. **nicht so schlimm – nachdem der erste Schock abgeklungen war, sah ich ein, dass Heather nicht zu trauen war und sie nicht mein Bestes im Sinn hatte. Ich ergriff in meinem weiteren Umgang mit ihr emotionale Vorsichtsmaßnahmen. (1 Punkt)**

5. Hätte er es besser wissen/machen müssen oder können?
   a. **Ja. (3 Punkte)**
   b. Könnte sein.
   c. Nein.

6. Hat er Ihnen ernsthaften Schaden zugefügt?
   a. Ja.
   b. Könnte sein.
   c. **Nein. (1 Punkt)**

7. Ist der Grrr-Faktor des Grolls
   a. hoch?
   b. **mittel – es ist zu traurig für ein hundertprozentiges Grrr. Eher ein mittelstarkes, melancholisches Grrr. (2 Punkte)**
   c. gering?

8. Hegen Sie diesen Groll
   a. **schon ewig – seit 2006/7. (3 Punkte)**
   b. mittellang bzw. erst seit Kurzem und glauben, dass Sie ihn ein bisschen weiterhegen werden, aber nicht ewig?
   c. erst seit Kurzem und werden ihn vermutlich bis nächste Woche wieder abgelegt haben?

Mein »Das Baby im herzförmigen Rahmen«-Groll hat bisher 15 Punkte.

9. Würde dieser Vorfall allein ausreichen, dass Sie einen Groll gegen die betreffende(n) Person(en) hegen?
   a. **Ja – also kein Punktabzug.**
   b. Nein, nur wenn noch andere Vorfälle mitberücksichtigt werden.

10. Wäre Ihrem Groll-Absender etwas Schlimmes oder Beängstigendes widerfahren, wenn er die Groll auslösende Tat nicht begangen hätte?
    a. **Nein – also kein Punktabzug.**
    b. Ja.

11. Wäre der Groll aufgehoben/hinfällig, wenn sich Ihr Groll-Absender umfassend und aus vollem Herzen entschuldigte?
    a. Nein.
    b. **Ja, solange sie sich für ihre beleidigenden Äußerungen über meine Fähigkeiten als Mutter entschuldigte. (minus 1 Punkt)**

12. Liegt Ihnen etwas an Ihrem Groll-Absender und ihm an Ihnen?
    a. Ja, ausgesprochen viel.
    b. **Ja, eine ganze Menge. Sie war eine alte Freundin, aber als wir noch Teenager waren, war sie eine lange Zeit über ganz scheußlich zu mir gewesen, daher war ich schon vor dem Vorfall einigermaßen auf der Hut vor ihr. (plus 2 Punkte)**
    c. Nicht besonders viel.

Der »Das Baby im herzförmigen Rahmen«-Groll erreicht eine Gesamtpunktzahl von 16, ist also ein 4-karätiger Groll.

Kapitel 6

Warum wir Groll hegen – und warum manche Menschen das nicht tun

»Ein Zorn, wenn man ihn nährt, zerreißt –
Erst Darben macht ihn feist.«

Emily Dickinson

Im vorangegangenen Kapitel habe ich, hoffentlich zur allgemeinen Zufriedenheit, aufgezeigt, dass uns Groll überall begegnen kann: in Gebäuden, bei Vögeln, in der Politik und in der Kulturgeschichte, in Musik und Architektur. Die Neigung und der Drang, Groll zu hegen, wenn wir das Gefühl haben, man hat uns Unrecht getan oder gekränkt, ist nach meiner Auffassung ein unausweichlicher Teil der menschlichen Natur.

Was ist dann aber mit den Menschen, die, wie mein Mann, einfach niemals Groll hegen – oder die es versuchen und den Groll dann unterwegs irgendwo verlieren? Ich nehme einfach mal meinen Mann als Beispiel. Er ist überhaupt nicht der alles umarmende spirituelle Typ, der achtsam die radikale Akzeptanz all dessen, was das Leben mit sich bringt, verficht und praktiziert. Weit gefehlt. Er ist hitzig und rechthaberisch, kann wütend werden und herumwettern, und er empfiehlt regelmäßig: »Sag ihm doch einfach, er soll sich verpissen«, wenn jemand den Bogen überspannt hat und ich noch überlege, wie ich damit umgehen soll.

Das *sagt* er … und dann hat er es schnell wieder vergessen. Was bedeutet, dass er weniger »Grolle« in seiner Groll-Vitrine hat als ich in meiner. Er ist bekannt dafür, dass er einem (allerdings nur, wenn derjenige es auch wirklich verdient hat) ordentlich den Marsch blasen kann, wohingegen ich stets höflich und charmant bin, selbst wenn jemand mir gerade eins mit dem Hammer über den Schädel gegeben hat. Ist es da nicht eigenartig, dass ich von uns beiden die Meisterin im Groll-Hegen bin? Ich bezweifle, dass mein Mann seine Groll-Vitrine überhaupt finden würde (vorausgesetzt, sie wäre ein konkreter Gegenstand, was sie nicht ist), wenn ich ihn auf die Suche danach schickte. Ich müsste ihm eine Wegbeschreibung liefern. Wenn er die Vitrine dann gefunden hätte, müsste er sich erst einmal den Inhalt ins Gedächtnis rufen. »Ach ja – der!«, würde er sagen, während er jeden einzelnen Groll herausholte und unter die Lupe nähme.

Ich dagegen könnte mit verbundenen Augen, eingewickelt in eine Plastikplane, in einem Gebüsch in Eastbourne stecken und würde trotzdem noch in Sekundenschnelle meine Groll-Vitrine finden, nur mit meinem Geruchssinn als Orientierungshilfe. Was uns zu der entscheidenden Frage führt: Was macht einen zu der Sorte Mensch, die mehr beziehungsweise weniger zum Groll-Hegen neigt?

Schauen wir uns mal die maßgeblichen Kriterien an:

1. Die Freude an beziehungsweise das Bedürfnis nach Geschichten und Geschichtenerzählen

Wenn Ihnen etwas widerfahren ist, das Sie für interessant oder bemerkenswert halten, wie stark ist dann Ihr Wunsch, es mit jemand anderem zu teilen? Ich bin jemand, der Geschichten liebt. Ich bin süchtig danach, sie zu erzählen und welche zu hören. Ein häufiger Satz von mir lautet: »Aah, erzähl! Jedes noch so kleine Detail!« Mein Mann würde nie im Leben jemanden bitten, ihm »jedes kleine Detail« von irgendetwas zu erzählen. Ganz im Gegenteil. Wie oft hört man von ihm: »Sag mir nur grob, worum es geht«, womit er meint »in so wenigen Worten wie möglich«.

Ich stelle oft am Ende einer langen, detailreichen Geschichte noch 20 und mehr Fragen, weil da immer noch einige winzige Punkte sind, über die ich mehr erfahren möchte. Wie Eckhart Tolle in *Jetzt! Die Kraft der Gegenwart* deutlich macht, wenn man sich nicht die ganze Geschichte in allen Einzelheiten erzählt (einschließlich des entscheidenden Bestandteils, wer fies zu wem war), ist es unmöglich, einen Groll zu hegen.

Mein Mann legt großen Wert darauf, weit weniger Geschichten im Gedächtnis zu behalten als ich. Häufig sagt er, wenn ich etwas zur Sprache bringe, was uns vor ein paar Jahren passiert ist: »Ach ja! Das hatte ich vollkommen vergessen.« Er hat deswegen so gut wie keinen Groll aufzuweisen – und das bisschen, was er besitzt, gibt es auch nur, weil ich ihn daran erinnere. Wenn ich so darüber nachdenke, bin ich mir gar nicht mehr sicher, ob diese Geschichten überhaupt als seine gelten dürften oder ob ich sie nicht eher unter denjenigen von mir verbuchen sollte, die ich in seinem Namen aufbewahre.

Ganz oft führen mein Mann und ich Unterhaltungen, die ungefähr so verlaufen:

ICH: Ich fahre nächste Woche beruflich nach Exeter. Ich buche ein Hotel.
ER: Warum übernachtest du nicht bei Michael und Linda?
ICH: Soll das ein Witz sein?
ER: Nein. Warum denn nicht? Damit würdest du Geld sparen.
ICH: Hast du die »Kopfüber im Türrahmen«-Sache vergessen?
ER: Ach ja! Ist da nicht … (*im Gesicht malen sich Schock und Fassungslosigkeit ab*) ist da nicht Michael ohne triftigen Grund in dein Zimmer marschiert und hat das Licht angeschaltet?

ICH: Ja.
ER: Und … hat er nicht nach seinem Hund gesucht, der nicht mal verschwunden war? Der im Zimmer nebenan war?
ICH: Ja.
ER: Scheiße. Das hatte ich vergessen.
ICH: Ich weiß. Ich hatte es aber nicht vergessen.
ER: Ist das tatsächlich passiert?
ICH: Ja.
ER: Oh. Dann buche auf jeden Fall ein Hotel.

Jeder Groll, den wir hegen, ist eine Geschichte, die wir uns selber erzählen und in unserer Gedächtnis-Anthologie von Groll-Geschichten zur sicheren Aufbewahrung abheften. Vielleicht erzählen wir diese Geschichten auch anderen. Menschen wie ich, die Geschichten lieben und von ihnen leben, hegen viel eher Groll als Menschen, die sehr stark in einem »Jetzt« leben, das nicht geprägt ist von einem »Vergangenheits-Dann« und einem »Zukunfts-Dann«. Was den perfekten Übergang zu Nummer 2 schafft …

2. Der Hang, im Hier und Jetzt zu leben, ohne einen Gedanken an Vergangenheit oder Zukunft

Mein Mann ist Mr. Hier und Jetzt in höchster Vollendung. Um das zu veranschaulichen, stelle ich einmal gegenüber, was ich heute mache und was er heute macht.

Was ich heute mache:
Ich verbringe einen herrlichen Tag im Lucy Cavendish College in Cambridge, wo ich in einem zauberhaften Zimmer sitze und an diesem Buch schreibe. Das Zimmer hat Buntglasfenster, die einen Ausblick auf atemberaubende Landschaftsgärten und Bäume bieten, und ist voll von wunderschönen Möbeln und Bildern. Ich habe zwei Fenster geöffnet, und die Sonne strömt herein, aber im

Zimmer ist es immer noch angenehm kühl. Da ich an diesem Buch arbeite, denke ich über viele Dinge nach, die mir in der Vergangenheit passiert sind. Darüber hinaus denke ich auch an die Zukunft. Das Buch muss in einer Woche abgegeben werden, damit es im November 2018 in Großbritannien und im Januar 2019 in den USA erscheinen kann. Da sitze ich nun und genieße den Augenblick in dieser herrlichen Umgebung, denke aber auch an die Vergangenheit und die Zukunft. Mein Hier und Jetzt ist wie der perfekte Vorhang: nach außen das tollste Material (die Gegenwart), aber verstärkt durch zwei Schichten Futterstoff (die Vergangenheit und die Zukunft).

Was mein Mann heute macht:
Auch mein Mann sitzt in einem hübschen Zimmer, in unserem Haus. Er hat die Füße aufs Sofa gelegt, neben sich eine Tasse Kaffee stehen, die Wochenendausgaben der Zeitungen um sich ausgebreitet, den Fernseher eingeschaltet, das Handy in der Hand. Er chillt. Als ich heute Morgen wegging, sagte er mir, er habe für heute nichts weiter geplant, außer noch mehr zu chillen. Nächsten Freitag hat er gleich am Vormittag eine Vernissage zu einer neuen Kunstausstellung, und davor muss er noch sein Studio aufräumen und in eine Galerie verwandeln, dann alle Bilder aufhängen und die grafischen Blätter rahmen. Das alles dürfte, grob geschätzt, etwa sechs Stunden dauern. Mein Mann hat nicht vor, die sechs freien Stunden, die er heute hat, für diese Arbeit zu nutzen. Warum? Weil er schlicht und einfach nicht darüber nachdenkt, was noch alles vor Freitagmorgen passieren muss. Dieser Gedanke kommt ihm *überhaupt nicht in den Sinn*.

Andere Gedanken, die ihm überhaupt nicht in den Sinn kommen, sind: »Morgen früh fahre ich meine Familie in Yorkshire besuchen. Wenn ich am Mittwoch zurückkomme, muss ich gleich mit meinem Sohn zum Kieferorthopäden und werde kaum vor 16 Uhr wieder zu Hause sein. Dann werde ich wohl zu müde sein, um das Studio aufzuräumen und Bilder aufzuhängen. Am Donnerstag kann ich auch keine Bilder aufhängen, weil da in der Schule der Kinder der Gottesdienst zum Schuljahresende ist, und danach gehen wir mit Freunden zum Essen aus … das bedeutet also, wenn ich heute nicht die Bilder aufhänge und die Galerie auf Vordermann bringe, werde ich keine Zeit mehr dafür haben. Und Sophie kann auch nicht für mich einspringen, denn ihr Groll-Buch hat Freitag Abgabetermin und sie ist vollauf damit beschäftigt.«

Das gerade Beschriebene ist ein Beispiel für einen zukunftsorientierten Gedankengang, den mein Mann potenziell im gegenwärtigen Augenblick haben könnte, aber nicht hat. Ein vergangenheitsorientierter Gedanke, den er haben könnte, aber ebenfalls nicht hat, ist dieser: »Ich erinnere mich, dass Sophie und ich darüber gesprochen haben, wann der beste Zeitpunkt für mich wäre, die Galerie zurechtzumachen, und wir waren uns einig, dass dafür *nur* Samstag, der 30. Juni infrage käme. Ich habe daraufhin gesagt: ›Okay, ich nehme es am Samstag gleich als Erstes in Angriff.‹ Und da heute Samstag ist, werde ich das auch tun.«

Ich glaube, wenn Eckhart Tolle jemals meinem Mann begegnete, würde er ihn sich sofort schnappen und mit auf Tournee nehmen als leuchtendes Beispiel dafür, wie man nur im Hier und Jetzt leben kann. Mein Mann macht sich überhaupt keine Gedanken darüber, inwieweit das, was er heute tut, sich auf den Erfolg der Vernissage am Freitagmorgen auswirken könnte. Und ich bemühe mich, seinem erleuchteten Beispiel zu folgen und mir auch keine Sorgen darüber zu machen.

Sie sehen hoffentlich ein, dass jemand, der in dieser Hinsicht mehr ist wie mein Mann und weniger wie ich, eher nicht zu Groll neigt.

3. Ob man es vorzieht, negative Erfahrungen frontal anzugehen und einen »Pessimismus der Stärke« herauszubilden, oder ob man lieber gar nicht erst über Negatives oder Beunruhigendes nachdenkt

Als ich meinen zweiten Kriminalroman, *Schattenmesser*, herausbrachte, der teilweise verstörende Gewaltdarstellungen enthält, kam nach einer PR-Veranstaltung eine Frau auf mich zu und sagte verärgert: »Warum schreiben Sie über so schreckliche Dinge?« Sie erklärte mir, dass ihr mein Buch überhaupt nicht gefallen habe und dass ihr Bücher lieber seien, in denen nichts allzu Bestürzendes geschieht. Ich entgegnete, bei mir sei es genau umgekehrt: Gerade weil bestürzende Dinge in der Welt geschähen und auch mir schon geschehen seien, wolle und müsse ich Geschichten schreiben, in denen Menschen unangenehme Erfahrungen durchleben, sie überleben und gestärkt daraus hervorgehen. »Das ist albern«, erwiderte sie. »Schreiben Sie doch einfach nicht darüber. Schreiben Sie über froh machende Dinge.«

Wenn Sie hier eher mit mir übereinstimmen als mit ihr, dann werden Sie eher Groll empfinden und hegen als diese Frau. Sie kann es nicht ertragen, an irgendetwas Unangenehmes zu denken, und wird von daher eher versuchen, alle Vorfälle, die sie wütend gemacht oder aufgeregt haben, gleich nachdem sie vorüber sind wieder zu vergessen. Tatsächlich hat sie mich, nachdem sie mir gerade eröffnet hatte, wie sehr ihr mein Buch missfiel, umarmt und gesagt: »Aber Sie persönlich mag ich wirklich sehr, auch wenn ich Ihr Buch scheußlich fand.« Also hat sie offensichtlich keinen Groll gegen mich gehegt, weil ich ein Buch geschrieben habe, das sie verstört hat. Sie wollte und brauchte ein Happy-End, im Leben wie im Roman.

4. Wie akribisch/präzise beziehungsweise zerstreut/ chaotisch man ist

Akribische und präzise Menschen sind besser darin, Sammlungen zu pflegen, als chaotische Menschen, Groll-Sammlungen eingeschlossen. Meine Freundin Nicky ist ausgesprochen zerstreut. Im Lauf der Jahre hat sie jede Menge Portemonnaies, Kreditkarten, Schlafsäcke und Kleidungsstücke verloren. Wenn wir zusammen in einem Hotel sind und sie sagt: »Ich habe alles gepackt, wir können los«, entgegne ich immer: »Lass mich noch mal in deinem Zimmer nachschauen.« Das lässt sie mich dann auch immer machen, denn wir wissen beide, dass ich in Schränken und Schubladen oder unter dem Bett noch genug von ihren Kleidern finde, um eine kleine Boutique eröffnen zu können, wenn ich daran Gefallen hätte.

Nicky verlegt oder vergisst auch regelmäßig ihren Groll, genau wie ihre Habseligkeiten. Dann ist sie bei jeder neuerlichen Begegnung mit Freunden, Verwandten oder Bekannten, die ihr in der Vergangenheit wehgetan haben, immer wieder neu gekränkt. »Er ist so ein egoistischer Scheißkerl«, beschwert sie sich dann unter Tränen, weil sie vergessen hat, dass dies schon mindestens fünfmal passiert ist.

5. Wie man dazu steht, ob es richtig oder falsch ist, Groll zu hegen

Wie wir bereits besprochen haben, hat sich bei vielen von uns die Idee festgesetzt, Groll zu hegen sei gemein und kleinlich. Also bemühen wir uns, es zu vermeiden, und bei einigen gelingt das auch. Meine Kinder sind dagegen in einem Zuhause aufgewachsen, wo Groll-Hegen als natürlicher Teil des Lebens gesehen wird. Meine Tochter findet nichts Schlimmes daran, eine eigene Groll-Sammlung zu besitzen. Neulich erst sagte sie zu mir: »Ich bin weiter freundlich zu Millie, um in der Schule Frieden zu halten, Mum, aber ich vergesse nie, dass sie eine gewaltige Pobacken-Zicke ist.« (Das ist das Lieblingsschimpfwort meiner Tochter, sie hat es selbst erfunden. Ja, ich bin sehr stolz auf sie.)

Dieser Groll dient als äußerst effektiver Schutzschild. Wenn Millie einen »schlechten Tag« hat (einen Tag, an dem ihre Unzufriedenheit sie dazu veranlasst, meine Tochter stundenlang in den Wahnsinn zu treiben), lässt meine Tochter das einfach nicht an sich heran. Sie kommt zur Tür rein und sagt ganz munter: »Millie war heute wieder furchtbar, die Pobacken-Zicke«, und dann verbringt sie einen netten, unbeschwerten Abend. Ihr Groll ist ein Bookmark in ihrem Kopf, das ihr sagt: »Vergiss nicht, dass Millie das immer so macht. Das weißt du. Erwarte nicht, dass es anders oder besser wird. Aber sie kommt nicht ungestraft davon, denn du hegst einen Groll deswegen, der bezeugt, dass Millies Verhalten nicht in Ordnung war, und der einen Vorsatz enthält, Millie aus dem Weg zu gehen, sobald ihr beiden nicht mehr auf dieselbe Schule geht.«

Jedes Mal, wenn Millie sich gemein verhält, ist meine Tochter weder überrascht noch regt sie sich auf, weil sie nämlich nicht den Fehler begangen hat, in ihrem Kopf reinen Tisch zu machen. Ein reiner Tisch kann immer wieder verdreckt werden von einer Person, die außerstande ist, sich anständig zu benehmen, und wer will schon immer nur vergebens sauber machen? Rahmen Sie Ihren schmutzigen Tisch lieber ein, und stecken Sie ihn in Ihre Groll-Vitrine.

Stellen Sie sich vor, jedes Kind hätte eine Mutter, die Devisen wie »Rahme deinen schmutzigen Tisch ein und stecke ihn in deine Groll-Vitrine« von sich gibt (und sogar veröffentlicht). Wäre die Welt dann nicht ein sehr viel besserer Ort? Ich finde schon. Mehr Menschen wären mit Recht stolz auf ihren guten Groll, so wie meine Tochter, weil sie begriffen hätten, dass Groll etwas Tolles sein kann und sein sollte – für den Groll-Heger ebenso wie für die Welt im Allgemeinen.

6. Wie leicht es einem fällt, seinen Gefühlen offen Ausdruck zu verleihen

Erinnern Sie sich noch an Carol von Rebeccas »ruinierter« Geburtstagsfeier (Kapitel 3, Groll-Typ Nr. 1: Groll wegen eines unprovozierten Angriffs)? Nachdem sie Rebecca gesagt hatte, sie sei verrückt und solle sich verpissen, verspürte Carol kein Bedürfnis, einen Groll zu hegen. Menschen, denen es leichtfällt, ihrem Zorn und ihren negativen Gefühlen spontan und auf der Stelle Ausdruck zu verleihen, haben häufig keinen Groll-Bedarf. Groll erblüht eher in den Köpfen derer (wozu ich auch gehöre – ich ganz besonders), denen es unmöglich ist, negative Gefühle offen und ohne Furcht vor Repressalien kundzutun. Groll ist ein Mittel, mit dem Sie sich das Gefühl geben können, Sie würden Stellung beziehen, wenn auch nur in Gedanken, während Sie zu viel Angst davor haben, öffentlich Stellung zu beziehen.

Ich muss euch was gestehen, Leute: Ich bin 47 Jahre alt und habe noch nie meinem Ärger spontan Luft gemacht. Das Höchste der Gefühle ist, dass ich sage: »Weißt du noch, als du XY gemacht hast? Tut mir leid, wenn ich jetzt davon anfange, und es ist vielleicht auch albern von mir, aber könntest du eventuell in Zukunft …« So rede ich daher, selbst wenn ich innerlich vor Wut fast platze. Bin ich nun lachhafterweise verklemmt oder lobenswert diplomatisch und rücksichtsvoll? Dieses wesentliche Thema – wie reagiert man am besten, wenn jemand einem Grund für einen neuen Groll gibt – werden wir in Kapitel 11 behandeln. An dieser Stelle reicht es, Folgendes festzustellen: Wenn Sie, sollte es nötig werden, imstande sind, den Mund aufzumachen und zu brüllen: »Lass mich in Ruhe, du Rüpel!«, und daraufhin das Gefühl haben, der Gerechtigkeit ist Genüge getan, dann brauchen Sie wohl eher weder einen Groll noch mich noch dieses Buch. (Obwohl Sie ja vielleicht trotzdem am Weiterlesen Gefallen finden, und wenn auch nur, um Einsichten zu gewinnen, wie der Rest der Welt so lebt. Und ich wage einmal zu behaupten – was ich in Kapitel 11 auch tun werde –, dass es sich mit weniger Brüllen und Verfluchen und mehr erleuchtetem Groll-Hegen deutlich friedlicher leben lässt.)

Wenn Sie zu den Menschen gehören, die es immer allen recht machen wollen, und das für Sie einen höheren Stellenwert hat, als sich selber treu zu bleiben und nach den eigenen Prinzipien zu leben und zu reden, dann wird Ihnen vermutlich ein »Lass mich in Ruhe, du Rüpel!« nicht ganz so leicht über die Lippen kommen und selbst ein sehr viel milderes »Entschuldige bitte, aber ich finde, du bist da ein bisschen unverschämt« nicht. Menschen, die es allen recht machen wollen, sagen viel lieber »Aber sicher, ich tue gern alles, was du für das Beste hältst« und hegen dann einen gewaltigen Groll. Der Grund liegt auf der Hand: Die Person, die wir auf keinen Fall verärgern wollen, kann unseren heimlichen, stillen Groll ja nicht sehen, also sind wir aus dem Schneider.

Brooke Castillo von der *Life Coach School* nennt solche Menschen Lügner. Ich kann Ihnen gar nicht sagen, wie erleichtert ich war, als ich das zum ersten Mal aus ihrem Munde hörte. Ich hätte am liebsten laut gejubelt. Warum? Weil ich genau diese Sorte Lügner war. Bis zum Alter von ungefähr 38 Jahren sagte ich mehr oder weniger den Leuten, vor denen ich Bammel hatte, genau das, was sie hören wollten, während ich insgeheim ein Doppelleben führte, in dem ich tat, was mir passte, unverantwortlich und ohne Rücksicht auf die eigene Sicherheit oder das eigene Wohlbefinden. Dann bekam ich es mit einer Lüge zu tun, die ich einfach nicht über die Lippen brachte (zu den Einzelheiten siehe die Groll-Geschichte »Das Gebrüll in der Küche« weiter hinten im Buch), und alles wurde anders. Ich war intelligent genug (und hatte genug Ratgeber intus mit Titeln wie *Wann gewinnen Sie endlich Rückgrat und setzen sich gegen diesen repressiven Schweinehund zur Wehr*), um angewidert zu sein von der Aussicht einer weiteren Kapitulation meinerseits um des lieben Friedens willen. Also leistete ich Widerstand. Mit so viel Charme und Takt, wie ich aufbringen konnte, sprach ich offen aus, dass ich anderer Meinung war als die Person,

*D*ie *I*ch *A*uf *D*er *W*elt *A*m *M*eisten *F*ürchtete (PDIADWAMF). So etwas hatte ich davor noch nie gemacht – jedenfalls nicht bei etwas Schwerwiegenderem, von dem ich wusste, dass es problematisch werden würde.

Es folgten die zu erwartenden Wutausbrüche und emotionalen Erpressungsversuche, aber ich blieb standhaft, weil ich wusste, dass ich das Richtige getan hatte. Das sahen allerdings nicht alle so. Neben mir und der PDIADWAMF waren noch andere Menschen in die Geschichte verwickelt. Sie alle hatten ebenfalls Bammel vor der PDIADWAMF – einige mehr als ich, andere weniger. Und alle hinterfragten und/oder kritisierten mein verändertes Verhalten (dass ich die Wahrheit, wie ich sie erkannte, ausgesprochen und aufrichtig erklärt hatte, wie ich die Situation empfand). Einer sagte: »Ich frage mich ernsthaft, ob all deine Therapie- und Selbsthilfebücher dir nicht mehr schaden als nützen.«

Obwohl ich mich nicht beirren ließ, war da eine leise Stimme in meinem Kopf – und es gibt diese leise Stimme mitunter *noch immer* in meinem Kopf – die flüsterte: »Aber was, wenn du *tatsächlich* illoyal und unsolidarisch warst? Was, wenn du dich *tatsächlich* den grundlegenden Fakten verweigerst, die historische Wahrheit verfälschst und den bösen Jungs in die Hände spielst?« (Solche Sachen brachte die PDIADWAMF über mich in Umlauf, nachdem ich ihr offen in einer Angelegenheit widersprochen hatte, an der ihr sehr viel gelegen war.)

Wenn ich Brooke Castillo wieder und wieder sagen höre, dass Menschen, die es immer allen recht machen wollen, Lügner sind, macht mir das noch einmal bewusst, dass ich das Richtige getan habe, als ich versuchte, die Wahrheit zu sagen, wie unangenehm das für gewisse Leute auch gewesen sein mag. Brooke argumentiert folgendermaßen: Wenn du den Leuten sagst, was sie hören wollen, dann bist es, selbst wenn sie dich mögen und viel von dir halten, nicht wirklich du, die sie mögen und von der sie viel halten – und deswegen ist ihre Bestätigung nichts wert. Sie beruht auf einer Lüge.

Meiner Meinung nach kann man gegen Castillos Theorie unmöglich etwas einwenden. Inzwischen bemühe ich mich nach Kräften – taktvoll und immer darauf bedacht, nicht angriffslustig zu klingen – zu sagen, was ich wirklich denke, selbst wenn mir das Magenschmerzen verursacht. Ich habe allerdings keinerlei Zweifel daran, dass Sie, wenn Sie die Angst davon abhält, Ihre wahren Gefühle auszusprechen, mit allerhöchster Wahrscheinlichkeit eine große Groll-Sammlung erwerben werden. Ein Gutteil davon ist womöglich, da noch unverarbeitet, fest verpackt in Verbitterung und Verletztheit. In Kapitel 8 werden wir uns ansehen, wie man die negativen Gefühle entfernen kann, die dem Groll-Heger schaden könnten, damit nur noch der erleuchtete und hilfreiche Teil des Grolls übrig bleibt, den es sich zu behalten lohnt.

7. Wie mächtig oder ohnmächtig man sich fühlt

Einige von uns – die Glücklicheren – haben das Gefühl, dass sie in der Lage sind, sich, in der Praxis und auch emotional, angemessen vor den nachteiligen Auswirkungen des Zusammenlebens mit anderen Menschen in der Welt zu schützen. Viele andere dagegen sehen sich ständig der Gefahr von Einmischung, Drangsalierung, Manipulation, Aufdringlichkeit und anderen unangenehmen Übergriffen ausgesetzt. Wenn wir zur zweiten Kategorie gehören, ist die Wahrscheinlichkeit groß, dass wir öfter Groll hegen. Insofern, als Groll Schutz bietet (und davon bin ich fest überzeugt), haben Menschen aus Kategorie 2 offensichtlich das Gefühl, mehr Schutz zu benötigen.

Nach Meinung des Psychologen Tony Ferretti in einem Artikel im MEL-Magazin halten wir manchmal »an Groll fest, weil uns das Selbstbewusstsein und die Konfliktbewältigungskompetenzen fehlen, um erfolgreich unsere negativen Emotionen zu verarbeiten. Dann entscheiden wir uns lieber dafür, uns zu schlagen oder dichtzumachen, als selbstsicher zu kommunizieren.«

Bis man die notwendigen Fertigkeiten entwickelt hat, sich selbst zu schützen, egal wie andere sich verhalten, benötigt man definitiv mehr Schutz, und Groll ist zu diesem Zweck sehr nützlich. Er ruft uns ins Gedächtnis, dass wir uns zwar ohnmächtig fühlen mögen, es aber dennoch *nicht akzeptabel* ist, dass man uns schlecht behandelt hat.

Wie ich schon sagte, fühlte ich mich ohnmächtig, bis ich mit 38 entschied, lieber der Wahrheit die Ehre zu geben, als die PDIAD-WAMF (ich finde, der Name sollte Pe-di-dampf ausgesprochen werden, meinen Sie nicht auch?) zufriedenzustellen. Jetzt fühle ich mich nicht länger ohnmächtig, aber ich hege immer noch Groll – auf eine andere Art und aus anderen Gründen. Ich äußere mich eingehender dazu in den Kapiteln 8 und 11.

8. Ob man sich derzeit in einer Bevormundungssituation befindet oder jemals befunden hat

Wenn Sie jemals unter Mobbing, Schikanen oder Bevormundung zu leiden hatten, ist die Wahrscheinlichkeit groß, dass Sie eine Wiederholung dessen fürchten. Mein Mann und ich scherzen häufig über meine Anfälligkeit für so etwas. Hin und wieder sagt er etwas Harmloses wie: »Bist du sicher, dass du zu einer Lesereise nach Amerika aufbrechen willst, nachdem du erst vor drei Tagen von einer Lesereise durch Australien zurückgekommen bist?«, und ich fange an mich aufzuregen und erwidere: »Ich weiß, was ich will, okay? Ich bin ein freier Mensch, und ich kann und werde genau das tun, was ich will. Hör auf mit deinen Versuchen, mich zu kontrollieren und zu bevormunden!« Es dauert nicht lange, und wir lachen beide darüber, weil wir nämlich wissen, warum ich so reagiert habe und dass es nichts mit meinem Mann zu tun hat oder mit dem, was er gesagt hat.

Wenn ich zu meinem Mann sage: »Bist du sicher, dass du XY

oder Z tun willst?«, setzt er nie zu einer wüsten Tirade an, weil er Bevormundung durch einen narzisstischen Kontrollfreak noch nie erlebt hat – kein einziges Mal in seinem Leben.

Wenn man in der Vergangenheit auf eine bestimmte Art tyrannisiert oder verletzt worden ist, ist die Wahrscheinlichkeit größer, dass man in Situationen, die einen an die ursprünglichen, verstörenden Situationen erinnern, Groll entwickelt.

9. Wie sicher oder unsicher man gemeinhin ist

Als ich das letzte Mal zum Sehtest gegangen bin, sagte mir mein Optiker, ich sei die perfekte Testperson. »Ihre Antworten sind so eindeutig und präzise«, sagte er. »Sie scheinen immer die genaue Antwort zu wissen.«

»Das liegt daran, dass Sie mich nach *meinen* Augen fragen«, erwiderte ich. »Selbstverständlich weiß ich, ob ich die untere Buchstabenzeile klar erkennen kann.«

»Sie würden staunen, wie viele Menschen das nicht wissen«, sagte er. »Viele meiner Kunden sagen: ›Was meinen Sie mit klar?‹ Oder sie sagen: ›Ja. Halt, nein. Ich weiß nicht recht.‹«

Wenn etwas geschieht, das uns verletzt oder erzürnt, wissen einige von uns sofort, dass etwas Unrechtes oder Schmerzliches vorgefallen ist, bei dem wir das Opfer waren. Andere fangen unverzüglich an zu zweifeln, ob sie so empfinden dürfen, wie sie gerade empfinden, und sich zu fragen, ob ihre Erinnerung und Wahrnehmung korrekt sind. Sie sagen sich, die Person habe ihnen ja vielleicht gar nicht wehtun wollen.

Davon überzeugt zu sein, dass man die Fakten klar erkannt hat, und sicher zu wissen, dass jemand sich danebenbenommen hat, begünstigt das Groll-Hegen natürlich mehr, als wenn man alles anzweifelt, vom Ausmaß der Schuldhaftigkeit des anderen bis hin zu den eigenen Erinnerungen an den Vorfall.

10. Wie schwankend beziehungsweise gefestigt unser Blick auf die Welt/vergangene Ereignisse ist

Manche von uns empfinden die unabänderlichen Fakten in unserem Leben und in unserer Biografie jeden Tag anders. Meine Freundin Lucy ist so. An einem Tag sagt sie: »Mein Vater ist gar nicht so übel. Er tut sein Möglichstes, und das ist doch die Hauptsache.« Ein paar Tage später hört man dann aus ihrem Mund: »Ich habe ab jetzt mit meinem Vater nichts mehr zu schaffen. Er schert sich einen Scheißdreck um irgendjemand anderen als sich selbst.« Es stört sie nicht im Mindesten, dass das überhaupt nicht stimmig ist. Sie denkt ohne Probleme den einen Tag gut von ihrem Vater und den nächsten Tag schlecht. Vom Naturell her ist sie daher nicht unbedingt fürs Groll-Hegen geschaffen, wozu unweigerlich die Fähigkeit gehört, Schlussfolgerungen über Ereignisse und Menschen zu ziehen und dann auch dabei zu bleiben.

11. In welchem Maß man auf sein eigenes Urteil vertraut

Wie sicher sind Sie, dass Ihnen Unrecht widerfahren ist und dass Sie nicht selber im Unrecht sind? Als Kind und als Teenager war mein natürlicher Impuls immer, davon auszugehen, dass alles meine Schuld war – mich zu entschuldigen, Nachsicht zu üben und mich zu ändern, damit ich mich nicht empören musste über das empörende Verhalten anderer (auch wenn dieses Bemühen, mir etwas vorzumachen, zu vielen rebellischen Momenten geführt hat, in denen ich dachte: »Nein, das ist deine Schuld, und ich hasse dich!«).

Ich kann mich nicht mehr genau erinnern, wie alt ich war, als ich mich entschloss, meinem eigenen Urteil auf regelmäßigerer und auch halbwegs dauerhafter Basis zu vertrauen, aber als es einmal so weit war, wurde ich sehr viel besser im Groll-Hegen, wie ich mit Freude verkünden kann. Das war viele Jahre, bevor ich mutig genug war, eine breitere Öffentlichkeit mit ansehen zu lassen, dass ich meinem eigenen Urteil vertraute, aber es war immerhin schon mal ein großer Schritt in diese Richtung.

12. Wie leicht man von Natur aus verzeihen kann und wie sehr einem diese Neigung Angst macht

Das ist ein bisschen schwer zu verstehen. Ich neige stark zum Typ »naiver Fußabtreter«. Von Natur aus bin ich ein zufriedener, positiver, herzlicher Mensch, der seine Mitmenschen liebt. Über die Menschen in meinem Leben, die ernsthaft meine Gefühle verletzt haben, denke ich ständig: »Sollte ich nicht vielleicht meinen Groll gegen sie fallen lassen, ihnen wieder voll und ganz vertrauen und sie uneingeschränkt lieben? Wäre das nicht vielleicht in Ordnung und eine sichere Sache?«

Tatsächlich wäre es weder in Ordnung noch sicher. Einfaltspinsel wie ich brauchen ihren Groll, um sich zu schützen. Wir brauchen ihn mehr als die meisten – auf jeden Fall mehr als diejenigen, die ernsthaft aufhören, die, die ihnen wehgetan haben, zu mögen, und nie in Versuchung geraten, eine zweite, dritte oder vierte Chance zu geben.

Es ist kein Wunder, dass ich eine treue und sachkundige Groll-Hegerin bin. Ich liebe Geschichten und das Geschichtenerzählen. Ich ziehe es vor, mich negativen Empfindungen und Erfahrungen zu stellen und einen »Pessimismus der Stärke« herauszubilden. Ich bin der Überzeugung, dass es nicht falsch ist, wenn ich Groll hege – im Gegenteil, ich weiß, dass es förderlich ist. Ich bin akribisch und präzise. Ich habe mich einen Großteil meines Lebens über ohnmächtig gefühlt und tue das immer noch häufig. Es fiel mir – und fällt mir immer noch – sehr schwer, jegliche Art von negativen Empfindungen offen zum Ausdruck zu bringen. Ich habe mich schon in Situationen befunden, in denen ich mich tyrannisiert und gemobbt fühlte. Ich neige dazu, mir sicher zu sein, dass meine Version der Geschichte korrekt ist, und ich vertraue meinem eigenen Urteil. Ich bin gefestigt und schwanke nicht. Ich bin instinktiv versöhnlich und möchte einfach nur allen Liebe und Vertrauen entgegenbringen, und ich weiß, dass mir das gefährlich werden könnte.

Diese Beschreibung passt vielleicht auch auf Sie. Oder Sie sind womöglich in allen diesen Punkten ganz anders als ich. Wenn das der Fall ist, vermute ich mal, dass Ihr Verhalten und Ihre Neigungen bezüglich Groll und Groll-Hegen sich deutlich von den meinen unterscheiden, was vollkommen in Ordnung ist. Wir sind alle verschieden, und das Wichtigste ist, dass wir uns nicht verübeln, wie wir geraten sind. Den Entschluss zu fassen, sein Verhalten und seine Einstellungen zu ändern, ist wunderbar, wenn es das ist, was Sie wollen. Ich wollte es nicht mehr immer nur allen recht machen, sondern mich gestärkter fühlen – und das habe ich auch geschafft –, aber ich nehme es mir keine Sekunde lang übel, dass ich es 38 Jahre lang immer allen recht machen wollte (und somit ein verängstigter Lügner war). Für meine Gefühlslage, bevor ich imstande war, die Regie für meinen Gemütszustand zu übernehmen und ihn zu verändern, weise ich die volle Verantwortung all den Menschen in meinem Leben zu, die weniger einschüchternd hätten sein sollen. Dass ihr's nur wisst, ihr Angstmacher!

Und jetzt habe ich eine tolle 5-karätige Groll-Geschichte für Sie. Dabei handelt es sich um ein Selfie – einen der nachhaltigsten Groll-Typen.

Das Haus in Amsterdam

Groll-Typ Nr. 16: Selfie-Groll – ein Groll, den man gegen sich selber hegt

Es hatte sich eingespielt, dass wir zu viert in Urlaub fuhren – ich, mein damaliger Freund (und späterer Ehemann) sowie unsere Freunde Ewan und Paula. Wir hatten das im Lauf der Jahre schon mehrere Male gemacht, und es hatten sich diverse »Urlaubsregeln und -gewohnheiten« herausgebildet. Eine davon bestand darin, dass wir uns nicht in Paare aufspalteten, sondern die Tage und Abende immer miteinander verbrachten. Es wäre undenkbar gewesen, wenn in unseren Urlauben einer von uns gesagt hätte: »Ich möchte heute auf den Berg Soundso wandern und ihr wolltet euch ja die Höhlenmalereien ansehen, also ziehe ich einfach allein los und mach mein Ding und wir sehen uns dann später beim Abendessen.« Jegliche derartige Bemerkung wäre von Ewan und Paula als unfreundlich und ungesellig aufgenommen worden. Insbesondere Ewan wäre gekränkt gewesen, wenn er den Eindruck gewonnen hätte, mein Freund und ich wollten womöglich nicht die ganze Zeit über mit ihm und Paula als Quartett zusammenhängen.

Einmal fuhren wir nach Amsterdam in Urlaub. Wir wollten alle möglichst viele Museen besuchen und gut essen und trinken, darüber gab es also keine Unstimmigkeiten. Ewan und Paula wollten darüber hinaus unbedingt ins Anne-Frank-Haus.

An diesem Punkt in meinem Leben hatte ich noch keinerlei eigene Erfahrungen in der Planung meines Urlaubs. Wirklich null. Ich war vom Kind, das in die von den Eltern geplanten Ferien fuhr, schnurstracks zur jungen Erwachsenen übergewechselt, die in den von Ewan und Paula oder von der Mutter und dem Stiefvater meines Freundes organisierten Urlaub fuhr. Obwohl ich über 18 war und damit volljährig, kam es mir nicht in den Sinn, dass ich vollkommen frei entscheiden konnte, was ich im Urlaub machte und was nicht – besonders in einem Urlaub mit anderen, bei dem man möglicherweise Kompromisse eingehen musste.

Ich wollte unbedingt *nicht* ins Anne-Frank-Haus. Obwohl ich noch nicht mutig genug war, meine Gedanken und Gefühle offen und ehrlich kundzutun, hatte ich von jeher eine genaue Vorstellung davon, wie ich meinen Urlaub verbringen wollte und wie nicht. Seit ich ungefähr sechs Jahre alt war, war alles, was ich in den Ferien tun wollte, im Meer oder in einem Swimmingpool schwimmen, auf einer Sonnenliege lesen, leckeres Essen essen und leckere

Getränke trinken, und das war's. Ich liebe Kunstgalerien, weshalb ich mir gern mal die eine oder andere anschaue, und ich mag Geschäfte. Ich gehe im Urlaub auch gern ins Kino oder ins Theater, solange das nicht von meiner Zeit am Strand oder am Pool abgeht.

Folgendes möchte ich im Urlaub nicht machen, wollte es noch nie machen und werde es auch nie machen wollen: in ein Haus gehen, das sich gezielt und ausschließlich dem Völkermord an einem unschuldigen jungen Mädchen widmet, und die Gräuel nachempfinden, die dieses Mädchen erlitten haben muss.

Auf der ganzen Fahrt nach Amsterdam lastete der Gedanke, dass ich am zweiten Nachmittag meines einwöchigen Urlaubs (Ewan hatte einen detaillierten Plan für unsere Aktivitäten angefertigt) zum Anne-Frank-Haus gehen und vermutlich mindestens zwei Stunden dort würde verbringen müssen, schwer auf mir und nahm der gesamten Reise ihren Reiz. Selbst nachdem wir da gewesen waren und es von der Liste gestrichen war, war ich immer noch bedrückt und konnte die angenehmen Teile des Urlaubs nicht genießen. Ich war angewidert von meiner eigenen Feigheit. So schlau war ich nämlich, dass mir sehr wohl bewusst war, dass ich überhaupt nicht ins Anne-Frank-Haus *gemusst* hätte.

Ich hätte jedes Recht gehabt, zu Ewan und Paula zu sagen: »He, hört mal, ich möchte das nicht mitmachen, deshalb warte ich in einer Bar und komm dann wieder hierher, wenn ihr fertig seid.« Ich malte mir aus, wie ich diese Worte sagte, und wusste doch gleichzeitig, dass ich mich auf keinen Fall trauen würde, sie auch wirklich auszusprechen.

Ich wusste ja bereits, dass ich ein Feigling war, aber in dieser Situation ging es nicht um besonders viel und ich hätte wirklich die Courage aufbringen können zu sagen: »Ich möchte das nicht machen, deshalb werde ich es auch nicht machen.« Ewan wäre dann zwar beleidigt gewesen, aber – so what? Ich hätte erwidern können: »Hör mal, es ist übertrieben, dass du deswegen sauer bist. Ich mache schließlich bei jeder der anderen Sachen auf der Liste mit – bei allen 47.«

Das sagte ich aber nicht. Ich sagte nichts von dem, was ich sagen wollte. Stattdessen ging ich ins Anne-Frank-Haus, nur um Ewan nicht zu verärgern. Es war falsch – ich habe nichts davon gehabt, und Ewan hat erst recht nichts davon gehabt.

Jahre später, nachdem ich ein bisschen mutiger geworden war, habe ich manchmal Dinge gesagt und getan, nur um Ewan zu ärgern, weil ich es noch immer nicht verwunden hatte, dass ich ihn nicht verärgert hatte, als es angebracht gewesen wäre, als mein Motiv ein edleres gewesen wäre als einfach nur: »Ich muss Ewan noch etwas heimzahlen, was kann ich also sagen, das ihn ärgern wird?«

Seit Amsterdam bin ich nicht mehr mit Ewan und Paula in Urlaub gewesen. Ein paar Jahre danach sagte Ewan einmal: »Wir sollten mal wieder zusammen in Urlaub fahren – warum machen wir das eigentlich nicht mehr?« Ich erwiderte: »Ja, das müssen wir unbedingt«, und ließ es dann bewusst in der Schwebe. Ich sagte: »Ich weiß nicht, warum wir das nicht mehr machen«, obwohl ich sehr genau wusste: Ich hätte nicht den Mut aufgebracht, Ewan die Stirn zu bieten, hätte er wieder irgendeine Aktivität vorgeschlagen, die ich überhaupt nicht mitmachen wollte.

Ich hege diesen Groll gegen meine eigene Feigheit, damit ich nie vergesse, dass es an mir liegt, nicht mitzumachen bei etwas, von dem ich weiß, dass ich es hassen werde.

Bewertung des »Das Haus in Amsterdam«-Grolls

1. War die Absicht des Groll-Absenders (ich)
   a. eindeutig oder vermutlich böse?
   b. möglicherweise böse?
   c. **nicht böse. (1 Punkt)**

2. Wusste er, dass er Sie aus der Fassung bringen, verletzen oder unfair behandeln würde?

a. **Ja, eindeutig. (3 Punkte)**
b. Möglicherweise.
c. Überhaupt nicht.

3. War die Gesamtsituation
a. sehr ernst?
b. ziemlich ernst?
c. **nicht sehr ernst. (1 Punkt)**

4. War die Auswirkung von dem, was er tat oder sagte, auf Sie
a. **sehr schlimm – es ließ mich weitermachen damit, es allen Leuten recht machen zu wollen (zu lügen), nicht nach meiner Überzeugung zu leben, meine eigenen tiefsten Bedürfnisse und innigsten Wünsche dem unterzuordnen, was jemand anders für richtig hielt. Es war ein Verrat an mir selber. (3 Punkte)**
b. ziemlich schlimm?
c. nicht so schlimm?

5. Hätte er es besser wissen/machen müssen oder können?
a. Ja.
b. **Könnte sein – ich *wusste* es besser, aber so ängstlich und feige, wie ich an diesem Punkt in meinem Leben war, war ich einfach nicht in der Lage, es besser zu machen. (2 Punkte)**
c. Nein.

6. Hat er Ihnen ernsthaften Schaden zugefügt?
a. **Ja – hätte ich Ewan bei dieser Gelegenheit die Stirn geboten, hätte das der Anfang vom Ende meiner Panik vor dem Aussprechen meiner durchaus vertretbaren Ansichten und Wünsche sein können. Ich war damals 18 oder 19. Ich hätte mir – möglicherweise – 20 Jahre des Selbstverrats und der Angst ersparen können, wenn ich das**

Verhaltensmuster gesprengt und in dieser äußerst ungefährlichen Situation mal den Mund aufgemacht hätte. (3 Punkte)
b. Könnte sein.
c. Nein.

7. Ist der Grrr-Faktor des Grolls
a. hoch?
b. mittel?
c. **gering – ich finde es eher erschreckend und traurig als »Grrr«, wenn ich an diesen Groll denke. (1 Punkt)**

8. Hegen Sie diesen Groll
a. **schon ewig – seit 1990. (3 Punkte)**
b. mittellang beziehungsweise erst seit Kurzem und glauben, dass Sie ihn noch ein bisschen weiterhegen werden, aber nicht ewig?
c. erst seit Kurzem und werden ihn vermutlich bis nächste Woche wieder abgelegt haben?

Mein »Das Haus in Amsterdam«-Groll hat bisher 17 Punkte.

9. Würde dieser Vorfall allein ausreichen, dass Sie einen Groll gegen die betreffende(n) Person(n) hegen?
a. Ja.
b. **Nein. Jeder tut hin und wieder etwas, was er nicht tun will, um jemand anderen zufriedenzustellen. Wenn ich es nur einmal gemacht hätte und es nicht Teil eines Musters gewesen wäre, das meine Seele erdrückte, würde ich mir nichts dabei denken. (minus 1 Punkt)**

10. Wäre Ihrem Groll-Absender etwas Schlimmes oder Beängstigendes widerfahren, wenn er die Groll auslösende Tat nicht begangen hätte?

a. Nein.
b. **Ja. Ewan wäre beleidigt gewesen, hätte mir die kalte Schulter gezeigt und Mittel und Wege gefunden, mich zu bestrafen. Das hätte ich als furchtbar und sehr verstörend empfunden. (minus 1 Punkt)**

11. Wäre der Groll aufgehoben/hinfällig, wenn sich Ihr Groll-Absender umfassend und aus vollem Herzen entschuldigte?
    a. **Nein. Ich habe mir zwar verziehen, aber ich muss immer noch denken: »Trotz allem will es mir nicht in den Kopf, dass du es damals nicht besser gewusst und gemacht hast.« Ich finde immer noch, dass dieser Groll ein schwerwiegender ist, der nicht vergessen werden darf und bewahrt werden muss. (kein Punktabzug)**
    b. Ja.

12. Liegt Ihnen etwas an Ihrem Groll-Absender und ihm an Ihnen?
    a. Ja, ausgesprochen viel.
    b. **Ja, eine ganze Menge. (plus 2 Punkte)**
    c. Nicht besonders viel.

Der »Das Haus in Amsterdam«-Groll erreicht eine Gesamtpunktzahl von 17 und ist somit ein 5-karätiger Groll.

Kapitel 7

Der Groll-fache Pfad

»Sage dir jeden Morgen: Heute werde ich auf Einmischung, Undankbarkeit, Anmaßung, Illoyalität, Feindseligkeit und Selbstsucht treffen – all dies ist zurückzuführen auf das Unwissen der Übeltäter darüber, was gut und was böse ist.«

Marc Aurel

Jetzt werden wir uns mal im Detail ansehen, wie das Hegen von Groll Sie zu einem versöhnlicheren Menschen machen kann, wie eigenartig und unlogisch sich das auch anhören mag.

Es ist in der medizinischen Fachwelt inzwischen anerkannt, dass sich das seelische Wohlbefinden oder Kummer auf unsere Gesundheit auswirkt. Wenn wir längere Zeit von Zorn, Traurigkeit, Angst oder Verbitterung beherrscht sind, kann das zu einer Verschlechterung unseres Gesundheitszustands führen. Jemand, der uns rät, froh machende Gedanken zu hegen, Unmut gut sein zu lassen, nach vorn zu blicken und zu verzeihen, meint es in der Regel nur gut und möchte uns helfen. Er weiß (wie wir in den meisten Fällen auch), dass wir es, wenn wir Rachsucht und Hass in uns gären lassen, bald mit Migräne, Hautreizungen, Hals- oder Bauchschmerzen zu tun bekommen könnten.

Es ist aber wichtig, sich bewusst zu machen, dass Unmut mehr als nur eine Ausprägung hat und es viele Gründe für Verbitterung gibt. Ja, wir würden vermutlich toben, wenn jemand sich unser Fahrrad ausleiht und es dann, statt es zurückzugeben, in Brand steckt, aber unser Rachedurst würde sich vermutlich noch verstärken, wenn eine dritte Person uns empfähle: »Sei nicht wütend auf deinen Vandalen-Freund, deine Wut wird nur *dir* Schmerz bereiten und ihn gar nicht treffen. Verzeihe ihm um *deinet*willen.«

»Was faselt die da?«, denken Sie jetzt womöglich, wenn Sie ähnlich ticken wie ich. »Jemand zündet nur so aus Spaß mein Fahrrad an und ich soll ihm auf der Stelle verzeihen und zur Tagesordnung übergehen? Was, wenn es gerade *das* ist, was mich zur Weißglut treibt und die Krätze kriegen lässt? Was, wenn dieser Rat und mein Versuch, ihn zu befolgen, während alle meine Instinkte lauthals ›Groll, Groll‹ schreien, die Provokation sind, die mir Zahnentzündungen und schuppige Füße beschert?«

(Das sind keine willkürlichen Beispiele, meine Freunde. Meine eigenen Bemühungen im Laufe der Jahre, meine ganz natürlichen und gerechtfertigten Gefühle der Wut zu verleugnen, haben zu eben diesen Leiden geführt – die inzwischen geheilt sind, wie ich mit Freuden sagen darf. Meine Füße sind heute schön und glatt. Ich schicke gern ein Foto, falls Sie mir nicht glauben. Hegen Sie Groll so wie ich, dann können auch Sie schöne und glatte Füße haben!)

Vielen von uns erscheint der Rat, zum eigenen Besten zu verzeihen und nach vorn zu schauen, während wir noch immer erschüttert sind von dem, was so ein Schuft uns angetan hat, wie ein neuerlicher, zusätzlicher Affront. Wir würden uns dagegen vermutlich schlagartig besser fühlen, wenn die dritte Person etwas sagte wie: »Was für ein unverbesserliches, durchtriebenes Arschloch! Weißt du was? Leih ihm nie wieder etwas. Und falls du doch einmal in Versuchung kommen solltest, denke daran: *Er hat dein Fahrrad angezündet.*«

(»Was für ein unverbesserliches, durchtriebenes Arschloch!«

oder etwas Gleichwertiges zu sagen, schließt Vergebung oder positives Denken nicht etwa aus. Es ist nur eine schillernde, genüssliche Art, Dampf abzulassen. Sagen Sie es nicht dem Übeltäter ins Gesicht – das bringt nichts –, aber tun Sie sich keinen Zwang an, es über ihn zu sagen. Haben Sie ihn erst einmal innerhalb der eigenen vier Wände nach Herzenslust beleidigt, werden Sie weniger aufgestauten Zorn auf ihn empfinden.)

Wenn es wirklich so ist, dass eine unbeschwertere Psyche auch körperlich gesünder macht – und das würden die meisten Mediziner wohl bestätigen –, warum hören wir dann so häufig: »Na komm, vergiss es einfach und schau nach vorn« und viel seltener: »Das hat er gemacht? Das ist definitiv grollenswert. Du brauchst einen Groll, den du für alle Zeiten hegen kannst.«? Ich glaube, der Grund ist, dass sehr viele Menschen sich einfach nicht darum scheren, ob ihnen etwas Verstörendes oder Unfaires widerfahren ist, und es würde ihnen das Leben erleichtern, wenn Sie ihnen bestätigten, dass es Ihnen ebenfalls nichts ausmacht.

Bitte grämen Sie sich jetzt nicht, weil ich Ihnen eröffnet habe, dass Ihre Lieben sich nicht darum scheren, wenn Ihnen schlimme Dinge zustoßen. Das ist nicht gegen Sie persönlich gerichtet. Die meisten von ihnen betrachten es auch nicht als gedenkwürdig, wenn ihnen selbst so etwas passiert. So viele kleine und große furchtbare Dinge geschehen täglich in der Welt, dass viele von uns finden, wir *müssten* einfach darüber hinweggehen, fast so, als hätten wir nichts bemerkt, andernfalls würden wir hoffnungslos verbittern. Das liegt daran, dass die meisten Menschen den Groll-fachen Pfad noch nicht kennen und nicht begreifen, dass Groll kein Hindernis dafür ist, sich gut zu fühlen, positive Energie in die Welt zu tragen und denen zu verzeihen, die uns schlecht behandelt haben.

Wenn wir erst einmal angefangen haben, dem Groll-fachen Pfad zu folgen, bringen wir – mit unserer Bereitschaft, Groll auszubilden, und mit unserem Stolz darauf – deutlich zum Ausdruck, dass uns einige der wichtigsten Meilensteine in unserer seelischen

Biografie nicht gleichgültig sind. Eine Begleiterscheinung dieser Wandlung ist, dass wir allmählich immer bereiter und fähiger werden, diesen Meilensteinen auch im Leben anderer Menschen Achtung zu zollen. Wenn Ihre Freundin Betty sagt: »Vergiss es und schau nach vorn«, will sie nicht Ihren Schmerz noch vergrößern. Sie gibt lediglich das überlieferte (Nicht-)Wissen weiter, das ihr zweifelsohne schon hundert Male im Leben aufgedrückt wurde. Wenn wir es uns erst einmal selber erlauben, uns ernsthaft darum zu sorgen, wie *wir* behandelt werden, werden die meisten von uns automatisch anfangen, diese Sorge auch auf andere zu übertragen.

Immer wenn mir ein Freund oder eine Bekannte erzählt, jemand habe ihn oder sie schlecht behandelt, nehme ich mir Zeit und sage: »Jetzt mal ganz ausführlich.« Und dann höre ich zu. Nachdem ich erst einmal die ganze Geschichte gehört habe, stimme ich so gut wie jedes Mal zu, dass dem Erzähler tatsächlich übel mitgespielt wurde und er jedes Recht hat, so zu empfinden, wie er es tut. Ich sage: »Das ist absolut nicht in Ordnung. Ich würde dagegen einen Groll hegen.« Ich erkläre dann noch, dass das nicht heißen soll, er solle die Person anschreien, aus seinem Leben verbannen, sie hassen und ihr nie mehr verzeihen. Ich meine schlicht und einfach: »Das ist grollenswert. Es verlangt nach einer Gedenk-Groll-Geschichte – einer, an die du dich so lange erinnern solltest, wie es dir nutzt, und die du ruhig erzählen solltest, wann immer du Lust dazu hast.« Wenn jemand einen anderen sagen hört: »Das Schlimme, was dir passiert ist, spielt wirklich eine Rolle«, fühlt er sich gleich etwas besser. Die Psychotherapeutin Helen Acton sieht das auch so: »Viel von der Heilkraft der Psychotherapie liegt in der Bereitschaft des Therapeuten, das Erlebnis des Klienten zu ›bezeugen‹, so, wie der Klient es berichtet. Wenn ein Klient gehört und gesehen wird, wenn ihm Empathie entgegengebracht wird und er Bestätigung erfährt – das Gefühl haben darf, dass sein Erlebnis und seine Gefühle über das Erlebte eine Rolle spielen –, kann sich das transformierend auswirken. Für Sophie und andere, die Groll hegen, kann der Groll ein Mittel sein, *sich selber* zu bestätigen. Selbst wenn die

Groll-Geschichte niemals erzählt wird, ist ihre Aufbewahrung in einer Groll-Vitrine so, als würde man sagen: ›Das hier spielt eine Rolle, ich spiele eine Rolle, meine Gefühle spielen eine Rolle, und ich werde diese Überzeugung um meinetwillen hegen.‹«

Die meisten Menschen müssen die negativen Gefühle, die in ihnen aufgestiegen sind, zunächst einmal empfinden und dann auf natürliche Weise abflauen lassen, bevor sie weitermachen und wieder positiv empfinden können. Daran ist auch nichts auszusetzen. Menschen, die uns empfehlen, zu vergeben und zu vergessen, wenn wir dazu noch nicht bereit sind, oder die uns sagen: »Denke nicht schlecht über XY«, erwecken häufig in uns den Eindruck, sie seien eher auf der Seite desjenigen, der uns Schaden zugefügt hat, als auf unserer Seite, oder sie hätten einfach keine Lust, Zeit und Energie auf unseren Kummer oder Zorn zu verschwenden, weshalb es ihnen lieb wäre, wenn wir schnell drüber wegkämen, denn dann wäre es für sie bequemer. Das Dumme ist nur, dass wir nicht auf ein Fingerschnipsen hin vergeben oder vergessen können. Dinge geschehen und wir empfinden nun mal so darüber, wie wir empfinden.

Brooke Castillo hält nicht hinterm Berg damit, dass sie sich gelegentlich immer noch gefangen fühlt in einem Zustand des Zorns oder dass sie an einem Wochenende im Kreise ihrer erweiterten Familie des Öfteren mal in Tränen ausbricht. Sie kennt die ganze Theorie, wie wir dafür sorgen können, anderen nicht Macht über uns einzuräumen, sondern Herr über unser seelisches Gleichgewicht zu bleiben, aber sie gibt auch offen zu, dass sie nicht perfekt ist und es manchmal nicht auf Anhieb schafft, die geniale Theorie auch in die Praxis umzusetzen.

Eckhart Tolle dagegen sagt in *Jetzt! Die Kraft der Gegenwart* kein einziges Mal: »Ich muss gestehen, dass diese ganze Theorie, an die ich felsenfest glaube, letzte Woche total aus dem Ruder gelaufen ist, als mein Nachbar mir über den Gartenzaun hinweg zubrüllte: ›He, Kumpel, da hab ich aber schon bessere Gurus als dich in meiner Mülltonne gesehen!‹ Ich nahm mir einen Stein und warf ihn dem Bastard an den Kopf. Selbst ich kann nicht immer nur der perfekte Guru sein!« Tolles Schriften vermitteln den unumstößlichen Eindruck, dass keine Provokation, wie groß sie auch sein mag, ihn dazu bewegen könnte, sich in, wie er es nennt, »unbewusster« Art und Weise zu verhalten.

Ich finde es äußerst beruhigend zu wissen, dass es sowohl einen Eckhart Tolle als auch eine Brooke Castillo gibt. Mir gefällt die Vorstellung von einem durch und durch erleuchteten Guru – es tut gut zu wissen, dass wenigstens ein Mensch es geschafft hat, über den Kleinkram, der die meisten von uns tagtäglich nervt, hinauszuwachsen und sich einfach nicht mehr aufzuregen. Es ist somit menschenmöglich, auch wenn es den meisten Durchschnittsmenschen wie Ihnen und mir vermutlich niemals gelingen wird, weshalb wir es vielleicht auch gar nicht erst versuchen sollten. Genauso gut gefällt mir die Vorstellung von einer klugen, starken Frau, die sich nichtsdestotrotz hin und wieder in den Fängen unbeherrschbarer negativer Gefühle wiederfindet.

Ich kann das, was Tolle und Castillo predigen, bis zu einem gewissen Punkt umsetzen, aber ich hatte auch das Bedürfnis, einen Ansatz zu entwickeln, der über diesen Punkt hinaus für mich funktionierte – einen gangbaren Weg in einer Welt, in der andere Menschen mich regelmäßig und ernsthaft aus der Fassung gebracht und verärgert haben. Jedes Mal, wenn ich Castillo sagen hörte: »Ein anderer kann deine Gefühle nur verletzen, wenn du es zulässt«, und jedes Mal, wenn ich Tolle (beispielsweise) sagen hörte: »Erzähle dir eine andere Geschichte, in der jemand *nicht* versucht hat, deinen Hund zu töten«, musste ich unwillkürlich denken: »Hm. Aber … aber … er *kann* es. Das hat *trotzdem* jemand getan.«

Aus diesem Grund habe ich den Groll-fachen Pfad erfunden, der sowohl erleuchtet als auch realitätsnah ist. Der Groll-fache Pfad geht von der unabänderlichen und unbestreitbaren Tatsache aus, dass andere Menschen uns unser ganzes Leben lang immer wieder absichtlich oder unabsichtlich verletzen, Unannehmlichkeiten bereiten und zur Weißglut treiben werden, es sei denn, wir ziehen uns in eine abgelegene Hütte tief im Wald zurück, ohne WLAN und meilenweit entfernt von anderen menschlichen Wesen.

Ja, so ist es, Leute. Andere Menschen *können* einem auf den Geist gehen. Und sie *werden* uns auch auf den Geist gehen. Sie werden uns hintergehen, beleidigen, ausnutzen, verleumden, uns nicht unser Geld zurückzahlen, obwohl sie es versprochen haben, unsere Fahrräder in Brand setzen, haargenau den gleichen Rock kaufen wie wir, ohne vorher zu fragen, ob uns das etwas ausmacht. Ich würde mich wahnsinnig freuen, wenn man mich Lügen strafte, aber ich habe den starken Verdacht, dass »andere Leute« *immer* all die schlimmen Dinge tun werden, die sie schon früher getan haben, und dazu noch all die restlichen schlimmen Dinge, die sie noch gar nicht versucht haben.

Zu akzeptieren, dass andere uns verletzen und verärgern können und werden, solange es auf diesem oder einem anderen Planeten menschliches Leben gibt, ist schon mal ein guter Anfang. Die nächste Frage lautet: Was unternehmen wir dagegen, damit wir nicht mehr leiden als unbedingt nötig und damit wir ein gewisses Maß an Gerechtigkeit in unserem Leben und in der Welt sicherstellen können?

Die Antwort ist einfach: Wir folgen dem Groll-fachen Pfad. Dazu gehört, sich weder an Wut und Verbitterung festzuklammern, sodass sie unser Leben und das Leben anderer zerstören, noch jedem auf der Stelle zu verzeihen, sich zu ausschließlich positivem Denken zu zwingen (Schönfärberei) und seine verständliche Kränkung oder Wut unterdrücken zu wollen. Der Groll-fache Pfad beschreitet einen vernünftigen und befriedigenden Mittelweg zwischen den beiden Extremen.

Als ich das alles Anne Grey unterbreitete, sagte sie: »Ich bin auch der Meinung, dass Schönfärberei, so tun als ob und leugnen wenig hilfreich sind. Um ein Leben zu führen, das sich auf das Positive oder auf das, was einem Auftrieb gibt, konzentriert, muss man nichts verleugnen. Tatsächlich trifft das Gegenteil zu: Es erfordert, authentisch sein, sich selber treu. Statt seine Situation zu verleugnen, kann es hilfreich sein, einen klaren Blick darauf zu werfen und seine Gedanken und Gefühle darüber so zuzulassen, wie sie sind, ohne Bewertung, aber mit Liebe und Akzeptanz. Das ist naturgemäß aufbauend, und es befreit zum klugen Reden und Handeln.«

Ich werde jetzt mit Ihnen Schritt für Schritt durchgehen, was eine Befolgung des Groll-fachen Pfads in der Praxis bedeutet.

Die 10 Lehren des Groll-fachen Pfads

Lehre 1: Uns ist klar, dass immer und für alle Zeiten Menschen uns auf den Geist gehen und aus der Fassung bringen können und werden.

Lehre 2: Infolgedessen werden wir von Zeit zu Zeit negative Gefühle wie Wut oder Traurigkeit erleben. Wir dürfen nicht versuchen, diese Gefühle zu verleugnen oder zu vertreiben oder sie zu schnell ad acta zu legen. Wir weisen mit Nachdruck jegliche Unterstellung zurück, dass es kleinlich oder unverzeihlich von uns ist, diese Gefühle zu hegen.

Lehre 3: Wir werden nicht krampfhaft an diesen negativen Gefühlen festhalten und sie nicht zu einem dauerhaften und prägenden Teil unserer Persönlichkeit machen. Wir sehen ein, dass Wut, Traurigkeit und alle negativen Gefühle vorübergehen können, egal, wie stark wir sie im Augenblick empfinden.

Lehre 4: Wir sind uns darüber im Klaren, dass das Bedürfnis, dem Geschehenen Dauerhaftigkeit zu verleihen, *nicht bedeutet*, dass wir uns für alle Zeiten schlecht fühlen oder der Person, die uns verletzt hat, ein schlechtes Gewissen bereiten beziehungsweise uns an ihr rächen müssen. Wir sollten unser Bedürfnis nach etwas Dauerhaftem (Gedenken an die wichtige Sache, die uns widerfahren ist) nicht fälschlicherweise mit unseren negativen Gefühlen verknüpfen oder mit irgendwelchen verletzenden, aggressiven oder Vergeltungsaktionen. (Die sind immer falsch.)

Lehre 5: Wir sind uns darüber im Klaren, dass das Bedürfnis, dem Geschehenen Dauerhaftigkeit zu verleihen, mit der Schaffung eines Grolls gegen den auslösenden Vorfall gestillt wird – einer, der weder uns selbst noch dem Groll-Absender schadet.

Lehre 6: Bevor wir unseren Groll ausbilden, müssen wir eine Groll-Vitrine einrichten. Welche Form unsere Groll-Vitrine auch immer annehmen mag, wir müssen sie empfangsbereit machen.

Lehre 7: Wir müssen unseren Groll so ausbilden (wie das geht, behandelt Kapitel 8) und verarbeiten, dass er berechtigt, unschädlich und in dem, was er uns lehrt, sowie in den positiven Werten, die er in uns verstärkt, seelisch zuträglich ist.

Lehre 8: Wir werden unseren Groll sodann bewerten und einstufen und ihn in unserer Groll-Vitrine optimal zur Geltung bringen.

Lehre 9: Wenn wir erst einmal alle oben dargelegten Handlungen vollzogen haben, ist die Bedeutung des Vorgefallenen gebührend gewürdigt. An diesem Punkt – und das klingt jetzt unwahrscheinlich, aber ich schwöre Ihnen, es funktioniert tatsächlich – werden wir fast immer erkennen, dass die negativen Gefühle, die der auslösende Vorfall geweckt hat, uns nicht mehr nützlich sind und ganz wie von selbst verschwinden. *Jetzt* können wir verzeihen, ohne Angst haben zu müssen, dass ein Vergehen gegen uns sich in den Nebelschwaden der Geschichte verlieren wird und nichts mehr darauf hindeutet, dass es je passiert ist. *Jetzt* können wir nach vorn schauen, und zwar so, wie es uns nicht gelungen wäre, wenn wir nicht kreativ gewesen wären und unseren Gedenk-Groll ausgeformt hätten; wenn wir uns stattdessen genötigt hätten, nur positiv zu denken und zu schnell zu verzeihen, ohne irgendwie anzuerkennen, dass die Verletzung oder die Kränkung, die wir erlitten haben, überhaupt eine Rolle spielt.

Lehre 10: Wir werden das oben beschriebene Verfahren so oft wiederholen, wie wir Opfer von Groll auslösenden Vorfällen sind. Wir werden unseren Groll so lange verantwortungsbewusst und sicher hegen, bis wir uns entscheiden, ihn aufzugeben. Das wird unter Umständen nie der Fall sein, was vollkommen in Ordnung ist. Wir werden darauf vertrauen, dass der Groll-fache Pfad uns vor Schmerz, Zorn und dem Gefühl beschützt, dass gegen uns begangenes Unrecht unerkannt geblieben ist (soweit es möglich ist, in dieser Welt beschützt zu sein). Wir werden fortan (guten, berechtigten und verantwortungsbewusst gehegten) Groll nicht als etwas Schändliches, sondern als etwas Wunderbares, Notwendiges, Stärkendes und Erhellendes betrachten.

Und das war's auch schon – es ist einfach, effektiv und wird bei Ihnen genauso gut funktionieren wie bei mir. Wenn ich das Leuten erkläre, wird mir immer als Erstes dieselbe Frage gestellt:

»Was, wenn meine negativen Gefühle nicht vergehen?«

Wenn Sie Ihren Groll ausgeformt und verarbeitet, aus ihm gelernt und ihn in Ihre Groll-Vitrine gestellt haben und dann feststellen, dass Sie immer noch vor Wut platzen könnten, sollten Sie Folgendes tun: das Gefühl zulassen und sich keine Sorgen darüber machen. Sagen Sie sich: »Willkommen, Wut. Du hast jedes Recht, hier zu sein. Bleib so lange du willst.« Am Ende wird das Gefühl vergehen und alles, was übrig bleibt, werden der Stolz und die Freude sein, die Ihr Groll Ihnen schenkt, wie er da so in Ihrer Vitrine funkelt wie Goldmedaillen für Tapferkeit vor dem Feind.

Helen Acton sagt: »Sophies Ansatz würdigt noch eine weitere psychotherapeutische Lehre, die Carl Rogers, der Vater der klientenzentrierten Psychotherapie, in dem prägnanten Satz zusammengefasst hat: ›Das kuriose Paradox ist, dass ich mich, wenn ich mich so akzeptiere, wie ich bin, ändern kann.‹ Psychotherapeuten sehen Gefühle als Boten, und je mehr wir diese Boten wegdrücken oder verscheuchen, desto fester und lauter klopfen sie an die Tür. Bitten Sie sie herein! Hören Sie sich an, was sie zu sagen haben! Früher oder später werden sie verstummen und weiterziehen.«

Ich habe das zwar schon gesagt, aber ich werde es noch einmal wiederholen, weil ich möchte, dass es auch alle verinnerlichen: Meine negativen Gefühle, die von Groll auslösenden Vorfällen hervorgerufen wurden, sind 100-mal schwächer geworden und vergehen 100-mal schneller, seit ich dem Groll-fachen Pfad folge. Ich bin so intensiv mit dem Gedanken beschäftigt »Oh, ein neuer Groll! Ich kann es gar nicht abwarten, ihn zu verarbeiten, einzustufen und zu bewerten!«, dass ich häufig den Schmerz/Wut-Teil ganz überspringe. Man beachte allerdings, dass ich mehrere Jahre gebraucht habe, bis ich an diesen Punkt gelangt bin. Erwarten Sie bitte nicht, dass der Groll-fache Pfad sofort wie ein Zauber wirkt. Vielmehr werden Sie feststellen, dass der erste Groll, den Sie bewusst und mit Vergnügen ausformen, um ihn in Ihre Groll-Vitrine aufzunehmen, die negativen Gefühle *nur ein kleines bisschen schneller* vergehen lässt. Jedes Mal, wenn Sie die Schritte durchführen, wird die Wirkung ein wenig deutlicher zu spüren sein, und ich glaube, dass die meisten von Ihnen wie ich zu gegebener Zeit feststellen werden, dass diese negativen Gefühle in schwächerer, kurzlebigerer Form auftreten – falls sie sich überhaupt manifestieren.

Wenn Sie drinnen im Haus sitzen und auf der anderen Seite der fest geschlossenen Fenster eine riesige Wespe herumschwirren sehen, zucken Sie ja auch nicht zurück und haben Angst, gestochen zu werden, oder? Selbst wenn Sie eine starke Allergie gegen

Wespenstiche haben, geraten Sie nicht in Panik. Und zwar deshalb nicht, weil Sie ganz genau wissen, dass die Glasscheiben Sie schützen. So fühle ich mich, seit ich bewusst dem Groll-fachen Pfad folge: beschützt.

Inwiefern kann uns ein Groll guttun?

- Indem er als Mahnmal dafür dient, dass das Unrecht, das uns widerfahren ist, die Wunde, die wir davongetragen haben, eine Bedeutung hat, dass es niemals in Ordnung sein wird, dass es passiert ist, und dass wir ein Recht auf die Gefühle haben, die der auslösende Vorfall hervorgerufen hat, so lange, wie wir das für richtig halten.
- Indem er in unserem Leben gegenwärtig bleibt und uns an die wertvolle Lektion erinnert, die wir gelernt haben, darüber, wie wir uns in Zukunft verhalten wollen und bei wem wir auf der Hut sein und/oder deutlichere Grenzen setzen müssen.
- Indem er als motivierende Kraft dient. Meine Freundin Jill, eine für den Booker-Preis nominierte Romanautorin, beschloss, ihr Talent und ihren Grips einzusetzen, um Großes zu erreichen, nachdem ihr eine Lehrerin auf ihrer katholischen Schule gesagt hatte: »Jill, die Seligpreisung ›Selig sind die Raffinierten‹ gibt es nicht.«

Helen Acton meint auch, dass ein Groll stark motivierend wirken kann. »Viele Groll-Heger nutzen ihn als Anreiz. Es ist nicht ungewöhnlich, dass Menschen, die als Kind schlecht behandelt wurden, die Erinnerung daran – den Groll, den sie deswegen hegen – im späteren Leben als Bestärkung empfinden. ›Denen werd ich's zeigen!‹ Das kann sie anfeuern und mit einer positiven rachsüchtigen Energie erfüllen, die sie zu Höchstleistungen inspiriert.«

Inwiefern kann uns das Hegen eines Grolls zu versöhnlicheren Menschen machen?

- Der Mensch ist ein nach Gerechtigkeit strebendes Wesen. Uns behagt die Vorstellung nicht, dass jemand mit einer Verfehlung durchkommt. Ist unser Groll erst einmal sicher unter Dach und Fach, brauchen wir nicht mehr zu befürchten, dass unser Groll-Absender ungeschoren bleibt, nachdem wir ihm vergeben haben. Wir wissen, dass er nicht davongekommen ist, weil der Beweis dafür in unserer Groll-Vitrine zu besichtigen ist. Wir werden daher nicht das Gefühl haben, wenn wir *jetzt* vergeben und nach vorn schauen, sind alle Spuren der bösen Tat getilgt und nichts wird bezeugen, dass sie eine Rolle spielt. Wir werden somit eher dazu geneigt sein, zu verzeihen.
- Mit dem, was alles erledigt werden muss, um dem Groll vom auslösenden Vorfall zum Ehrenplatz in der Groll-Vitrine zu verhelfen (siehe oben Lehren 6, 7 und 8), haben wir etwas Kreatives zu tun. Das lenkt unsere Gedanken unweigerlich in eine positive Richtung und flößt uns positive Energie ein. Das mag dem einen oder anderen von Ihnen überhaupt nicht einleuchten, aber ich garantiere Ihnen, es stimmt: Ich bin an dem Punkt in meiner Beschreitung des Groll-fachen Pfads angelangt, an dem ich sogar ein bisschen froh und dankbar über jeden neuen Groll bin, den ich entwickele – und im weiteren Sinne auch dankbar den Menschen, die mir die auslösenden Vorfälle bescheren, sodass ich den Groll entwickeln und daraus lernen kann. Wenn Sie erst einmal so empfinden, werden Sie sich plötzlich viel versöhnlicher fühlen, ohne sich überhaupt erst darum zu bemühen.
- Nachdem Sie erst einmal die Handlungen vollzogen haben, ohne die aus Ihnen kein verantwortungsbewusster Groll-Heger werden kann (Sie finden sie in Kapitel 11 beschrieben), wissen Sie, dass andere Menschen genauso viel Groll gegen Sie hegen könn-

ten wie umgekehrt. Die anderen sind keine untadeligen Wesen mit vorbildlichen Manieren und Sie ebenso wenig. Und wäre es Ihnen nicht auch lieber, man würde Ihnen, trotz dieses Gedenk-Grolls, den man gegen Sie hegt, verzeihen, statt Sie für alle Zeiten zu ächten oder zu hassen? Dann werden Sie, ganz nach dem Prinzip »Was du nicht willst, das man dir tu, das füg auch keinem anderen zu«, feststellen, dass Sie viel öfter verzeihen möchten, als Sie es derzeit noch tun.

- Befinden Sie sich erst einmal auf dem Groll-fachen Pfad, werden Ihre Empfindungen von Wut und Schmerz nicht länger noch verstärkt durch Ihre Bemühungen, sich gegen diese Empfindungen zu wehren, sie zu verleugnen oder vorschnell hinter sich zu lassen. Wie Eckhart Tolle schon sagte: »Was immer man bekämpft, verstärkt man, und wogegen man sich wehrt, bleibt bestehen.« Ebenso wenig werden sich Ihre negativen Gefühle verstärken, wenn Sie sich Menschen widersetzen, die Ihnen raten, zu vergeben und zu vergessen, nach vorn zu schauen und auf keinen Fall Groll zu hegen, weil das schlecht und falsch sei. Sie werden diese Leute entweder stillschweigend ignorieren, weil Sie wissen, dass sie im Irrtum sind, oder Sie werden einen Groll gegen sie ausbilden, der Sie stärken wird. So oder so werden Sie sich nicht dazu verleiten lassen, zu glauben, Sie müssten Ihre Wut und Ihren Schmerz unterdrücken oder verleugnen – mit dem Ergebnis, dass diese Empfindungen sich nicht bedroht fühlen und die Gangart noch einmal verschärfen werden, um ihre Existenzberechtigung unter Beweis zu stellen.

Einfach ausgedrückt, haben Sie Ihren wundervollen Groll erst einmal unter Dach und Fach, werden Sie begreifen, dass Sie es sich jetzt *leisten* können, zu verzeihen, sollten Sie das wollen – und Sie werden feststellen, dass Sie das weitaus häufiger wollen werden. Ich habe das Wort *leisten* kursiv gesetzt, einmal, weil ich Kursivschrift liebe, aber auch, weil ich die Analogie zum Geld hier so passend finde. Stellen Sie sich mal vor, ein anonymer Wohltäter schenkt Ihnen morgen eine Million Euro. Würden Sie es richtig und vernünftig finden, alles für einen großen, prächtigen Diamanten auszugeben, in den Sie sich verguckt haben – bis auf den letzten Cent? Ich vermute mal, das würden Sie nicht. Die meisten von Ihnen würden wahrscheinlich denken, sie sollten lieber einen kleineren Diamanten kaufen und wenigstens einen Teil des Geldes für Hypothekenraten, Schul- und Studiengebühren, eine Rentenversicherung und für Notfälle zurücklegen.

Und jetzt stellen Sie sich vor, dass der anonyme Wohltäter Ihnen nicht eine Million Euro schenkt, sondern zehn Millionen. Wenn unter diesen Voraussetzungen Ihr größter Herzenswunsch der riesige Diamant wäre, der eine Million Euro kostet, dann würden Sie wohl denken: »Wie schön. Ich kann ihn mir leisten. Schließlich habe ich ja noch neun Millionen Euro auf dem Konto, das heißt, ich bin für alle Fälle abgesichert.«

Das ist genau das, was ein guter Groll für Sie tut: Er sichert Sie ab, indem er Ihnen eine Gelegenheit bietet, etwas dazuzulernen, sowie symbolisch Gerechtigkeit und Schutz verleiht, sodass Sie es sich leisten können, zu vergeben, wenn Sie möchten. Ihr Groll ist Ihr Sparguthaben. Es ist die Reserve, die Sie zurückgelegt haben, damit *noch etwas da ist*. Und dieses etwas, das noch da ist, gibt Ihnen ein viel besseres Gefühl, und Sie können sich besser mit der Tatsache anfreunden, dass der Rest (die negativen Gefühle) möglicherweise nicht andauern wird. Auf diese Weise ermöglicht Groll es uns, leichter zu verzeihen.

In Kapitel 8 werden wir uns mit der Bedeutung von Geschichtenerzählen beschäftigen (in Bezug auf Ihre Groll-Geschichten) und wie wir es nutzen können, um unserem Groll die gesundheitsschädliche Negativität zu nehmen, nachdem unsere anfängliche Gekränktheit durch den auslösenden Vorfall erst einmal abgeklungen und nur noch das gute Gefühl übrig ist, das unser Leben bereichern und der Welt von Nutzen sein wird. Wir werden in die Feinheiten meiner konkreten Empfehlungen für Sie einsteigen und in ihre praktische Umsetzung.

Bevor wir diesen nächsten Schritt in Angriff nehmen, werde ich Ihnen noch eine von meinen Groll-Geschichten erzählen…

Die fette Bemerkung

Groll-Typ: Vorsätzliche Bosheit (in diesem Buch noch nicht aufgetaucht)

Ich unterhielt mich einmal mit meiner Freundin Stella über unsere alte Freundin Felicity. Ich hatte schon seit Jahren keinen Kontakt mehr mit Felicity gehabt, aber Stella kommunizierte mit ihr über Facebook und versorgte mich gelegentlich mit entsprechenden Neuigkeiten. Bei dieser speziellen Gelegenheit sagte sie: »Ich kann es nicht glauben – Felicity hat eine neue Lebensgefährtin.«

»Warum kannst du es nicht glauben?«, fragte ich. »Sie hat sich doch schon vor zwei Jahren von Marianne getrennt. Es war abzusehen, dass sie früher oder später jemand Neues kennenlernen würde.«

Stella ließ ein höhnisches Lachen vernehmen. »Ja, aber es geht auch nicht darum, *dass* sie jemand Neues gefunden hat. Es geht darum, *wen* sie sich ausgesucht hat.«

»Und?«, sagte ich. »Wen hat sie sich ausgesucht?«

»Eine Frau, die nicht einfach nur hässlich ist, nein, bei der helfen schon keine Pillen mehr.«

»Oh«, erwiderte ich. Ich hatte das Gefühl, dass möglicherweise etwas Grollenswertes im Anzug war. (Ich habe inzwischen einen sechsten Sinn: Manchmal kann ich Groll auslösende Vorfälle schon vorhersehen, bevor sie eintreten.)

»Ja«, sagte Stella. »Ich meine… du weißt doch noch, wie umwerfend Felicity immer aussah, oder?«

»Ja«, antwortete ich.

Felicity war wirklich ein Hingucker gewesen. Ich hatte sie zwar seit fast 20 Jahren nicht mehr gesehen und folglich keine Ahnung, wie sie heute aussah, aber ich konnte mich noch gut an einen Sommer erinnern, als wir drei noch unzertrennliche Freundinnen gewesen waren und beinahe täglich zusammen schwimmen gingen.

An einem Tag hatte Felicity keine Zeit, und Stella vertraute mir an: »Eigentlich gehe ich ja lieber nur mit dir schwimmen. Felicity hat so eine tolle Figur. Ich habe solche Minderwertigkeitskomplexe, wenn sie neben mir steht, so makellos in ihrem Badeanzug.«

Stella bezweckte ganz eindeutig, dass ich mich gekränkt und beleidigt fühlte und ebenfalls Minderwertigkeitskomplexe bekam. Als ich auf ihre Bemerkung überhaupt nicht einging und stattdessen fröhlich über etwas anderes zu plaudern begann, sagte sie noch einmal, laut und mit Bedacht: »Ja, ich gehe lieber *nur mit dir* schwimmen, damit ich *keine Minderwertigkeitskomplexe* bekomme.«

Diese Vorgeschichte ist vermutlich der Grund, warum ich ahnte, dass etwas Grollenswertes im Anzug war, als Stella anfing, in Erinnerungen an Felicitys umwerfendes Aussehen zu schwelgen. Ich sollte recht behalten. Stella beugte sich nah zu mir hin, damit niemand sonst die Bemerkung hören konnte, die sie gleich machen würde. »Ja, ich meine, Felicity war mal so attraktiv, aber inzwischen ist sie fast so fett wie diese neue Frau, mit der sie sich trifft.«

»Aha!«, dachte ich. »Da haben wir's: ein eindeutiger und unmissverständlicher Versuch, Korpulenz mit Unattraktivität gleichzusetzen, während man mit einer übergewichtigen Person spricht.« (Der Grund, warum dieser Groll keinen Anspruch auf die Einstufung unter Groll-Typ Nr. 19, »Groll wegen Ungezogenheit beziehungsweise fahrlässiger Taktlosigkeit«, hat, ist der, dass es sich hier ganz offensichtlich nicht um eine zufällige oder unbeabsichtigte Bemerkung handelte. Ich konnte die Schadenfreude in Stellas Augen sehen, als sie sich anschickte, sie zum Besten zu geben.)

Ich lachte in mich hinein. Für einen Groll-Sammler ist es irgendwie befriedigend, wenn einem einer ins Netz geht, der so vorsätzlich und unzweideutig boshaft ist. So müssen sich Angler fühlen, wenn sie einen wirklich großen Hecht oder so etwas am Haken haben. (Ich kenne mich mit Angeln überhaupt nicht aus, aber ich bin mir ziemlich sicher, dass ein riesiger Hecht eine gute Ausbeute ist. Bitte korrigieren Sie mich, wenn ich da falsch liege.)

Anmerkung in eigener Sache. Einige Leser denken inzwischen vielleicht: »Wieso, zum Henker, duldet Sophie eigentlich so viele schreckliche Menschen in ihrem Leben, die all diese grässlichen Dinge tun und sagen?« Ich möchte diese Frage gleich hier und jetzt ein für alle Mal klären. Zum einen ist es zwar möglich, jemanden aus seinem Leben zu verbannen, wenn man das unbedingt will, aber mir wäre es sehr viel lieber, das nicht zu tun. Ich kenne viele, die so etwas getan haben, und ich weiß, dass das nun mal nicht in meiner Natur liegt. Jemanden zu verstoßen – zu sagen: »Du hast mir unrecht getan, das war's also, du bist draußen« – ist etwas, was ich nie jemandem sagen möchte, solange ich es verhindern kann. Vielleicht ist das feige von mir, aber ich empfände es als unnötig brutal. Es kommt mir vor wie die Entsprechung im Bereich Freundschaft/Beziehung zur Todesstrafe – die ich strikt ablehne. Zweitens tun die meisten Menschen, die schlimme Dinge tun, auch *nette* Dinge. Wenn ich jeden, der irgendwann einmal etwas Schlimmes getan oder gesagt hat, verstoßen würde, müsste ich mich selber ebenfalls verstoßen. Ich mache genauso viele Fehler wie jeder andere (ich werde in einem späteren Kapitel noch darauf zu sprechen kommen, wie wichtig es ist, anzuerkennen, dass andere Menschen genauso viel Groll gegen einen hegen könnten, wie man selber gegen andere Menschen hegt). Drittens ist es gar nicht so einfach, jemanden aus seinem Leben zu katapultieren, wenn man sicher sein kann, dass zehn Menschen, die noch drin sind und an denen einem etwas liegt, hilfreich angelaufen kommen und sagen werden: »Wovon redest du da? Er ist doch ein so *netter* Mann. Er hat sicher nur Spaß gemacht, als er gedroht hat, dir mit einem Kebabspieß die Augen auszustechen. Er hat zurzeit eine Halsentzündung, also hab ein bisschen Nachsicht mit ihm.«

Wenn man einen gemeinsamen Freundeskreis hat, kann es einem fast unmöglich erscheinen, einen klaren Schnitt zu machen, und derjenige, der sich gegen verstecktes Schikanieren, subtile Gehässigkeit oder tyrannische Kontrolle unter dem Deckmantel der liebevollen Besorgnis zur Wehr setzt, wird häufig als der Böse hingestellt.

Der Kernpunkt aber ist der: Wenn Sie erst einmal auf dem Groll-fachen Pfad sind, werden Sie das Bedürfnis, Menschen aus Ihrem Leben zu streichen, sehr viel seltener verspüren, weil Ihr guter, verantwortungsbewusst gehegter Groll Sie vor einem Großteil des Schadens beschützen wird, den sie Ihnen andernfalls zufügen könnten.

Anne Grey sagt: »Wenn man sich aktiv dafür entscheidet, jemanden zu verstoßen, kann es sich anfühlen, als würden dieser Mensch oder die Gefühle für diesen Menschen auf einem lasten. Indem man einfach den klugen Entschluss fasst, lieber nicht mehr so viel Zeit mit diesem Menschen zu verbringen, hat man sich von ihm befreit, ohne die kräftezehrende emotionale Bürde mit sich herumzuschleppen.«

Bewertung des »Die fette Bemerkung«-Grolls

1. War die Absicht des Groll-Absenders (Stella)
   a. **eindeutig oder vermutlich böse. (3 Punkte)**
   b. möglicherweise böse?
   c. nicht böse?

2. Wusste er, dass er Sie aus der Fassung bringen, verletzen oder beleidigen würde?
   a. **Ja, eindeutig. (3 Punkte)**
   b. Möglicherweise.
   c. Überhaupt nicht.

3. War die Gesamtsituation
   a. sehr ernst?
   b. ziemlich ernst?
   c. **nicht sehr ernst. (1 Punkt)**

4. War die Auswirkung von dem, was er tat oder sagte, auf Sie
   a. sehr schlimm?
   b. ziemlich schlimm?
   c. **nicht so schlimm – ich rechne damit, dass Stella von Zeit zu Zeit solche Sachen sagt, deshalb bin ich weder überrascht noch bestürzt, wenn sie es tut. (1 Punkt)**

5. Hätte er es besser wissen/machen müssen oder können?
   a. **Ja. (3 Punkte)**
   b. Könnte sein.
   c. Nein.

6. Hat er Ihnen ernsthaften Schaden zugefügt?
   a. Ja.
   b. Könnte sein.
   c. **Nein. (1 Punkt)**

7. Ist der Grrr-Faktor des Grolls
   a. hoch?
   b. **mittel – die vorsätzliche Bosheit verdient zwar einen hohen Grrr-Faktor, aber ich finde diesen Groll auch sehr unterhaltsam, da ich den Verdacht habe, Stella glaubt, sie würde mich so austricksen, dass es gar nicht auffällt, während es in Wahrheit so offensichtlich ist, als würde sie ein großes Schild um den Hals tragen mit der Aufschrift »Ich möchte dein Selbstvertrauen erschüttern«. (2 Punkte)**
   c. gering?

8. Hegen Sie diesen Groll
   a. schon ewig?
   b. mittellang beziehungsweise erst seit Kurzem und glauben, dass Sie ihn noch ein bisschen weiterhegen werden, aber nicht ewig?

c. **erst seit Kurzem. Der oben geschilderte Vorfall ereignete sich erst letzte Woche (gerade noch rechtzeitig für meinen Abgabetermin – Hurra!). Nichtsdestotrotz werde ich diesen Groll vermutlich ewig hegen, also ... (1 Punkt)**

Mein »Die fette Bemerkung«-Groll hat bisher 15 Punkte.

9. Würde dieser Vorfall allein ausreichen, dass Sie einen Groll gegen die betreffende(n) Person(en) hegen?
   a. Ja.
   b. **Nein. Diese Bemerkung allein würde nicht ausreichen, um mich zu überzeugen, dass da vorsätzliche Bosheit im Spiel war. Ich hätte angenommen, dass Stella achtlos dahergeredet und unabsichtlich ihre Ansicht zum Besten gegeben hätte, übergewichtige Menschen wären von Natur aus und zwangsläufig unattraktiv. Die meisten Menschen würden, nachdem ihnen so etwas passiert ist, darauf achten, dass es nicht wieder vorkommt, also würde ich, falls ich davon ausginge, dass dies auch bei Stella der Fall war, keinen Bedarf für einen Groll sehen. (minus 1 Punkt)**

10. Wäre Ihrem Groll-Absender etwas Schlimmes oder Beängstigendes widerfahren, wenn er die Groll auslösende Tat nicht begangen hätte?
    a. **Nein. (also kein Punktabzug)**
    b. Ja.

11. Wäre der Groll aufgehoben/hinfällig, wenn sich Ihr Groll-Absender umfassend und aus vollem Herzen entschuldigte?
    a. **Nein. Stella ist Anfang 50 und hat jede Menge Bücher gelesen. Sie hatte reichlich Zeit und Gelegenheit zu erkennen, dass man sich so nicht gegenüber einem seiner besten Freunde verhält. Ich glaube, ich möchte einen Schutz-**

Groll aufrechterhalten, egal was sie in Zukunft sagen oder tun wird. (also kein Punktabzug)

b. Ja.

12. Liegt Ihnen etwas an Ihrem Groll-Absender und ihm an Ihnen?
    a. **Ja, ausgesprochen viel – beziehungsweise es *sollte* uns sehr viel aneinander gelegen sein, aufgrund unseres Stellenwerts im Leben der jeweils anderen. Und nur wegen Episoden wie der oben geschilderten kann ich nicht die Gefühle aufbringen, die dem Stellenwert entsprechen – falls das einen Sinn ergibt. (plus 4 Punkte)**
    b. Ja, eine ganze Menge.
    c. Nicht besonders viel.

Der »Die fette Bemerkung«-Groll hat eine Gesamtpunktzahl von 18 und ist somit ein 6-karätiger Groll.

Kapitel 8

Wie man negative Groll-Energie in positive Groll-Energie umwandelt

»Vernichte ich meine Feinde nicht auch dadurch, dass ich sie zu meinen Freunden mache?«

Abraham Lincoln

Wenn ich sage, dass Groll gut für Sie ist, dann heißt das doch wohl, dass ich glaube, durch ihn werden Sie sich besser fühlen, richtig? Ja, das glaube ich. Es ist nicht zwangsläufig so, aber es ist möglich – vorausgesetzt, Sie gehen sachgemäß damit um.

Was bedeutet das? Nun ja, es bedeutet, Sie können einen naturbelassenen Groll nicht einfach sein eigenes Süppchen kochen lassen, selbstständig und unbeaufsichtigt. Stellen Sie sich einen naturbelassenen Groll als Teenager vor. Würde er, sich selbst überlassen, um 7 Uhr aufstehen, sich eine nette, saubere Schuluniform anziehen, ein gesundes Frühstück zu sich nehmen und dann zum Erdkundeunterricht aufbrechen? Wohl kaum. Er würde bis 11 Uhr schlafen, sich zum Mittagessen eine Pizza mit extra viel Käse liefern lassen und dann den ganzen Nachmittag Computerspiele spielen. Das mag zwar das sein, wozu er in dem Augenblick Lust hat, doch ist dieses Vorgehen (das Ihr naturbelassener Groll vermutlich am liebsten jeden Tag so praktizieren würde) auf lange Sicht wenig zuträglich, was bedeutet, dass Sie, der Besitzer/Erziehungsberechtigte des Grolls, einschreiten müssen.

Ein naturbelassener Groll ist auch ein unverarbeiteter Groll. Es ist nicht unbedingt ein *neuer* Groll. Sie können einen Groll schon seit Jahren hegen, sogar seit Jahrzehnten, und er könnte immer noch unverarbeitet sein. Oder er könnte sich, ohne ein Zutun Ihrerseits, auf natürlichem Wege selbst verarbeitet haben, sodass er jetzt weder Ihnen noch sonst jemandem schadet. Womöglich profitieren Sie ja sogar von ihm.

Andererseits können Sie auch einen *verarbeiteten* Groll hegen, der erst eine Woche alt ist. Je länger Sie bewusst dem Groll-fachen Pfad folgen, desto geschickter werden Sie in der zügigen Verarbeitung neuen Grolls. Wenn Sie Ihren Groll nicht bewusst verarbeitet haben, kann es leicht sein, dass er immer noch naturbelassen ist – was bedeutet, er verursacht Ihnen unter Umständen immer noch Bauchschmerzen und Sie gehen womöglich falsch mit ihm um.

Falls das auf Sie zutrifft, quälen Sie sich deswegen nicht. Jeder Groll ist am Anfang unverarbeitet, und nichts in unserer Gesellschaft (mit Ausnahme von mir jetzt und diesem Buch hier) lehrt uns, wie wir unseren Groll durch den Wandlungs- und Verbesserungsprozess führen können, der es uns ermöglicht, davon zu profitieren, und die unangenehmen, schädlichen Gefühle entfernt.

Schauen wir uns mal genauer an, was »naturbelassen/unverarbeitet« und »verarbeitet« bedeutet. Ich würde Sie gern einladen, sich einen Groll ins Gedächtnis zu rufen. Sobald Sie den Groll ermittelt haben, den Sie für diese Übung verwenden möchten, fragen Sie sich: Ist dieser Groll …

V1: einer, der Sie wütend oder unglücklich macht, selbst wenn es eine wohltuend selbstgerechte Wut ist oder eine masochistisch genüssliche Form des Schmerzes, und/oder der in Ihnen das Bedürfnis weckt, dem Groll-Absender wehzutun;

V2: einer, der keine *emotionale* Brisanz mehr besitzt (die etwas ganz anderes ist als die *zweckdienliche* Brisanz, die jeder gute, verarbeitete Groll besitzt) – Sie haben keine starken Gefühle mehr, wenn Sie an ihn denken, auch wenn Sie eine dezidierte Meinung dazu haben mögen und er oft in Ihren Gedanken ist, und Sie haben nicht das Bedürfnis, dem Groll-Absender etwas anzutun;
V3: einer, den Sie als irgendwie lehrreich, amüsant oder unterhaltsam empfinden (Sie müssen lachen, wenn Sie an ihn denken, er bestätigt eine positive Erfahrung, die Sie gemacht haben, und vielleicht möchten Sie ja gerne anderen von ihm erzählen), und es würde Ihnen nicht im Traum einfallen, dem Groll-Absender irgendwie zu schaden.

Ein V1-Groll kann Ihnen schaden und auch anderen. V2- und V3-Groll tun das nicht. Die gute Nachricht ist: Es ist möglich, fast jeden V1-Groll, indem man ihn verarbeitet, in V2- oder V3-Groll zu verwandeln und negative Groll-Energie in positive Groll-Energie umzuwandeln.

Um Groll auf kluge und gute Weise zu hegen, müssen Sie an zwei Dingen arbeiten:

1. am Groll
2. an sich selber.

Es ist eigentlich egal, was Sie sich zuerst vornehmen, aber ich würde empfehlen, mit etwas Groll-Arbeit anzufangen, weshalb ich es bewusst so arrangiert habe, dass das Kapitel »So werden Sie ein verantwortungsbewusster Groll-Heger« (das die Arbeit behandelt, die Sie an und in sich selber verrichten müssen) am Ende des Buches steht. Manch einer von Ihnen mag sich jetzt denken: »Ist das nicht die falsche Reihenfolge? Macht es nicht mehr Sinn, zuerst an uns zu arbeiten, damit wir als verbesserte Menschen effektiver an unserem Groll arbeiten können?«

Vielleicht. Aber ich bezweifle es. Viele von den Lesern dieses Buches hegen vermutlich mindestens ein Dutzend unverarbeitete »Grolle«. Einige von Ihnen können womöglich sogar noch mit jeder Menge mehr aufwarten. Bevor ich den Groll-fachen Pfad erfunden habe, hatte ich hundertfach naturbelassenen Groll, und ich weiß, wie ich empfunden hätte, wenn jemand zu mir gesagt hätte: »Arbeite erst mal an dir selber.« Ich hätte gedacht: »Zum Teufel damit. Ich bin hier nicht das Problem. Andere Leute und was sie mir im Lauf der Jahre angetan haben sind das Problem.«

Ich vermute mal, wenn Sie zuhauf naturbelassenen und unter Umständen auch schmerzhaften Groll hegen, dann werden Sie, wenn Sie zu hören bekommen, Sie sollten zuerst an sich arbeiten, als wären Sie das Problem, einen inneren Widerstand gegen die Lehren des Groll-fachen Pfads entwickeln. Deswegen mache ich es in dieser Reihenfolge: mit dem Groll-zuerst-Ansatz. Denn Sie, mein Freund, sind nur 0,00001 Prozent des Problems, und 99,XY Prozent (ich bin eine totale Mathe-Niete, okay) des Problems bestehen darin, dass Sie notgedrungen in einer Welt leben müssen, in der andere Menschen Sie regelmäßig und nach allen Regeln der Kunst auf die Palme treiben.

Widmen wir uns also mal ein bisschen der Groll-Verarbeitung. Es mag zwar nicht für den Nahrungsmittelbereich gelten, wo naturbelassene und unverarbeitete Produkte häufig als nahrhafter betrachtet werden als verarbeitete, aber beim Groll trifft das Gegenteil zu: Ein gesunder Groll ist der, der vollständig verarbeitet ist. Das Ziel des Verarbeitens ist, V1-Groll in V2er oder V3er zu verwandeln.

Wie man einen Groll verarbeitet

Was Sie brauchen, bevor Sie anfangen können:

1. Notizblock, Computer oder etwas anderes, womit Sie schreiben können.

2. Zeit – am Anfang könnte es zwei Stunden in Anspruch nehmen, aber wenn Sie erst einmal etwas Übung haben, sollte es nur noch eine Stunde pro Groll dauern.
3. mindestens einen naturbelassenen Groll.

Verfahren

1. Schreiben Sie auf, was passiert ist. Es kann so lang oder so kurz sein, wie Sie wollen, in der ersten Person verfasst sein oder in der dritten, aber es sollte alle relevanten Einzelheiten des Groll auslösenden Vorfalls beinhalten und, wenn es geht, noch etwas Hintergrundinformation.

Hier ein Beispiel, wie man es nicht machen sollte:

»Zac ist ein solches kleines Arschloch, ich werde dem Bastard niemals verzeihen. Sollte ich jemals die Chance bekommen, mich an ihm zu rächen, kannst du wetten, dass ich genau das tun werde!«

Das ist keine Geschichte. Es ist eine Zusammenstellung von einigen Gedanken, die mir über jemanden mit Namen Zac gekommen sind. Wer ist Zac, welchen Bezug hat er zu mir? Sie haben keinen Schimmer, weil ich es Ihnen nicht gesagt habe. Was hat er mir angetan? Auch das können Sie unmöglich beantworten, weil ich sämtliche Details weggelassen habe.

Hier nun ein Beispiel dafür, wie man eine Groll-Geschichte wirksam niederschreiben sollte:

»Zac Rawse war kurze Zeit mit meinem Sohn befreundet/bekannt. Mit meiner Erlaubnis hat mein Sohn Zac einmal in seinem Beisein online ein Geburtstagsgeschenk gekauft. *(So weit ist alles Hintergrundinformation – wichtig, um den Rahmen abzustecken, damit Sie den Kontext kennen, bevor der Groll auslösende Teil der Geschichte beginnt.)* Zac prägte sich die Nummer der Familienkreditkarte ein, mit der mein Sohn das Geschenk bezahlt hatte, und gab dann mit dieser Karte ohne Erlaubnis fast 500 Pfund aus. Als ich herausfand, dass Zac uns bestohlen hatte, setzte ich mich mit seiner Mutter in Verbindung, die ihn darauf ansprach. Er leugnete sein Delikt und behauptete, er hätte die entsprechenden Käufe nur aus Versehen mit unserer Karte getätigt, in dem Glauben, er würde seine eigene Kreditkarte benutzen. Ich glaubte das keine Sekunde lang, aber seine Mutter wollte es ganz eindeutig glauben. Zum Glück erzählte mir ein guter Freund meines Sohnes, der in den vergangenen Monaten viel Zeit im selben Skatepark verbracht hatte wie Zac, dass er Zac in den letzten Wochen zu einer Menge Leute habe sagen hören: ›He, ich kann euch 100-Pfund-Sneakers für nur 30 Pfund besorgen.‹

Es war offensichtlich, dass Zac bei diesem Deal nicht gerade Profit machte, wenn er die 100 Pfund für jedes Paar Schuhe aus eigener Tasche zahlte. Zu seinem Glück war ich diejenige, die die Ware zum vollen Preis erstand, auch wenn ich keinen blassen Schimmer hatte, dass ich das tat.

Obwohl ich sehr wütend war, ging ich deswegen zu seiner Mutter und nicht zur Polizei. Ich stellte mir vor, wie ich mich fühlen würde, wenn Zac mein Sohn wäre. Ich hätte auch gern die Chance, die Sache selber zu regeln, in der Hoffnung, ihm einen Eintrag ins Strafregister zu ersparen. Nachdem seine Mutter ihn mit der Zeugenaussage zu seiner Sneakers-Gaunerei konfrontiert hatte, wusste Zac, dass er aufgeflogen war, und bekannte sich zu vorsätzlichem Diebstahl und Betrug. Seine Mutter schrieb mir in einer E-Mail: ›Es tut mir schrecklich leid und Zac auch. Ich bin sicher, er wird Ihnen in Kürze schreiben und sich entschuldigen.‹

Das hat er nie getan. Anfangs vermutete ich, er würde sich zu sehr schämen, um sich überhaupt mit mir in Verbindung zu setzen, aber dann kamen mir leichte Zweifel an der Aufrichtigkeit seiner Zerknirschung, als er anfing, täglich meinem Sohn Sachen zu mailen wie ›Scheiß auf deine Mum‹. Anscheinend hegte er einen Groll gegen mich, weil ich ihn, in seinen Augen, in Schwierigkeiten gebracht hatte. Gelegentlich brachte er etwas Abwechslung ein, indem er schrieb ›Du schwul [sic]‹ oder ›Du schwule Sau‹, aber bald darauf kehrte er immer wieder zu ›Scheiß auf deine Mum‹ oder ›Heiß auf deine Mum‹ zurück (verflixte Autokorrektur!).

Es ist fast ein Jahr vergangen, und ich habe immer noch keine Entschuldigung von Zac erhalten. Seinem Instagram-Account zufolge ist er viel zu sehr damit beschäftigt, Bierflaschen auf fahrende Autos zu werfen, anderen Skateboard-Fahrern das Gesicht zu polieren, jede Menge Drogen einzuwerfen und überall in Cambridge seinen Graffiti-Tag zu hinterlassen, um etwas so Uncooles zu machen, wie sich bei einer Mum mittleren Alters zu entschuldigen!«

Eine Geschichte ist also ein Bericht über das, was tatsächlich passiert ist, einschließlich der notwendigen Hintergrundinformationen. Es ist keine Schilderung Ihrer Empfindungen und Gedanken über das Vorgefallene, obwohl die auch vorkommen dürfen. Als ich die Leute einlud, mir ihre Groll-Geschichten zu schicken, erhielt ich etliche Schilderungen von wütenden und traurigen Gefühlen, die mir nicht verrieten, welche Geschehnisse diese Gefühle ausgelöst hatten.

2. Lesen Sie Ihre Groll-Geschichte nicht sofort, nachdem Sie sie aufgeschrieben haben, schon durch. Lassen Sie sie eine Nacht lang liegen. (Sie können jeden Schritt des Verfahrens für jeweils nur einen Groll durchlaufen oder auch für mehrere zusammen – was immer Ihnen lieber ist.)

3. Lesen Sie am folgenden Morgen (beziehungsweise frühestens, nachdem Sie sich richtig ausgeschlafen haben) durch, was Sie aufgeschrieben haben. Was für eine Art von Geschichte ist es? Ist es eine Geschichte über Gefühllosigkeit oder Ungerechtigkeit? Vernachlässigung? Böswilliges Verlassen? Welche Art von Geschichte es auch sein mag, schauen Sie, ob irgendwo noch Raum ist für etwas Humor. Ich fügte Humor in meine Zac-

> Rawse-Geschichte ein, indem ich bewusst Zacs vorgetäuschte Schuldgefühle und Zerknirschung, wie seine Mutter sie beschrieb, der Realität seiner beleidigenden Nachrichten an mich auf dem Umweg über meinen Sohn gegenüberstellte. Als ich schrieb, »[Mir] kamen leichte Zweifel an der Aufrichtigkeit seiner Zerknirschung …«, war das ein Witz – er lag darin, dass ich zu dem Zeitpunkt überhaupt keinen Zweifel hatte, dass Zac Rawse ein gewissenloses kleines Arschloch war.

Wo immer es möglich ist Humor einzufügen, bringt das sofort ein wenig Spaß in Ihre Groll-Geschichte ein, und wenn Sie Spaß haben oder für Spaß sorgen, schaffen Sie positive Energie, die den negativen Gefühlen und Ihrem Verlangen nach fürchterlicher Rache die Schärfe nehmen kann. Immer, wenn ich mich in Fantasien darüber erging, »Scheiß-Arschloch« quer über Zac Rawses Haus zu sprayen, dachte ich bei mir: »Eigentlich wäre ›Heißes Arschloch‹ ja besser«, und dann fing ich an zu lachen, weil mir einfiel, dass es viel gesünder und erleuchteter war, den miesesten Meisterdieb, der mir je begegnet ist, auf die Schippe zu nehmen – einen Jungen, der von der Mutter seines Freundes erwischt wird und von seiner eigenen Mutter einen Anpfiff kriegt, noch bevor sein Schurkenstück ihm auch nur einen Cent eingebracht hat, und der Beweise für seine anderen Vergehen für alle sichtbar auf Instagram postet und damit den Grundstein für eine mögliche spätere Verhaftung legt –, als selber zum Graffiti-Vandalen zu werden und Eltern Schaden zuzufügen, die schon genug damit gestraft sind, dass sie Zac Rawse zum Sohn haben.

4. Nachdem Sie Ihrer Groll-Geschichte allen Humor und Spaß hinzugefügt haben, der möglich ist (und grämen Sie sich bitte nicht, wenn dabei nichts herauskommt, weil der Groll auslösende Vorfall Sie zu sehr erschüttert hat), lesen Sie die Geschichte noch einmal durch und fragen Sie sich: »Wenn ich diese Geschichte umschreiben könnte, indem ich nur mein

eigenes Handeln veränderte, was würde ich anders machen?« (Das Verhalten unseres Groll-Absenders können wir nicht ändern; es liegt grundsätzlich nicht in unserer Macht, das Verhalten anderer Menschen zu ändern; das müssen wir einsehen, sonst vergeuden wir jede Menge Energie.) In meiner Zac-Rawse-Geschichte würde ich die Stelle ändern, an der ich bemüht war, ihm einen Eintrag ins Strafregister zu ersparen. Ich würde ändern, dass ich mich, statt geradewegs zur Polizei zu gehen, mit seiner Mutter in Verbindung gesetzt habe, was mich dazu zwang, E-Mails von ihr zu lesen, in der sie mir berichtete, dass Zac ihr geschworen habe, seine Tat sei ein absolutes Versehen gewesen, und dass sie geneigt sei, ihm zu glauben, weil er doch ein ach so lieber, ehrlicher Junge sei.

5. Jetzt schreiben Sie die Geschichte um. Ändern Sie das an Ihrem Verhalten, was Sie gern anders gemacht hätten, und fügen Sie die entsprechenden Folgen hinzu, die Ihr verändertes Verhalten verursachen würde (hier müssen Sie ein bisschen erfinderisch sein – Sie erzählen jetzt eine fiktive Version der Geschichte, also liegt es ganz in Ihrer Hand). Ich würde meine fiktive Version der Zac-Rawse-Geschichte damit schließen lassen, dass Zac Besuch von zwei gestrengen Polizeibeamten bekommt, die ihn darüber aufklären, dass die Staatsanwaltschaft weitere Schritte einleiten wird – etwa in der Größenordnung von ein paar Sozialstunden oder ein, zwei Wochen in einer Jugendstrafanstalt. Zac würde daraufhin einsehen, dass er ein sehr dummer Junge gewesen ist, sich vornehmen, niemals wieder jemanden zu betrügen, und sich bei mir per E-Mail für sein Verhalten entschuldigen. An diesem Punkt würde ich, überzeugt, dass es ihm wirklich leidtut, die Anklage fallen lassen (vorausgesetzt, so etwas ist im wirklichen Leben in England überhaupt machbar und nicht nur etwas, was die Leute in amerikanischen Gerichtsfilmen sagen).

6. Legen Sie Ihre beiden Geschichten nebeneinander – oder auch untereinander –, und lesen Sie zuerst die eine, dann die andere. Machen Sie sich voll bewusst, wie unterschiedlich die Geschichten sind. Fragen Sie sich: Sind Ihre starken negativen Gefühle bezüglich dieses naturbelassenen Grolls unter anderem die Folge von a) Frustration darüber, dass Sie Vergangenes nicht mehr ändern können, oder b) Wut auf sich selber, weil Sie nicht *D*as *O*ffenkundig *R*ichtige (DOR) getan haben? In der Regel wird die Antwort in einem oder auch in beiden Fällen »Ja« lauten. Wenn Sie das erst einmal begriffen haben, werden Sie einsehen, dass die starken negativen Gefühle bezüglich dieses Grolls nicht ausschließlich dem Groll-Absender anzulasten sind. Diese Einsicht wird Ihre Überzeugung erheblich ins Wanken bringen, dass Sie Ihr Zac-Rawse-Pendant für alle Zeiten hassen oder es ihm heimzahlen müssen.

7. Begreifen Sie, dass Sie die Vergangenheit nicht ändern können und andere Menschen ebenso wenig. Wenn Sie mit diesem Aspekt zu kämpfen haben und sich nicht von dem Gedanken lösen können, »Aber was mir passiert ist, war inakzeptabel, wie kann ich es da jemals akzeptieren?«, können Sie sich von Ihrem inneren Kampf befreien, indem Sie *Lieben was ist* von Byron Katie lesen. Dieses Buch erklärt auf brillante und eingängige Weise, warum es zwecklos ist, sich mit der Realität anzulegen. Ja, was Zac Rawse meiner Familie angetan hat, war aus moralischer Sicht vollkommen inakzeptabel, und das werde ich auch immer so sehen. Aber er hat es nun mal getan. Das werde ich niemals ändern können. Und wenn ich zu dem Schluss komme, dass ich *das* nicht akzeptieren kann – die nackte Tatsache, dass es passiert ist –, dann versuche ich eine unbestreitbare Gegebenheit zu bestreiten, und das ist die sinnloseste Sache von der Welt. Also müssen Sie akzeptieren, dass Ihr Groll auslösender Vorfall vorgefallen ist. Zu wünschen, er wäre nicht geschehen, hilft Ihnen nicht weiter. Sie müssen akzeptieren, dass Ihr

Groll-Absender geschädigt/gemeingefährlich/scheinheilig/ein räuberisches, Graffiti sprühendes Arschloch ist und dass Sie ihn höchstwahrscheinlich nicht werden ändern können, weshalb Sie es gar nicht erst versuchen sollten. Soll *er* doch beschließen, sich zu ändern, wann immer er dazu bereit ist, und diese Aufgabe selbst übernehmen. Oder auch nicht – vielleicht entscheidet er sich ja auch dafür, für alle Zeiten ein moralisch verkommener kleiner Scheißkerl zu bleiben. Das ist nicht Ihr Problem.

8. Erfassen Sie das DOR(*D*as *O*ffenkundig *R*ichtige)-Prinzip. Das ist der möglicherweise entscheidende Schritt im Groll-Verarbeitungverfahren. Ich möchte ihn verdeutlichen, indem ich von meinem Hund Brewster erzähle. Ich schreibe dieses Buch auf meinem Laptop in dem kleinen Innenhof meines Hauses in Cambridge. Brewster, mein süßer Welsh Terrier, hat sich gleich neben mir auf ein paar Sofakissen ausgestreckt und leistet mir Gesellschaft. Wäre es jetzt nicht die dämlichste, absurdeste und sinnloseste Sache der Welt, wenn ich *Brewsters Anwesenheit vollkommen ignorieren* und stattdessen bekümmert seufzen und verbittert hadern würde bei dem Gedanken, »Ich wünschte, Buttercup, der Boston Terrier, den ich nicht besitze – und der genau genommen auch gar nicht existiert –, wäre jetzt hier bei mir. Ich kann mich gar nicht wohlfühlen, weil er nicht da ist«? Würde ich mir damit nicht selber Kummer bereiten, der überhaupt nicht nötig ist? Innerlich über das Fehlen eines nicht existierenden Hundes zu zetern, während ich einen fantastischen leibhaftigen Hund direkt hier bei mir habe? Der reine Wahnsinn! Aber so, Leute, führen sich viele von uns auf, wenn es um DOR geht. DOR an unserer Groll-Geschichte existiert oft gar nicht mehr. Das ist nicht immer der Fall, aber häufig. Nehmen wir meinen »Das Gemälde im Heuhaufen«-Groll: DOR wäre gewesen, dass ich mich nicht emotional dazu hätte erpressen lassen, Lauras Bild zu suchen

und aufzuhängen, getrieben von der Angst vor Repressalien. Ich kann DOR jetzt nicht mehr tun und auch in Zukunft nicht, da Laura nicht mehr zu meinem Leben gehört und ich auch ihr Bild nicht mehr besitze. Dieses DOR ist somit genauso wenig existent wie Buttercup, der Boston Terrier, und ich muss aufhören, darüber nachzudenken und mich darüber zu grämen. Das hier ist also in dem Fall mein DOR, meine Entsprechung zu »Brewster, mein echter Hund, der hier neben mir liegt«: aufhören, mich über DOR zu grämen, das nicht mehr existiert.

Viele von uns vernachlässigen aktuelles DOR, weil sie zu sehr damit beschäftigt sind, mit sich über früheres unerledigtes DOR zu hadern. Wir müssen vergangenes DOR vollständig aufgeben und uns aus dem Kopf schlagen. Es ist nicht mehr vorhanden. Wenn Sie das erst einmal begriffen haben, werden Sie in der Lage sein, sich Ihrem aktuellen DOR zu widmen.

9. Machen Sie aktuelles DOR aus, und tun Sie es. Das ist mein erstes aktuelles DOR mit Bezug auf Zac Rawse: die Polizei anrufen und ihn jetzt anzeigen. »Moment mal – *was*?«, höre ich Sie schon sagen. Ist das nicht ein vergangenes DOR und somit nicht mehr existent? Ganz und gar nicht. Es ist vergangenes DOR, das immer noch aktuelles DOR ist. Inwiefern? Weil ich es immer noch tun kann! Ich kann immer noch die Polizei anrufen und das Vergehen melden, auch wenn ich das törichterweise seinerzeit nicht getan habe. Wenn DOR in Ihrer Groll-Geschichte etwas ist, das Sie immer noch tun könnten und tun sollten, dann tun Sie es! Wenn Sie Maßnahmen ergreifen können, um in Ihrer Groll-Geschichte ein Unrecht zu korrigieren, dann ergreifen Sie sie – nur denken Sie daran, dass es mit dem positiven Ziel geschehen muss, ein Unrecht zu beseitigen, und nicht aus der rachsüchtigen Motivation heraus, »Ha! Den werde ich leiden lassen!«. Was Laura und »Das Gemälde im Heuhaufen« angeht, da kann ich bezüglich ihrer Person oder

ihres Bildes nichts machen, weil ich an beide nicht mehr herankomme. Das heißt aber nicht, dass es aktuell kein DOR für mich in dieser Sache gibt. Ich kann und sollte mir vornehmen, mich nie wieder von einer uneinsichtigen Person emotional erpressen zu lassen, die emotional immer noch in den Kinderschuhen steckt. Was mich zu Punkt 10 bringt…

10. Ziehen Sie die verfügbaren Lehren aus Ihrer Groll-Geschichte. Wenn wir die Geschehnisse, das Richtig und das Falsch in einer Groll-Geschichte nicht ändern können, weil DOR keine realistische Option mehr ist, muss uns das überhaupt nicht beunruhigen – weil uns nämlich *immer* DOR des gegenwärtigen Augenblicks offensteht, *alle Lehren zu ziehen*, die die Geschichte bietet. Wenn wir erst einmal begriffen haben, dass wir nützliche und starke Lehren aus unseren Groll-Geschichten gewinnen können (die daraufhin zum guten Groll werden), werden wir uns nicht mehr so leicht wünschen, sie wären nie passiert. Mein erstes DOR im Zusammenhang mit Zac Rawse war: »Informiere die Polizei«, was ich auch getan habe. Mein zweites DOR war: »Ziehe alle Lehren, die du daraus ziehen kannst.« Und das habe ich ebenfalls getan. Die Lehren waren: dafür zu sorgen, dass meine Kinder begreifen, dass sie niemals, unter keinen Umständen, stehlen dürfen; meinen Kindern beizubringen, dass manche Menschen nicht vertrauenswürdig sind, wie cool ihre Skateboards auch aussehen mögen, und dass sie deshalb vorsichtshalber niemals jemandem ihre PIN-Nummern zeigen sollten; meinen Kindern beizubringen, dass sie, falls sie einmal eine strafbare Handlung gegen jemanden begehen, sich in aller Form entschuldigen und alles tun sollten, um es wiedergutzumachen; darauf zu achten, dass ich diese Dinge auch selbst nicht vergesse; darauf zu achten, dass ich niemals so naiv bezüglich meiner Kinder sein werde wie Zacs Mutter; falls mich in Zukunft mal wieder jemand bestehlen sollte, nicht zu versuchen, dieser Person die Strafe zu ersparen, vor

allem dann nicht, wenn ich nicht weiß, ob er oder sie es überhaupt zu würdigen wüsste – vielmehr einzusehen, dass es Aufgabe der Polizei und nicht die meine ist, sich um Menschen zu kümmern, die das Gesetz brechen; meine Bankkonten regelmäßiger zu überprüfen, damit Diebe, die sich eventuell Zugang verschafft haben, sich nicht ganz so lange an meinem Geld bedienen können, bevor ich sie dabei erwische; meinem Sohn gut zuzureden, diesen speziellen Skatepark zu meiden, in dem es von Drogen konsumierenden und dealenden, Graffiti sprühenden Ganoven wimmelt.

11. Nehmen Sie die Gelegenheit wahr, diese Lehren zu ziehen, und seien Sie froh über das Geschenk Ihres Groll auslösenden Vorfalls. Hätte Zac Rawse nicht mein Geld gestohlen, hätte ich jetzt nicht meine diversen Kreditkarten und Bankkonten besser im Griff; ich hätte keinen halbwüchsigen Sohn, der voll und ganz begreift, warum Stehlen überhaupt nicht geht und was der Unterschied ist zwischen echten, guten Freunden und Tunichtguten, mit denen man nur zufällig ein Hobby teilt. Und was das Wichtigste ist, ich hätte nicht gelernt, dass ich die meiste Zeit meines Lebens damit verbracht habe, einer unangebrachten, kontraproduktiven Nachsicht gegenüber schlecht erzogenen Menschen zu frönen.

Wenn Sie erst einmal anfangen, all die Lektionen zu honorieren, die Ihr Groll Sie gelehrt hat, dann werden Sie bald feststellen, dass Sie imstande sind zu denken: »Weißt du was? Irgendwie ist es gut, dass das passiert ist« oder doch zumindest: »Es tut mir leid, dass es passiert ist – ich wünschte, es wäre nicht so –, aber ich habe von der Erfahrung profitiert: Ich bin jetzt stärker / Ich bin jetzt klüger«.

12. Listen Sie unter Ihren beiden Versionen Ihrer Groll-Geschichte den Nutzen auf, der Ihnen aus dem Groll auslösenden Vorfall erwachsen ist. Listen Sie die Gründe auf, warum Sie

dankbar sind, dass dieser Groll ein Teil Ihres Lebens ist. Falls Ihr Groll-Absender irgendwelche Konsequenzen, gute oder schlechte, erfahren hat, listen Sie auch die auf. Zac Rawse hat ordentlich eins von seiner Mutter aufs Dach bekommen und musste vermutlich auch noch irgendwie fast 500 Pfund auftreiben (seine Mutter hat mir das Geld, das er gestohlen hatte, zurückgezahlt, und sie hat es sich bestimmt von ihm wiedergeben lassen). Jedenfalls weiß ich, dass er sich kurz darauf einen Samstags-Job gesucht hat. Die Polizei von Cambridge hat jetzt seinen Namen, seine Adresse und eine Liste seiner Delikte, soweit sie mir bekannt waren.

Lernen Sie mit den verbliebenen negativen Gefühlen umzugehen. Ihr Groll ist jetzt verarbeitet und bereit für Ihre Groll-Vitrine, um dort an den Groll auslösenden Vorfall, der Sie verletzt oder verärgert hat, und an das begangene Unrecht zu erinnern. Ist er erst einmal in Ihrer Vitrine, wird Ihr Groll Ihnen auch weiterhin eine Lehre und eine Inspiration sein, und Sie werden nicht irgendwelchem Zorn oder Schmerz nachhängen müssen. Wenn Sie immer noch etwas davon verspüren – wenn noch etwas in Ihnen schreit: »Aber mich drängt es dazu, ihn/sie von einem hohen Gebäude zu schubsen!« –, dann ist es in Ordnung und ganz und gar unbedenklich, dieses Gefühl zuzulassen, *solange Sie nicht danach handeln*. Ihr Verhalten gegenüber Ihrem Groll-Absender sollte niemals irgendwie herzlos, ungerecht, ungesetzlich oder destruktiv sein, aber wenn Sie hin und wieder innerhalb Ihrer eigenen vier Wände laut »Schweinehund!« schreien möchten, tun Sie sich keinen Zwang an. Das kann Spaß machen. Am Ende, das garantiere ich Ihnen, werden Sie das gar nicht mehr wollen. Der Schlüssel ist, Ihre negativen Gefühle so lange gewähren zu lassen, wie diese es möchten, und sie willkommen zu heißen. Wenn wir unsere negativen Empfindungen begrüßen und akzeptieren, überschütten wir sie quasi mit Güte und einer positiven Einstellung, und sie werden sich schon bald motiviert fühlen, zum Positiven hinzustreben. Andernfalls werden sie sich auf natürlichem Wege auflösen und verschwinden. Falls Sie beunruhigt sind, dass Ihre negativen Gefühle nicht schnell genug das Feld räumen, empfehle ich Ihnen wärmstens EFT (Emotional Freedom Techniques), für die Anne Grey eine ausgewiesene Fachfrau ist, und/oder Brooke Castillos Life Coach School Podcast.

Herzlichen Glückwunsch! Sie sind jetzt stolzer Besitzer eines verarbeiteten Grolls. Falls er sich immer noch wie ein V1-Groll anfühlt und nicht wie ein V2er oder V3er, lesen Sie einfach immer wieder die beiden Versionen der Geschichte, die Sie aufgeschrieben haben, denken Sie weiter an DOR, das Sie getan haben, um den Groll zu verarbeiten, und an das, was Sie nicht mehr kümmern muss, weil es nicht mehr existiert. Lesen Sie auch Ihre Listen mit den gelernten Lektionen, dem gebesserten Benehmen und den Gründen, warum Sie dankbar für den Vorfall sein sollten, immer wieder neu. Ich garantiere Ihnen, der Groll wird schnell aus der V1-Kategorie in V2 oder V3 übergehen.

Nachdem Ihr Groll nun verarbeitet ist und zu V2 oder V3 gehört, nehmen Sie die Seiten, die Sie beschrieben haben (drucken Sie sie aus, falls Sie den Computer benutzt haben), falten Sie sie langsam und sorgfältig als Zeichen dafür, dass der Groll jetzt verarbeitet und bereit ist, offiziell in Ihre Sammlung aufgenommen zu werden (in das entsprechende Fach, denn wir sind ja auf dem Groll-*fachen* Pfad!), und legen Sie sie mit so viel Zeremoniell, wie Sie zustande bringen, in Ihre Vitrine.

Anne Grey gefällt der Ansatz, Groll mittels Geschichtenerzählen zu verarbeiten. »Aus einem Groll oder einem Groll auslösenden Vorfall eine Geschichte zu machen, am besten noch gewürzt mit Humor, eignet sich perfekt dazu, sich allmählich loszulösen, sich zu distanzieren und den Auswirkungen nicht mehr so viel Bedeutung beizumessen, sondern imstande zu sein, vergangenen Schmerz loszulassen und ganz im Hier und Jetzt zu sein. Man verliert sich nicht mehr im selben Maße in seinen Gefühlen. Man bekommt eine veränderte Beziehung zu seinen Gedanken und Gefühlen. Das ist ein heilsamer Schritt!«

Und jetzt zu meinem Lieblings-7-Karat-Groll. Ich *liebe* diesen Groll – er enthält so viel urkomische Skurrilität –, und Sie wissen ja, wenn Sie erst einmal hysterisch darüber lachen, wie absurd etwas ist, hat es nicht mehr annähernd so viel Macht, Ihnen wehzutun.

Die bangen Eltern

Groll-Typ: Groll wegen Feigheit

Als ich 2010 nach Cambridge zog, schickte ich meine Kinder dort in eine entzückende Schule, die von einer erstaunlichen Direktorin geleitete wurde, Harriet. Sie war liebevoll, klug, loyal und liebte alle ihre Schüler wie auch die Schule heiß und innig. Sie hatte die Schule selber aufgebaut – angefangen mit nur fünf Familien und zehn Kindern –, und es war ein Riesenerfolg geworden. Als ich mich das erste Mal dort umsah, waren über 200 Kinder an der Schule. Ich sagte Harriet, dass meine Kinder noch nicht gleich dort anfangen könnten, da wir noch unserer alten Schule das Schulgeld zahlen mussten, nachdem wir es versäumt hatten, die erforderliche Kündigungsfrist von einem Trimester einzuhalten. Harriet erwiderte sofort: »Ach, machen Sie sich darüber keine Sorgen! Sie können ein Trimester umsonst haben!« In meiner ausgiebigen Erfahrung mit gebührenpflichtigen Schulen ist mir ein solches Angebot noch niemals untergekommen, und Harriets Großzügigkeit machte mich sprachlos. Meine Kinder fingen sofort an ihrer Schule an und fühlten sich dort pudelwohl. Sobald ich irgendein Problem oder ein Anliegen hatte, kam Harriet gleich bei mir zu Hause vorbei und sprach mit mir darüber, und das Problem war jedes Mal im Nu gelöst.

Meine Familie stand mit ihrer Begeisterung für Harriet nicht allein da. Für jeden einzelnen Schüler, Elternteil und Lehrer setzte sie sich bis zum Äußersten ein. Wer an diese Schule ging – Familien wie Mitarbeiter –, tat das in den meisten Fällen wegen Harriets beeindruckenden Engagements und des unglaublich unbeschwerten und entgegenkommenden Umfelds, das sie schuf. Ich bin im Lauf der Zeit schon mit vielen Schulen in Berührung gekommen – als Gastautor, als Schüler-Mutter beziehungsweise als potenzielle Mutter –, und mir ist niemals eine andere Schule begegnet, in der diese spezielle heitere Atmosphäre herrschte, wie es in Harriets Schule der Fall war.

Ihnen wird aufgefallen sein, dass ich das Wort »war« verwendet habe und nicht »ist«. Vergangenheitsform. Was lief schief? So ziemlich alles. Die Schule war so beliebt, dass Harriet am Ende fand, sie habe keine andere Wahl, als einen Finanzpartner/Investor ins Boot zu holen, um Dinge wie neue Versuchsräume und Anbauten zu finanzieren. Ein potenzieller Partner fand sich ein, der ganz versessen darauf war zu investieren, und Harriet holte sich juristischen Rat. Ich bin mir nicht ganz sicher, ob der Rat an sich das Problem darstellte oder Harriets Interpretation, oder ob sie nicht einfach ein bisschen zu vertrauensselig war, als der Investor-Partner sagte: »Ach, keine Sorge, wir wollen unbedingt, dass Sie die Schule auch weiter leiten!« Was immer dahintersteckte, Harriet ging davon aus, dass alles gut war und dass ihre neuen Geschäftspartner sich ehrenhaft verhalten würden.

Innerhalb kürzester Zeit gaben die Partner (wie ich sie von jetzt an nennen werde – es ist eine weitaus höflichere Bezeichnung als die, die ich ursprünglich im Sinn hatte, das kann ich Ihnen versichern) Harriet den Laufpass und ersetzten sie durch eine neue Direktorin, die keiner der Eltern kannte. Harriet verschwand von jetzt auf gleich und konnte sich in keiner Weise mit den Eltern in Verbindung setzen oder sich von ihren Schülern und der Schule, die sie geschaffen hatte, verabschieden, aufgrund von rechtlichen Auflagen seitens der Partner, die jetzt die Aktienmehrheit besaßen. Eltern und Kinder waren außer sich. Wir hatten den Eindruck, dass die Partner entweder nicht begriffen, was für eine entscheidende Rolle Harriet im Leben der Schule spielte und wie wichtig sie für die Aufrechterhaltung dieses wundervollen Ethos war, oder dass es sie schlicht und einfach nicht kümmerte, was irgendeiner von uns dachte oder wollte.

Ich organisierte eine Elternversammlung und schlug vor, dass wir den Partnern deutlich machen sollten, wie sehr wir uns alle Harriets Wiedereinstellung wünschten. Allen gefiel die Idee. Ein weiteres Treffen wurde organisiert, diesmal mit den Partnern. Bei diesem Treffen erklärte ich ihnen: »Harriet war der einzigartige Verkaufsanreiz des schulpädagogischen Produkts, in das sich diese vielen Leute hier eingekauft haben. Sie ist der Hauptgrund, aus dem wir alle hier und willens sind, der Schule unser Geld zu geben. Wir *alle*, ohne Ausnahme, wollen, dass sie wieder eingestellt wird, und wir sind Ihre *ganze* Kundschaft, nicht nur die Mehrheit. *Wir sind Ihr gesamter britischer Kundenstamm*. Wenn ich eins vom Geschäftsleben weiß, dann dass man von seinem Produkt nicht den einen Aspekt entfernt, der *allen* Kunden am besten gefällt. Hab ich recht? Ich versuche nur, Ihnen behilflich zu sein, damit Ihr Geschäft so erfolgreich wie möglich verläuft und Ihr Profit gesteigert wird!«

(Ich bin sehr gut darin, mich bei denen, die das Sagen haben, einzuschleimen, wenn es sein muss, Leute. Es ist ein Relikt aus meiner Zeit als Es-allen-recht-machen-Lügnerin.)

Die Partner wollten partout nicht nachgeben. Ich weiß nicht genau, warum. Es leuchtet mir immer noch nicht ein. Ich kann nur Folgendes vermuten: Harriet ist eine starke Persönlichkeit, die die Dinge gern auf ihre Weise regelt, und die Partner wollten einfach nicht über alles mit ihr verhandeln müssen und Kompromisse eingehen. Einer von den Eltern fand einen Artikel von jemandem aus der Firma der Partner darüber, wie man (ich gebe das jetzt mit meinen eigenen Worten wieder) eine feindliche Übernahme einer Schule durchführt. Der Artikel prognostizierte, dass die meisten Eltern sich schnell fügen und das neue Regime unterstützen würden. Nur eine Handvoll Eltern, so hieß es, würden weiter Krach schlagen, und die empfohlene Reaktion darauf war, ihnen deutlich zu machen, dass ihre Kinder von der Schule verwiesen würden, wenn sie nicht den Mund hielten. Ich bin mir fast sicher, dass die Partner glaubten, das würde so auch in Harriets Schule passieren und sie würden bald imstande sein, ihr Ding durchzuziehen, ohne größeren Widerstand der Eltern.

Nach dem erfolglosen Treffen zwischen den Eltern und den Partnern organisierte ich eine neue Zusammenkunft der Eltern, um eine Strategie zu erarbeiten. Es gab Kaffee, es gab Tee, es gab Kekse und es gab einen tollen Plan – zumindest in meinem Kopf. Wir hatten alle den Artikel der Partner zum Thema »Wie man eine Schule übernimmt« gelesen. Ich sagte zu den versammelten Eltern: »Diese Typen glauben, sie können uns besiegen, weil sie davon ausgehen, dass nur eine Handvoll von uns sich ihnen ernsthaft entgegenstellt. Wir müssen nur standhaft bleiben und zusammenhalten. Wir einigen uns, ihnen weder unsere Kinder noch unser Geld zu überlassen – gar nichts, nicht mal einen Fünf-Pfund-Schein oder ein winziges Kind, bis sie Harriet wieder einstellen. Wir organisieren eine Kampagne und schlachten sie nach Strich und Faden aus.« Ich war bereit, aus meiner eigenen Tasche eine der führenden Londoner PR-Firmen zu bezahlen, damit sie mit unserer Misere international an die Öffentlichkeit gingen. »Wir können gewinnen«, sagte ich. »Wir müssen nur bei der Stange bleiben. Angesichts der vielen Schulgelder und abspringender Kunden und angesichts des immensen drohenden Imageschadens werden die Partner bald einlenken und uns Harriet zurückgeben.«

Ich sagte das zu schätzungsweise 300 Menschen. Und jetzt raten Sie mal, wie viele antworteten: »Ja, tolle Idee, das machen wir!«? Ich weiß nicht mehr, wie viele genau, aber es waren weniger als 20. Ich werde den weniger als 20 Leuten auf ewig dankbar sein und ihnen gegenüber einen »DG« (Dankbarkeits-Groll – ausführlich erklärt in Kapitel 10) hegen. Sie waren wunderbar, alle 17 oder 18.

Hier einige von den Reaktionen der übrigen 280 bangen Eltern. Ich habe kleinere Änderungen vorgenommen, aus Datenschutzgründen und um die Absurdität herauszustellen.

»Ich werde Jocasta nicht aus Protest aus der Schule fernhalten. Sie soll nächste Woche in Chemie die ionische Bindung durchnehmen. Das darf sie nicht verpassen. Sie glauben doch nicht, dass die Partner auch noch den Chemielehrer rauswerfen werden, oder? Ich habe Angst, das könnten sie tun.«

»Ich würde mich ja *schrecklich* gern dem Protest anschließen, der ein so lobenswertes Ziel hat – und wie Sie alle wissen, bin ich eine sozialistische Revolutionärin –, aber ich habe Angst, die neue Leitung könnte Rukia drangsalieren, wenn sie wissen, dass ihre Mutter einer von den Unruhestiftern ist, deshalb fürchte ich, ich kann es nicht riskieren mitzumachen.«

(An dieser Stelle sagte ich: »Ja, sie könnten ohne Weiteres den Chemielehrer rauswerfen. Sie könnten alles Mögliche machen, wenn wir ihnen nicht zu verstehen geben, dass sie damit nicht durchkommen. Deshalb müssen wir protestieren, friedlich, aber energisch.« Und ich sagte auch noch: »Kein Kind kann drangsaliert werden, wenn die Eltern von *allen* Kindern an dem Protest teilnehmen. Deswegen ist der ›Machen wir alle *gemeinsam* mit‹-Aspekt ja auch so wichtig.«)

Die bangen Eltern ließen sich nicht überzeugen. Sie erklärten:

»Meine Tochter ist in Klasse 11. Was ist mit ihrer Abschlussprüfung? Ich kann sie nicht aus der Schule nehmen. Ich hätte zu viel Angst, sie würde durch die Prüfung fallen, sie nie wiederholen können und als Heroinabhängige unter einer Brücke enden.«

»Sei doch nicht immer so negativ, Sophie. Geben wir der neuen Garde eine Chance! Auch wenn die Partner uns neulich gesagt haben, sie würden sich einen Dreck um unsere Wünsche scheren, sind sie ja vielleicht insgeheim ganz reizend und wunderbar und werden das bald auch beweisen.«

Hier kommt etwas, bei dem ich wirklich glucksen musste. Der Vorschlag wurde von einer Gruppe Eltern eingebracht, die den Plan der kraushaarigen Krimiautorin naiv und plump fanden. »Es hat keinen Zweck, darum zu kämpfen, dass Harriet wieder eingestellt wird. Die Partner haben uns doch schon gesagt, dass das für sie nicht infrage kommt. Warum kämpfen wir stattdessen nicht für etwas anderes, was sie uns eher bewilligen werden, wie um die Erlaubnis, einen Elternrat mit echter Machtbefugnis zu gründen, dem die Schulleitung Rechenschaft geben muss?«

Ich wies darauf hin, dass die Partner auch dem Antrag auf einen Elternrat mit echter Machtbefugnis eine Absage erteilen würden. Jegliche Form von Macht war genau das, was sie uns nicht zubilligen wollten. Was sie dagegen tun würden, so prophezeite ich, wäre, mit Freuden der Einrichtung einer Schein-Elternvertretung zustimmen und so tun, als hätte die wirklich Einfluss, während sie gleichzeitig für das Gegenteil sorgen würden. Und genau so ist es am Ende auch gekommen, und als es so kam, waren die Eltern, die darauf gesetzt hatten, alle enttäuscht und verärgert. Ihre Verärgerung hielt sie so in Atem, dass sie mir keine Mail schicken konnten mit dem Inhalt: »Du hattest absolut, hundertprozentig recht.« Niemand verschickt jemals eine solche Mail, Leute. Niemals. Und alle, die nie zurückkommen und sagen: »Du hast von Anfang an recht gehabt«, verdienen eine ganz eigene Groll-Kategorie.

Also mit Feigheit, da kenne ich mich aus. Ich erweise mich selber regelmäßig als Feigling, wenn auch nicht mehr so stark oder so häufig wie früher. Als jemand, der einmal zwanghaft allen alles recht machen wollte, habe ich Verständnis, ehrlich. Was mich nur bei dieser Gelegenheit irrsinnig aufgeregt hat, war: *Es bestand keinerlei ernsthafte Gefahr für irgendjemanden, der sich dem Protest anschließen wollte*. Keine. Das Schlimmste – das Allerschlimmste –, was den betroffenen Eltern hätte passieren können, war eine kurze Unterbrechung in der schulischen Ausbildung ihrer Kinder. Und es hätte nur eine geringfügige sein können. Cambridge ist voll von Schulen, staatlich finanzierten und privaten, die diese Schüler gern kurzfristig aufgenommen hätten. Woher ich das weiß? Nun ja, kurz nach dem »Protest, der nicht stattfand, weil weniger als 20 Mann mit von der Partie waren« ging die Schule den Bach runter. Die neue Direktorin verschwand völlig von der Bildfläche, so hatte es zumindest den Anschein. Die Partner stellten daraufhin eine andere Direktorin ein, die in null Komma nichts ins Gefängnis wanderte, weil sie versucht haben soll, mit einem nicht existenten 14-jährigen Jungen zu schlafen – eine Ausgeburt der Fantasie einer Gruppe selbst ernannter Pädophilenjäger.

Viele Eltern nahmen ihre Kinder fast sofort, nachdem die Partner das Kommando übernommen hatten, von der Schule. (Ich gehörte auch dazu.) Andere folgten nach und nach. All diese Kinder fanden neue Schulen. Aus keinem wurde aufgrund des Bruchs ein Heroinabhängiger unter der Brücke.

Am Tag von Harriets Entlassung hatte die Oberstufe (Klassen 7 bis 11) 199 Schüler. Während ich dies schreibe, hat sie nur noch 40, ihre Finanzlage ist katastrophal und sie wird möglicherweise sogar für das kommende Schuljahr ihre Türen nicht öffnen können. Das jüngste Unheil, das die Schule heimgesucht hat, war, dass der Fachbereich Englisch seine Schüler nach einem Lehrplan unterrichtete, der gar nicht mehr aktuell war. Das hatte zur Folge, dass Schüler zum staatlichen Abschlussexamen erschienen und sich mit Fragen zu Büchern konfrontiert sahen, die sie überhaupt nicht gelesen hatten.

Als die Partner das Kommando übernahmen, hatten viele Kinder an der Schule sonderpädagogischen Förderbedarf. Diese Kinder konnte man wegen des Vorhandenseins von Sonderpädagogen und anderer praktischer Erwägungen nicht so einfach verpflanzen. Ihre Eltern sind daher von jeglicher Groll-Würdigkeit freigesprochen. Sie durften nicht riskieren, dass ihre Kinder in einer hypothetischen künftigen Säuberungsaktion rebellischer Familien vor die Tür gesetzt wurden, falls sie nirgendwo anders unterkämen, wo man auf ihre Bedürfnisse eingehen konnte. Für uns Übrige stand dagegen nicht allzu viel auf dem Spiel. Das schlimmste Schicksal, das unseren Kindern gedroht hätte, wären etwas verspätete Abschlussexamen gewesen. Der Elternstamm hätte zusammenhalten und innerhalb weniger Wochen Harriet wieder auf ihren Platz zurückholen können, bevor eine ausgezeichnete Schule zerstört gewesen wäre. Aber eine Menge Eltern hatten Bammel. Sie zogen es vor, »Wir wollen unser Recht geltend machen und unsere Schule schützen« mit »Unruhestiften« gleichzusetzen, und entschieden daraufhin, es lieber zu lassen.

Das ist eines meiner nützlichsten und inspirierendsten Groll-Erlebnisse. Es hat mich misstrauisch gemacht gegenüber Schulen und einflussreichen Menschen in ihrer Verwaltung und entschlossen, bei jeder Ungerechtigkeit im schulischen Umfeld aufzustehen und einen Aufstand zu machen. Seit dieser Zeit mache ich meinen Kindern klar, dass sie die Erwachsenen, die ihnen Regeln auferlegen, *nur dann* respektieren und ihnen Folge leisten müssen, wenn diese Leute sie nicht furchtbar unfair behandeln. Der »Die bangen Eltern«-Groll hat mir darüber hinaus noch eine Verhältnisgröße an die Hand gegeben, die nach meinem Dafürhalten ziemlich genau ist, egal, auf welche Gruppe von Menschen man sie anwendet. Und ich habe mir selbstverständlich auch einen Namen dafür ausgedacht …

Das Top-Flop-Verhältnis

Von 300 Menschen sind es in der Regel nur höchstens 20, bei denen man getrost davon ausgehen kann, dass sie intelligent, loyal, vernünftig sind und sich anständig zu verhalten wissen. Als ich das erst einmal begriffen hatte, war ich unendlich erleichtert. Jetzt konzentriere ich mich in jeder größeren Gruppe gleich darauf, meine 20 tollen Leute zu finden und hege bei dem Rest erst gar keine unrealistisch hohen Erwartungen.

Bewertung des »Die bangen Eltern«-Grolls

1. War die Absicht der Groll-Absender (die bangen Eltern)
   a. eindeutig oder vermutlich böse?
   b. möglicherweise böse?
   c. **nicht böse – sie wollten nur sich selber und ihre Kinder schützen. (1 Punkt)**

2. Wussten sie, dass sie Harriet aus der Fassung bringen, verletzen oder unfair behandeln würden?
   a. Ja, eindeutig.
   b. Möglicherweise.
   c. **Überhaupt nicht – ich werde hier Milde walten lassen. Ich glaube, sie waren alle aufrichtig der Meinung, dass die Einzigen, die Harriet verletzten/Unrecht taten, die Partner waren. Die bangen Eltern waren in dem Glauben, sie würden einfach nur das Beste für ihre Kinder tun. Außerdem glaubten sie *kein bisschen* an unsere Macht als Gruppe, die Dinge zum Besseren zu verändern, weshalb sie *ebenfalls* nicht daran glaubten, dass nicht zu versuchen, etwas zu verändern, aktiv Schaden anrichten kann. (1 Punkt)**

3. War die Gesamtsituation
   a. **sehr ernst – die Schule war Harriets Lebenswerk, ihr Baby, und sie war am Boden zerstört über den Verlust. Sie war im Begriff gewesen, sich ein Haus zu kaufen, aber ohne Job konnte sie sich das nicht mehr leisten. Ihr Mann, der auch an der Schule unterrichtete, aber kündigte, als man Harriet vor die Tür setzte, war nun ebenfalls arbeitslos. Ihre Kinder mussten die Schule, die sie liebten, verlassen und zusehen, wie ihre Eltern Schlimmes durchmachten. (3 Punkte)**
   b. ziemlich ernst?
   c. nicht sehr ernst?

4. War die Auswirkung von dem, was sie taten oder sagten, auf Harriet
   a. **sehr schlimm – siehe oben. (3 Punkte)**
   b. ziemlich schlimm.
   c. nicht so schlimm.

5. Hätten sie es besser wissen/machen müssen oder können?
   a. Ja.
   b. **Könnte sein. Das hätten sie müssen, aber ihre Angst beraubte sie dieser Fähigkeit. Sie hätten sich bewusst machen müssen, dass das Worst-Case-Szenario, das mit dem richtigen Handeln einherging, so schlimm gar nicht war, aber die Angst saß ihnen wirklich tief in den Knochen. (2 Punkte)**
   c. Nein.

6. Haben sie Harriet ernsthaften Schaden zugefügt?
   a. **Ja – nach Art einer Unterlassungssünde. Es war das, was sie nicht taten, und nicht das, was sie taten, was den Schaden mit verursachte. (3 Punkte)**
   b. Könnte sein.
   c. Nein.

7. Ist der Grrr-Faktor des Grolls
   a. **hoch. Unbeschreiblich hoch. Höher als der Mount Everest, der Kilimandscharo und der Mont Blanc aufeinandergestapelt. (3 Punkte)**
   b. mittel?
   c. gering?

8. Hegen Sie diesen Groll
   a. **schon ewig – seit September 2015. (3 Punkte)**
   b. mittellang beziehungsweise erst seit Kurzem und glauben, dass Sie ihn noch ein bisschen weiterhegen werden, aber nicht ewig?
   c. erst seit Kurzem.

Mein »Die bangen Eltern«-Groll hat bisher 19 Punkte.

9. Würde dieser Vorfall allein ausreichen, dass Sie einen Groll gegen die betreffende(n) Person(en) hegen?
   a. **Ja. (also kein Punktabzug)**
   b. Nein.

10. Wäre Ihren Groll-Absendern etwas Schlimmes oder Beängstigendes widerfahren, wenn sie die Groll auslösende Tat nicht begangen hätten?
    a. **Nein – hier lass ich mal keine Milde walten. Objektiv betrachtet ist ein Schulwechsel für ein Kind nicht beängstigend, er gehört einfach zu den »Dingen, die zuweilen nun mal passieren«. (also kein Punktabzug)**
    b. Ja.

11. Wäre der Groll aufgehoben/hinfällig, wenn sich Ihre Groll-Absender umfassend und aus vollem Herzen entschuldigten?
    a. **Nein. (also kein Punktabzug)**
    b. Ja.

12. Liegt Ihnen etwas an Ihrem Groll-Absender und ihm an Ihnen?
    a. Ja, ausgesprochen viel.
    b. Ja, eine ganze Menge.
    c. **Nicht besonders viel. (Es bleibt also bei der Punktzahl.)**

Der »Die bangen Eltern«-Groll hat eine Gesamtpunktzahl von 19 und ist somit ein 7-karätiger Groll.

Kapitel 9

Schlechter und unberechtigter Groll

»Der Zunahme seiner Macht und seines Ruhms entsprach, in meiner Fantasie, das Maß der Strafe, die ich ihm gern auferlegt hätte.«

Vladimir Nabokov

Nachdem wir uns angesehen haben, wie man einen Groll verarbeitet, lassen Sie uns nun dafür sorgen, dass Sie keine Zeit damit verschwenden, Groll zu verarbeiten, der immer unberechtigt oder schlecht bleiben wird, egal, was Sie mit ihm anstellen, und dass Sie keinen wertvollen Platz in Ihrer Groll-Vitrine für Groll verplempern, den Sie nicht mehr brauchen oder der Ihnen keine Freude mehr macht.

Ärzte haben eine Regel: »Füge zuallererst niemandem Schaden zu.« An diese Regel sollten sich auch Groll-Heger halten. Das Gegenstück des Groll-fachen Pfads zum Eid des Hippokrates lautet folgendermaßen: *Wenn dein Groll dir oder jemand anderem Schaden oder Leid zufügt, sollte er entweder verarbeitet, erheblich verändert oder aber abserviert werden.* Wenn Sie zusätzlich leiden, über die Verletzung hinaus, die der Groll auslösende Vorfall verursacht hat, dann ist dieser Groll kein guter oder verarbeiteter Groll. Ein guter, verarbeiteter Groll lindert den Schmerz, er verstärkt ihn nicht noch. Und wenn ein Festhalten an Ihrem Groll dahin führt, dass Sie Ihren Groll-Absender anfauchen oder schlagen, dann ist Ihr Groll toxisch und muss entweder verarbeitet werden oder er muss weg.

Die oben aufgestellte Regel funktioniert allerdings nur, wenn wir uns an eine korrekte und reelle Definition von Schaden halten. *Über Ihren Groll zu reden, zu schreiben oder zu scherzen, verursacht keinen Schaden.* Ich bin mir beispielsweise sicher, dass mindestens einer von den bangen Eltern aus meinem »Die bangen Eltern«-Groll beim Lesen dieses Buches denken wird: »Was fällt ihr ein? Sie hat mir geschadet, indem sie das geschrieben hat.« Nein, hab ich nicht. Ich habe meine Meinung zu einer Situation zum Ausdruck gebracht, an der wir gemeinsam beteiligt waren, was mein gutes Recht ist – genau wie jeder andere Elternteil aus dieser Schule berechtigt wäre, seine oder ihre eigene Sichtweise öffentlich zu machen und zu schreiben: »Ich fand, dass diese kraushaarige Krimiautorin sich vollkommen unrealistisch und unvernünftig aufgeführt hat, als sie uns alle herumkommandieren und zwingen wollte, uns ihrem albernen Protest anzuschließen.« Jeder darf über seine Erlebnisse und Erfahrungen reden oder schreiben und anderen Menschen steht es frei, dem zu widersprechen und alternative Darstellungen anzubieten. Wenn wir dies tun, fügen wir niemandem Schaden zu, entsprechend einer reellen und nicht willkürlichen Definition von Schaden.

Wenn wir erst einmal sicher sein können, dass unser Groll uns selber und anderen keinen Schaden zufügt, können wir ihn bedenkenlos so lange hegen, wie wir möchten. Sollte es in unserer Groll-Vitrine zu eng werden, können wir uns jederzeit eine neue kaufen oder basteln! Es ist allerdings von größter Wichtigkeit, dass wir unsere Groll-Vitrine nicht mit Groll besudeln, der gar nicht erst dort hätte eingestellt werden dürfen.

Was macht einen Groll schlecht oder unberechtigt?

Keine Panik, wenn bei Ihnen auch schlechter oder unberechtigter Groll dabei ist. Es könnte sein, dass Sie ihn einfach nur verarbeiten müssen, um ihn in guten, heilsamen Groll umzuwandeln – und falls das nicht der Fall ist, werden Sie vermutlich, nachdem Sie begriffen haben, warum ein bestimmter Groll unberechtigt ist, sogar aus freien Stücken auf ihn verzichten wollen, statt sich dazu gezwungen zu fühlen.

Der Scroll

(Benannt in Anlehnung an Ebenezer Scrooge aus Dickens' *Weihnachtsgeschichte.*) Ein Groll gegen das, wie es früher war, wie es heute ist oder wie es in Zukunft sein wird/könnte. An den ersten beiden kann man nichts mehr ändern und mit der Zukunft zu hadern, bevor sie eingetreten ist, wenn man unmöglich wissen kann, wie wunderbar sie werden könnte, schafft eine Menge negative Energie. Zudem weiß man nie hundertprozentig, wie sich irgendjemand in der Zukunft verhalten wird. Mit einem Menschen wegen etwas zu hadern, was er oder sie womöglich niemals tun wird, ist sowohl zwecklos als auch absurd.

Der Deckmantel-Groll

Aus keinem nachvollziehbaren Grund oder aus einem schäbigen Grund können Sie eine bestimmte Person nicht leiden. Dann tut diese Person etwas geringfügig Ärgerliches, und schon haben Sie die perfekte Entschuldigung. Sie stürzen sich auf diesen praktischen, offensichtlich unrechten Vorfall, obwohl es eigentlich nur darum geht, eine bereits vorhandene gehässige oder unredliche Abneigung zu rechtfertigen.

Der toxische Groll

Jeder Groll, der noch nach der Verarbeitung für Sie selbst oder andere schädlich oder unangenehm ist.

ACHTUNG: Sie erinnern sich, als wir uns mit der Verarbeitung von Groll beschäftigt haben? Da sagte ich, dass Sie, selbst nachdem Sie Ihren V1-Groll verarbeitet und in einen V2er oder V3er verwandelt haben, eventuell noch einige negative Gefühle zurückbehalten könnten, die vergehen werden, wenn sie so weit sind. Das gilt auch jetzt noch! Bitte verwechseln Sie dieses zurückbleibende negative Gefühl nach einem auslösenden Vorfall nicht mit irgendetwas Toxischem. Hier eine Veranschaulichung des Unterschieds zwischen den beiden:

Ein toxischer Groll kocht negative Gefühle, lässt sie fest werden und spuckt sie dann aus (so, wie der Zaubertopf aus dem Märchen unaufhörlich Brei ausspuckt). Je mehr Sie über den Groll nachdenken, desto mehr Wut, Schmerz und Bitterkeit empfinden Sie. Der Groll erscheint Ihnen gleichbedeutend mit und untrennbar von dem ursprünglichen Kränkungsgrund.

Ein guter, verarbeiteter Groll existiert parallel zu einem Rest von negativem Gefühl, das der auslösende Vorfall hinterlassen hat, aber immer wenn Sie darüber nachdenken, mindert und entschärft das – wenn auch nur leicht oder allmählich – den Hass, die Feindseligkeit und den Kummer, die der auslösende Vorfall in Ihnen weckt, weil der Groll eben *nicht* untrennbar von dem ursprünglichen Kränkungsgrund ist. Er ist vielmehr eine lehrreiche beziehungsweise erhellende Geschichte über den ursprünglichen Kränkungsgrund.

Der Handlungsersatz-Groll

Wenn korrektes und machbares Handeln Ihren Groll beseitigen würde, dann handeln Sie entsprechend, statt den Groll zu hegen. Das Beispiel vom starken Tee/schwachen Kaffee:

»Ich hab einen Groll auf Philippa.«

»Tatsächlich? Wieso?«

»Weil sie mir jedes Mal, wenn ich sie um etwas zu trinken bitte, starken Tee vorsetzt, obwohl mir schwacher Kaffee sehr viel lieber ist.«

»Oje. Und… weiß sie das?«

»Eh… na ja, nein, tut sie nicht. Aber, ich meine, sie sollte sich das doch denken können.«

»Du hast es ihr nie gesagt?«

»Nein. Ich tu so, als würde ich den starken Tee lieben – aus Höflichkeit.«

»Wie soll sie denn da auf die Idee kommen, dass du insgeheim gern schwachen Kaffee hättest?«

»Seh ich etwa aus wie jemand, dem starker Tee schmeckt? Igitt!«

Der Gruppen-Groll

Wenn nicht gerade jedes Mitglied einer Gruppe an dem auslösenden Vergehen beteiligt war, hegen Sie keinen Groll gegen die gesamte Gruppe. Das wäre nicht fair. Es wäre ein unberechtigter Groll. Wenn zum Beispiel eine Frau namens Jemima Ihnen einmal ins Auge gestochen hat, dann hegen Sie keinen Groll gegen alle, die Jemima heißen. Die meisten dieser Jemimas sind unschuldig. Ein berechtigter Gruppen-Groll wäre gegeben, wenn jedes einzelne Mitglied der Gruppe gleichermaßen mit drinhängt. Ich hege beispielsweise einen Groll gegen die Gruppe »Menschen, die nicht imstande sind, angemessen und uneingeschränkt Lob oder Dank zu zollen«. Selbst wenn sie von etwas begeistert sind und es brillant finden, bringen sie einfach nicht die Worte »Ich bin begeistert und finde es brillant« über die Lippen. Wenn man ihnen ein Geschenk kauft, das sie sich schon seit Jahren wünschen, werfen sie einen kurzen Blick darauf und sagen: »Aha!«, und dann legen sie es auf einen Tisch und gehen weg. Mein Gruppen-Groll ist demnach berechtigt, da jedes einzelne Mitglied der Gruppe definitionsgemäß dem grollenswerten Verhalten frönt.

Der ererbte Groll

Wenn der einzige Grund, aus dem Sie einen Groll hegen, der ist, dass Ihre Eltern und Großeltern ihn schon gehegt haben und es somit ein Accessoire ist, mit dem sich alle in Ihrer Familie schmücken, dann ist es kein berechtigter Groll. Sie müssen sich Ihren Groll selber aussuchen. Lassen Sie niemals zu, dass die ältere Generation Ihrer Familie ihn weiterreicht nach dem Motto: »Wir, die Robinsons aus Nuneaton, wollen nichts zu tun haben mit dem Birminghamer Zweig der Robinson-Familie, nach dem, was sie 1953 gemacht haben.« Waren Sie 1953 schon geboren? Selbst wenn Sie das waren, ist es sehr wahrscheinlich, dass ein ererbter Groll nicht das Geringste mit Ihnen zu tun hat und Ihnen unrechtmäßig aufgezwungen wurde.

Der Sündenbock-Groll (Groll aufgrund unangebrachter Übertragung)

Der tritt auf, wenn Sie zu ängstlich sind, Groll auf die Person zu haben, die es eigentlich verdient hätte, und sich deshalb eine unschuldige Person aussuchen, deren Verhalten Sie an das Verhalten erinnert, das als inakzeptabel zu deklarieren Sie sich nicht trauen.

Beispiel:
Tammy hat Angst vor Wendy, da Wendys Brüder alle Gangster sind, die von Zeit zu Zeit Prügel mit Baseballschlägern verabreichen. Tammy sieht sich allerdings nicht gern als Schlappschwanz, weshalb sie sich, wenn Wendy sich immer und immer wieder, ohne vorher zu fragen, ihr Auto ausleiht, einredet, das wäre ganz okay so und mache ihr gar nichts aus. Dann kommt eines Tages Tammys Mutter Fiona zu Besuch. Als sie die Einfahrt hinaufgeht, kommt sie versehentlich an Tammys Auto. Tammy geht hoch wie eine Rakete und brüllt Fiona an: »Wage es ja nicht, noch einmal meinem Auto zu nahe zu kommen! Und verschwinde überhaupt aus meinem Leben! Ich will dich nie mehr wiedersehen!« Das ist ein klarer Fall von Sündenbock-Groll. (Und toxisch ist er auch noch – denn wir sollten ja niemals unsere Groll-Absender anschreien, nicht wahr, meine lieben Anhänger des Groll-fachen Pfads?)

Fallen Ihnen noch andere Groll-Typen ein, die unberechtigt oder schlecht sein könnten? Wenn ja, melden Sie sich doch bei mir. Ich würde mich freuen!

Und jetzt wird's Zeit für meinen 8-karätigen Groll. Dafür geht's ab in die guten alten Staaten.

Der amerikanische Staatsanwalt

Groll-Typ Nr. 1: Groll wegen eines unprovozierten Angriffs (wenn auch ein ungewöhnlicher; wie Sie bald feststellen werden, ist dieser Groll nur sehr schwer einem Typus zuzuordnen)

Ich war in Miami zu einem Literaturfestival. Mit mir war auch ein Staatsanwalt dort, der ein True-Crime-Buch über einen berühmten Mordfall geschrieben hatte. Vor Gericht hatte er in dem Fall die Todesstrafe beantragt, sich damit aber nicht durchgesetzt, sodass der verurteilte Mörder stattdessen lebenslänglich hinter Gitter kam.

Zufällig hatte ich das Buch dieses Staatsanwalts gelesen – während meiner Recherchen zu *Did You See Melody?*, meinem in Arizona spielenden Kriminalroman, hatte ich mich ausführlich mit dem True-Crime-Genre beschäftigt – und konnte mir ziemlich gut vorstellen, wie er wohl über die Todesstrafe dachte, auch wenn ich zu diesem Zeitpunkt nichts weiter über ihn wusste. Ich bin gegen die Todesstrafe, aus einer ganzen Reihe von Gründen, aber ich ging davon aus, dass er es anders sah. Das Thema war noch nicht zur Sprache gekommen, aber als wir in einem Hotel in Miami über aktuelle Fälle plauderten, in denen er die Anklage vertreten hatte, musste ich unwillkürlich denken: »Ich wette, er findet Gegner der Todesstrafe wie mich total nervig. Ich bin zwar nicht für die Todesstrafe, aber ich will ihm das nicht zum Vorwurf machen – wenn ich tagtäglich mit dem zu tun hätte, womit er zu tun hat (regelmäßige Begegnungen mit Mördern und den Angehörigen ihrer Opfer), würde ich vielleicht auch eines Tages denken: ›Weißt du was? Vielleicht ist es ja doch nicht ganz falsch, Menschen hinzurichten?‹ Ich glaube nicht, dass ich so denken würde. Ich hoffe nicht. Ich hoffe, dass ich mir immer wünschen werde, dass das Gesetz erleuchteter ist als ich, wenn mich die Wut und Rachegelüste packen, und ich hoffe, ich werde nie vergessen, dass *Die zwölf Geschworenen* mein absoluter Lieblingsfilm ist, und warum er das ist – aber man kann nie wissen: womöglich sehe ich das irgendwann anders.«

Der Staatsanwalt war sehr charmant und faszinierend. Eines Abends saßen er und ich zusammen mit einem weiteren Autor in der Bar, und er schnitt das Thema Todesstrafe an. Er sagte, er sei sich sicher, dass ich dagegen sein müsse und dass ich, wenn ich Geschworene in einem Fall wäre, bei dem es um die Todesstrafe ging, niemals dafür stimmen würde. Ich war ein wenig verärgert darüber, dass er mich schon gleich in eine Schublade steckte, nachdem er mich erst so kurz kannte. Ich war mir auch nicht sicher, ob er meinte, ich würde »nicht schuldig« stimmen, selbst wenn ich den Angeklagten ohne jeden berechtigten Zweifel für schuldig hielt, nur um ihm die Todesstrafe zu ersparen, oder ob er meinte, dass ich, nachdem ich für schuldig gestimmt hätte, anschließend für Gefängnis statt Todesstrafe plädieren würde, wenn ich könnte.

So oder so … der Staatsanwalt kannte mich seit ungefähr 48 Stunden und alles, was ich zu ihm in dieser Zeit gesagt hatte, war, dass mir sein Buch wirklich gut gefallen hatte. Woher wollte er da wissen, was ich in einem Gerichtssaal tun oder nicht tun würde?

Er hörte nicht auf, auf das Thema anzuspielen, sodass der andere Autor und ich am Ende das Gefühl hatten, wir würden wohl nicht um eine Diskussion darüber herumkommen. Er war dafür, Mörder hinzurichten, wir waren dagegen. Mir fiel auf, dass er sich während unserer Diskussion diverser unfairer und hinterlistiger Taktiken bediente. Er argumentierte ständig mit Dingen, die ich gar nicht gesagt hatte, und ich musste ständig kontern mit: »Aber ich habe dieses Argument nie gebraucht. Ich bin aus *anderen* Gründen gegen die Todesstrafe – welche Argumente haben Sie gegen *diese* Gründe vorzubringen?«, worauf er einfach seine Widerlegung des Arguments wiederholte, das ich überhaupt nicht angeführt hatte. Ich konnte nur hoffen, dass er hier nur seine gewiefte und manipulative Rhetorik vorführte. Ich mochte mir einfach nicht vorstellen, dass jemand, der für die strafrechtliche Verfolgung so vieler potenzieller Todeskandidaten verantwortlich war, so unpräzise in seinem Denken war. (Ich weiß nicht, warum mich der gewiefte, manipulative Aspekt nicht weiter beunruhigte – vielleicht dachte ich ja, Anwälte müssten ein bisschen durchtrieben sein, um Fälle zu gewinnen?)

Obwohl ich mit ihm über die Todesstrafe uneins war, glaubte ich dennoch – dummer- und naiverweise –, dass der amerikanische Staatsanwalt ein im Grunde anständiger Kerl war. Immerhin hatte ich mich für sein Buch begeistert, das davon handelte, wie er einen gefährlichen Mörder hinter Schloss und Riegel gebracht hatte, wo er auch hingehörte (und zwar so was von!), daher entschied ich zu diesem Zeitpunkt noch zu seinen Gunsten.

Dann fragte er mich: »Sie haben Kinder?« Ich antwortete mit Ja. »Jungs? Mädchen?« Ich sagte es ihm. »Wie nennt Ihr Sohn Sie? Mom? Mommy?«

»Er nennt mich ›Mum‹«, erwiderte ich und wunderte mich, dass er das wissen wollte. Er stellte mir noch weitere Fragen über meinen Sohn, die ich alle beantwortete. Das war unglaublich dumm von mir, aber es kam mir keine Sekunde lang in den Sinn, dass irgendjemand tun könnte, was er in der Folge tat.

Während ich und der andere Autor entsetzt zuhörten, setzte der Staatsanwalt zu einer Geschichte an. Er gab mir vorher keine Warnung und erklärte auch nicht, was er vorhatte. Er legte einfach mit der Geschichte los – im Präsens und mit gedämpfter, aber erregter Stimme, wie bei einem Film-Trailer (»Er geht die Straße hinunter, auf seinem Weg nach Hause. Da hört er ein Geräusch aus dem Gebüsch«) – über einen imaginären brutalen Überfall auf meinen Sohn. Die Geschichte war nicht kurz. Sie enthielt die Elemente Dialog (das war, wie ich feststellte, der Grund, warum der Staatsanwalt sich erkundigt hatte, wie mein Sohn mich nannte, weil er wusste, dass Kinder, wenn sie in Gefahr sind, nach ihrer Mutter rufen), plastische sexuelle Gewaltdarstellung, Sadismus … die ganze grauenvolle Palette. Er stellte meinen Sohn als das Opfer in der Geschichte dar, und er erzählte sie auf eine bewusst ausdrucksstarke, dramatische Weise, mit der eindeutigen Absicht, mich das Ganze in allen Einzelheiten durchleben zu lassen, als würde es sich tatsächlich abspielen.

Ich konnte hören, wie der andere Autor hinter mir unbehagliche und missbilligende Laute von sich gab, doch das gebot dem Staatsanwalt nicht Einhalt. Ich konnte weder etwas sagen noch mich bewegen. Ich bemühte mich, mich ganz aufs Zuhören zu konzentrieren, damit ich mich später an den Horror des Erlebten erinnern konnte, fürs Protokoll. (Was für ein Protokoll eigentlich? Dieses Buch vielleicht.)

Schließlich kam der Staatsanwalt zum abscheulichen Ende seiner widerwärtigen Erzählung. Er grinste mich an und sagte: »Meinen Sie, Sie wären *immer noch* gegen die Todesstrafe, wenn das mit Ihrem Sohn passieren würde?«

Sie fragen sich jetzt vielleicht, ob ich ihm einen Drink ins Gesicht geschüttet hätte. Das habe ich nicht getan. In Gegenwart von wirklich beängstigenden Menschen bleibe ich instinktiv charmant und gesittet und schütze mich so. Deshalb erwiderte ich höflich:

»Wenn das mit meinem Sohn passierte, würde ich die Person, die das getan hat, aufspüren und mit meinen bloßen Händen erwürgen. Aber ich glaube trotzdem, dass das Gesetz nicht so rachsüchtig, gewalttätig und blutrünstig sein sollte, wie ich es wäre, wenn jemand Hand an meine Kinder legte. Sie sollten die E-Mail lesen, die ich an die Schule meines Sohnes geschickt habe, nachdem ein Lehrer versucht hatte, ihm einen Verweis zu erteilen, weil er nicht zum Sportunterricht gegangen ist, für den ich ihn entschuldigt hatte. Sie war schonungslos. Ich möchte, dass das Gesetz nicht so schonungslos ist wie ich in meinem schlimmsten Verhalten. Also ja, ich bin immer noch gegen die Todesstrafe. Du meine Güte, schon so spät? Ich denke, ich werde jetzt schlafen gehen. Gute Nacht.«

Als ich in meinem Hotelzimmer war und die Tür hinter mir abgeschlossen hatte, fing ich heftig an zu zittern. Die Geschichte des Staatsanwalts über mich ergehen zu lassen, war ein Erlebnis, mit dem ich einem eigenen brutalen körperlichen Angriff so nahe kam wie niemals zuvor oder seitdem in meinem Leben. Ich ging im Zimmer auf und ab, weinte, spielte mit dem Gedanken, den Notruf zu wählen, fühlte mich heiß und fiebrig, dann wieder kalt und zu schwach, um aufzustehen. Ich brauchte ungefähr drei Stunden, um mich zu beruhigen.

Als ich so weit war, googelte ich den Staatsanwalt, nur um festzustellen, dass mehrere Disziplinarverfahren gegen ihn liefen wegen genau solcher Dinge. Wie sich herausstellte, war er regelmäßig zurechtgewiesen worden wegen unangemessenen Verhaltens vor Gericht. Dazu gehörte unter anderem die Heraufbeschwörung fiktiver Szenarien, in denen weibliche Geschworene bei erfundenen Verbrechen in der Opferrolle dargestellt wurden. Daher die schwerwiegenden Disziplinarverfahren.

Was er mir zugemutet hatte, war kein Einzelfall; es war seine übliche Vorgehensweise. Als ich das wusste, dachte ich: »Ich sollte so viel von der schrecklichen Geschichte aufschreiben, wie ich noch im Kopf habe«, für den Fall, dass ich eines Tages irgendwem beweisen muss, wie absolut inakzeptabel es war.

Zu meinem Schreck stellte ich fest, dass ich mich an kaum etwas davon erinnerte. Der Vorfall hatte sich nur vier oder fünf Stunden zuvor ereignet und ich kann mich normalerweise an jedes Detail aus Gesprächen erinnern, die vor 30 Jahren stattgefunden haben, vor allem wenn sie einen großen emotionalen Eindruck bei mir hinterlassen haben. Die Geschichte des Staatsanwalts war jedoch, weniger als sechs Stunden nachdem ich sie gehört hatte, mehr oder weniger vollständig aus meinem Gedächtnis verschwunden. Ich nehme an, mein Gedächtnis fand sie zu unerträglich, um sich lange damit zu beschäftigen, und hat sie einfach ausgelöscht.

Falls überhaupt etwas zurückgeblieben ist, dann dass ich noch ein bisschen mehr gegen die Todesstrafe eingestellt bin als vorher, weil ich jetzt weiß, dass Menschen wie der Staatsanwalt – dem ich, ehrlich gesagt, nicht einmal eine Dose Anchovis zum Öffnen anvertrauen würde – daran mitwirken, Menschen in den Tod zu schicken. Vielleicht sind diese Leute ja alle Monster, aber wie können wir da sicher sein, wenn die Menschen, die sie auf den elektrischen Stuhl bringen, auf ihre Art ebenfalls monströse Züge tragen?

Bewertung des »Der amerikanische Staatsanwalt«-Grolls

1. War die Absicht des Groll-Absenders (der amerikanische Staatsanwalt)
   a. **vermutlich böse – möglicherweise wollte er ja nur, aus edlen Motiven, für das Rechtssystem, das er für das gerechteste hielt, werben, aber alle meine Instinkte sagten mir, dass er mich vor allem leiden lassen wollte. Es schien ihm wirklich Spaß zu machen, die widerwärtigen Details seiner Geschichte auszubreiten. (3 Punkte)**
   b. möglicherweise böse?
   c. nicht böse?

2. Wusste er, dass er Sie aus der Fassung bringen oder verletzen würde?
   a. **Ja, eindeutig – das war sein alleiniges Ziel. (3 Punkte)**
   b. Möglicherweise.
   c. Überhaupt nicht.

3. War die Gesamtsituation
   a. sehr ernst?
   b. **ziemlich ernst – einer Mutter diese spezielle Geschichte in den Kopf zu setzen, in der es um ihren Sohn ging, hätte eine posttraumatische Belastungsstörung auslösen können. Genau genommen war ich für mehrere Stunden ja auch traumatisiert. Andere Menschen wären womöglich noch länger traumatisiert gewesen. (2 Punkte)**
   c. nicht sehr ernst?

4. War die Auswirkung von dem, was er tat oder sagte, auf Sie
   a. sehr schlimm?
   b. **ziemlich schlimm – ein seelisches Trauma plus eine jähe Erkenntnis, dass die in der Rechtsprechung Verantwortlichen womöglich alle böse sind. Wenn das stimmt, ist es dann vielleicht in Ordnung, wenn ich das Gesetz breche, wann immer mich die Lust dazu überkommt? Das könnte zu einer allgemeinen Gesetzlosigkeit im Raum Cambridge führen, und das ginge dann auf das Konto des amerikanischen Staatsanwalts. (2 Punkte)**
   c. nicht so schlimm?

5. Hätte er es besser wissen/machen müssen oder können?
   a. **Ja – der Staatsanwalt ist ein hochintelligenter erwachsener Mann mit genügend Erfahrung im Umgang mit schlimmen Menschen, weshalb »Verhalte dich nicht wie ein schlimmer Mensch« ganz oben auf seiner To-do-Liste stehen müsste. (3 Punkte)**

b. Könnte sein.
c. Nein.

6. Hat er Ihnen ernsthaften Schaden zugefügt?
   a. Ja.
   b. Könnte sein.
   c. **Nein – ich werde hier mal nachsichtig sein. Auch wenn es sich stark nach einem gewalttätigen Angriff auf mich und meinen Sohn angefühlt hat, war es ja nur eine Geschichte. (1 Punkt)**

7. Ist der Grrr-Faktor des Grolls
   a. **hoch – es geht über ein Grrr hinaus. Es ist ein mit Entsetzen gefüllter Hohlraum. (3 Punkte)**
   b. mittel?
   c. gering?

8. Hegen Sie diesen Groll
   a. **schon ewig – ich werde ihn für alle Zeiten hegen. Er wird sich niemals entschuldigen, und er wird auch wohl weiterhin fröhlich Menschen in den Tod schicken, ohne sich ausreichend darum zu scheren, ob sie schuldig sind oder nicht. (3 Punkte)**
   b. mittellang beziehungsweise erst seit Kurzem und glauben, dass Sie ihn noch ein bisschen weiterhegen werden, aber nicht ewig?
   c. erst seit Kurzem?

Mein »Der amerikanische Staatsanwalt«-Groll hat bisher 20 Punkte.

9. Würde dieser Vorfall allein ausreichen, dass Sie einen Groll gegen die betreffende(n) Person(en) hegen?
   a. **Ja. (also kein Punktabzug)**
   b. Nein.

10. Wäre Ihrem Groll-Absender etwas Schlimmes oder Beängstigendes widerfahren, wenn er die Groll auslösende Tat nicht begangen hätte?
    a. **Nein. (also kein Punktabzug)**
    b. Ja.

11. Wäre der Groll aufgehoben/hinfällig, wenn sich Ihr Groll-Absender umfassend und aus vollem Herzen entschuldigte?
    a. **Nein. (also kein Punktabzug)**
    b. Ja.

12. Liegt Ihnen etwas an Ihrem Groll-Absender und ihm an Ihnen?
    a. Ja, ausgesprochen viel.
    b. Ja, eine ganze Menge.
    c. **Nicht besonders viel. (Es bleibt also bei der Punktzahl.)**

Der »Der amerikanische Staatsanwalt«-Groll hat eine Gesamtpunktzahl von 20 und ist somit ein 8-karätiger Groll.

Kapitel 10

Das »Gronto«: Die Verwaltung des Groll-Kontos

»Seid klug wie die Schlangen und arglos wie die Tauben.
Nehmt euch aber vor den Menschen in Acht.«

Jesus (Matthäus 10,16–17)

Sicher haben Sie wie ich schon von Prominenten gelesen, die für jeden zurückgelegten Flug über den Atlantik einen Baum pflanzen. Die Verwaltung eines »Grontos« (mein Spitzname für ein Groll-Konto) basiert auf ähnlichen Grundsätzen. In diesem Kapitel werde ich Ihnen zeigen, wie Sie mithilfe von drei entscheidenden Verfahren Ihr Gronto in den Griff bekommen: Verrechnung, Durchleuchtung und Vergessen. Nachdem Sie alle Ihre »Grolle« verarbeitet, die unberechtigten aussortiert und nur die guten behalten haben, ist es an der Zeit, das große Ganze in den Blick zu nehmen: die Bilanz in Ihrer Groll-Vitrine.

Das Ziel des Groll-fachen Pfads ist es, dass Ihr Groll in seiner Gesamtheit sowohl Ihr Leben als auch die Welt im Allgemeinen besser macht. Drei Dinge können und sollten Sie tun, um die positive Wirkung Ihres Grolls zu maximieren.

1. Halten Sie jedes Mal, wenn Sie einen neuen verarbeiteten Groll in Ihre Groll-Vitrine aufnehmen, nach einem Ausschau, den Sie aufgeben können. Gibt es da vielleicht einen, den Sie nicht mehr lieben oder brauchen? Einen, der Ihnen nicht mehr interessant, lehrreich oder wertvoll erscheint? Wenn ja, überlegen Sie, ob Sie diesen Groll nicht eventuell ablegen und **vergessen** könnten. Verpflichten Sie sich zu regelmäßigem Frühjahrsputz in Ihrer Groll-Vitrine. Niemand hat etwas von altem, abgestandenem Groll, der in Groll-Vitrinen-Fächern dumpf vor sich hin vegetiert. Hier einige Gründe, warum Sie vernünftigerweise zu dem Schluss kommen könnten, einen Groll ziehen zu lassen:

- Sie haben den Eindruck, dass es dem Groll-Absender aufrichtig leidtut und er sich genauso sehr wünschte, er hätte nicht getan, was er getan hat, wie Sie es sich wünschen.
- Sie können so sicher sein, wie es nur möglich ist, dass sich das Verhalten nicht wiederholen wird, weshalb Sie sich vor dem Groll-Absender nicht mehr in Acht nehmen müssen.
- Sie sehen ein, dass der Groll auf einer fehlerhaften Voraussetzung beruhte.
  Beispiel: Ich hatte mehr als ein Jahr lang einen starken Groll auf eine Freundin, weil sie ein Buch schrieb, ohne mir etwas davon zu sagen. Da ich die Angewohnheit hatte, ihr alles zu erzählen, ging ich davon aus, dass sie es genauso halten würde. Ich erfuhr erst von ihrem Buch, gemeinsam mit dem Rest der Welt, als es kurz vor der Veröffentlichung stand. Aus irgendeinem albernen Grund wollte ich ihre Entscheidung, mir nichts zu sagen, als klares Zeichen dafür deuten, dass meiner Freundin nichts an mir lag – und schlimmer noch, dass sie mir gezielt nichts von dem Buch erzählt hatte, damit es mich hinterher umso mehr treffen würde, wenn ich merkte, dass ich nicht eingeweiht gewesen war. Dann nahm sie, über ein Jahr später, spontan große Mühe auf sich, um

zu mir zu reisen, obwohl sie das eigentlich überhaupt nicht hätte tun müssen. Das bewies mir, dass ich mit meiner früheren Schlussfolgerung total danebengelegen hatte und dass ihr sehr wohl etwas an mir lag und liegt. Sie ist einfach ein verschlossenerer Mensch als ich. Diesen Groll habe ich nun nicht mehr in meiner Vitrine.

- Sie empfinden den Groll, was den Groll-Absender beziehungsweise Menschen im Allgemeinen betrifft, nicht länger als lehrreich oder erhellend.
  Das oben angeführte Beispiel von meiner Freundin und ihrem Buch passt auch hier. An meinem Groll war nichts Erhellendes, denn niemand ist irgendwie verpflichtet, einem etwas zu erzählen, was er lieber für sich behalten möchte, egal was man ihm alles schon erzählt hat. Die Lehre aus meinem Groll – »Jeder, der dir nichts über sein Buch anvertraut, nachdem du ihm alles von *deinem* Buch erzählt hast, ist kein echter Freund« – war, um es ohne Umschweife zu sagen, absoluter Schwachsinn.
- Sie finden den Groll nicht länger unterhaltsam oder interessant.
  Wenn Ihnen bei der Aussicht, einem guten Freund eine bestimmte Groll-Geschichte zu erzählen, ein Gähnen entfährt und Sie keine rechte Lust dazu haben, dann wird es möglicherweise Zeit, diesen Groll aus Ihrer Groll-Vitrine zu werfen, weil er nichts mehr ausstrahlt oder Sie inspiriert.
- Der Groll-Absender tut etwas so Wunderbares, was nichts mit dem Groll zu tun hat, dass Sie nicht mehr fähig sind, Groll gegen ihn zu hegen, und damit hat sich das Thema des Grolls praktisch erledigt.
  Stellen Sie sich vor, Sie hegen einen Groll gegen eine enge Freundin, die Sie nicht zu ihrer Geburtstagsparty eingeladen hat, Ihren Ex-Mann aber schon, obwohl sie weiß, dass Sie ihn nicht leiden können, denn es war eine Swimmingpool-Party und er ist nun mal ein erfahrener Rettungsschwimmer. Dann

scheut dieselbe Freundin Jahre später weder Kosten noch Mühen, um für Sie die schönste Überraschungsparty aller Zeiten auszurichten. Da könnten Sie doch wohl versucht sein, den Groll gegen sie ad acta zu legen, nachdem Sie gesehen haben, wie viel ihr an Ihnen liegt.

Ist es, aus psychotherapeutischer Sicht, gut, wenn man eine zweite Chance gibt? Helen Acton sagt dazu: »Ohne Sophies Bereitschaft, anderen eine zweite Chance zu geben, könnte ein gestandener Groll-Sammler Gefahr laufen, andere Menschen, wie die Existenzialisten sagen würden, zu ›objektivieren‹ – sie zu behandeln, als wären sie fixe, unveränderbare Gegenstände und nicht menschliche Wesen mit dem Potenzial, uns zu überraschen. Wenn wir zu streng sind mit unserer Lebenseinstellung nach dem Motto ›Ich muss mich vor Michael in Acht nehmen, er gehört zu der Sorte, die ...‹, dann verweigern wir Michael die Möglichkeit, sein Verhalten zu ändern, auf jeden Fall im konkreten Bezug zu uns, und erhöhen sogar die Wahrscheinlichkeit, dass wir die Veränderung gar nicht erkennen würden, wenn sie denn einträte!«

Das waren nur ein paar von den Szenarien, die Sie dazu bringen könnten, einen Groll abzulegen oder fallen zu lassen.

2. Jeder mit einer Groll-Vitrine braucht auch eine DG(Dankbarkeits-Groll)-Vitrine. Ein Dankbarkeits-Groll ist eine froh machende Geschichte über eine tolle Sache, die jemand gemacht hat, für Sie selber oder für andere, und an die Sie sich unbedingt immer erinnern möchten – etwas, das aufgeladen ist mit einer sehr positiven Relevanz für Ihr Leben und das auf einem ganz und gar gutartigen auslösenden Vorfall beruht. **Verrechnen** Sie jeden Groll mit einem DG. (Das gilt, nebenbei bemerkt, nicht umgekehrt. Es ist vollkommen heilsam und akzeptabel, mehr DGs zu besitzen als »Grolle«. Die Bilanz sollte immer zugunsten der DGs ausfallen.)

Hier sind fünf Beispiele für Dankbarkeits-Groll aus meiner DG-Vitrine:

- Als ich auf Lesereise in Südafrika war, wurde mir mein Laptop gestohlen. Das hat mich sehr mitgenommen, vor allem, als ich dann auch noch erfuhr, dass meine Versicherung das nicht abdeckte. Da tauchte völlig unvermittelt mein südafrikanischer Verleger mit einem Überraschungspräsent auf: ein nagelneuer Laptop, den er für mich gekauft hatte – genau das gleiche Modell wie mein alter. Danke Eugene!
- Harriet, die wundervolle Direktorin aus der »Die bangen Eltern«-Groll-Geschichte, hat meine beiden Kinder ein Trimester lang umsonst an ihrer fantastischen Schule lernen lassen. Danke Harriet!
- Meine Homepage-Designerin Faith hat aus vollkommen freien Stücken Stunden ihrer Zeit geopfert, um mir mit dem Marketing zu helfen und mir alles zu vermitteln, was ich ihrer Ansicht nach über die geschäftliche Seite eines Autorendaseins wissen sollte. Damit hat sie meine Sicht auf mein Berufsleben komplett umgekrempelt. Danke Faith!
- Das Lucy Cavendish College in Cambridge hat mir eine Fellowship ehrenhalber zuerkannt und mir in den letzten neun Jahren den bestmöglichen Raum zum Schreiben in Cambridge zur Verfügung gestellt, mit herrlichen Gärten, auf die ich beim Schreiben schauen kann. Danke Lucy Cavendish!
- Sarah Cowen und Annette Armitage haben mir beim Schreiben und bei der Aufführung meines allerersten Musicals geholfen. Das war eine der schönsten Erfahrungen meines Lebens. Danke Sarah und Annette!

Fügen Sie, wann immer es geht, Ihrer DG-Vitrine einen DG hinzu! Wenn Sie mal einen schweren Tag haben, ist es wirklich hilfreich, an seine Dankbarkeits-Groll-Geschichten zu denken. Und achten Sie darauf, dass Sie sie auch so nennen. Sollte jemand Ihre Wortwahl beanstanden, erklären Sie ihm, dass es kein Widerspruch ist, von einem Dankbarkeits-Groll zu sprechen, weil Groll nämlich nichts Negatives, Furchtbares ist – es ist einfach nur eine Geschichte mit einer Relevanz für Ihr Leben, die Sie nicht vergessen möchten und die Sie erhellend, lehrreich oder unterhaltsam finden.

3. **Durchleuchten** Sie potenziellen neuen Groll. Wie begehrenswert und wohltuend Groll auch sein mag, wir sollten ihn nicht automatisch annehmen ohne vernünftige Abwägung. Wir müssen nicht jedem potenziellen Groll Einlass gewähren, der bei uns vorstellig wird. Einige der Möchtegern-Grolle, die sich bewerben, können – und sollten – wir ruhig abweisen. Da sollten wir penibel sein. Fragen Sie sich: Bin ich sicher, dass dieser Groll absolut grollenswert ist, berechtigt und gut? Bringt er etwas Neues, Überraschendes und Schillerndes in meine Vitrine ein, was keiner der anderen darin zu bieten hat?

Was, wenn die Ursache Ihres Grolls stirbt oder bestraft wird?

Wenn Ihr Groll-Absender stirbt oder für das Verhalten, das Ihren Groll verursacht hat, gefeuert wird oder ins Gefängnis muss, heißt das dann automatisch, dass Sie Ihr Gronto anpassen müssen, weil ein Groll Ihre Vitrine verlassen hat? Nicht unbedingt. Der Tod oder die Abwesenheit Ihres Groll-Absenders berührt möglicherweise Ihren Wunsch, den Groll weiter zu hegen, gar nicht. Das ist auch absolut in Ordnung. Sie sind nicht verpflichtet, einen Groll gegen einen Menschen, der dahingeschieden ist, zu vergessen – allerdings würden die meisten von uns vermutlich gern noch ein paar DGs bezüglich dieser Person entwickeln. Manchmal entsteht, nachdem jemand gestorben ist, ein neuer Groll (häufig ein Selfie-Groll), zum Beispiel in Form eines unbewältigten Gefühls: »Hätte ich seinerzeit doch nur den Mund aufgemacht. Hätte ich ihm doch nur gesagt, warum ich wütend war, und es mit ihm ausgefochten, als es noch möglich war!«

Es gibt viele stichhaltige Gründe dafür, anderen nicht zu sagen, dass sie uns verletzt oder verärgert haben. Ist es immer klug, kein Blatt vor den Mund zu nehmen und seinem Groll-Absender von seinem Groll zu berichten? Ist es immer – oder auch nur überwiegend – das Richtige, seinen Groll öffentlich zu machen? Ich würde sagen, da gibt es keine festen Regeln. Eine meiner Groll-Absenderinnen sagte einmal zu mir: »Ist alles in Ordnung zwischen uns? Ich glaube nämlich, dass ich dir immer eine liebevolle, loyale und vorbildliche Freundin gewesen bin.« Ich bestätigte ihr das und sagte, alles sei in bester Ordnung, obwohl beides nicht zutraf und mir sogar schon davor grauste, mit ihr im selben Zimmer zu sein. Ich war überzeugt (vielleicht zu Unrecht, wer weiß?), dass sie unmöglich die Wahrheit vertragen könnte, ohne auf mich loszugehen, was das Risiko eines offenen und unauflöslichen Konflikts zwischen uns in sich barg, wozu ich nicht bereit war, denn ich war sicher, dass sie nicht fair kämpfen würde, und wollte überhaupt Streit in jeglicher Form vermeiden.

Eine meiner bedeutsamsten Groll-Geschichten handelt von einer Person, die mir, beinahe mein ganzes Leben über, jedes kleine Detail, das sie an mir nicht so ganz ideal fand, und jeden einzelnen Aspekt meines Verhaltens vorhielt. Sie nahm sich heraus, mich zu behandeln, als wäre ich ihr liebstes Kreativprojekt, und sagte ständig: »Du solltest mehr so sein und weniger so, mehr von dem einen und etwas weniger von dem anderen tun …« Das ging immer so weiter. Unter diesen Umständen ist es vielleicht nicht verwunderlich, dass ich es vorziehe, die grollenswerten Dinge, die meine Groll-Absender getan haben, nicht *alle* zur Sprache zu bringen.

Wenn Ihr Groll-Absender für sein grollenswertes Verhalten bestraft wird, entweder vom Gesetz oder vom Karma, stellen Sie womöglich fest, dass Ihr Groll auf ihn sich langsam verflüchtigt. Oder aber Sie stellen fest, dass seine Relevanz für Ihr Leben ungebrochen ist. Folgen Sie Ihrem Instinkt. Sie werden schon wissen, besser als irgendjemand sonst, ob Ihr Groll es wert ist, aufgehoben zu werden, oder ob er sich erledigt hat.

Und jetzt zu meinem 9-karätigen Groll. Ich konnte diese Geschichte kaum glauben, während sie sich abspielte, aber ich versichere Ihnen, sie hat sich abgespielt …

Missachtung der tollen Neuigkeit

Groll-Typ Nr. 19: Groll wegen Ungezogenheit

Im Jahr 2012 kaufte ich ein Ferienhaus in den Cotswolds, das Haus, das im Groll wegen Grenzüberschreitung in Kapitel 3 eine Rolle spielt. Die meisten meiner Bekannten wussten, dass mein Mann und ich mitten in der Stadt wohnten, schon ewig nach einem Rückzugsort auf dem Land suchten und allmählich den Mut verloren, weil es unmöglich schien, irgendwo etwas Passendes zu finden. Da entdeckten wir mit einem Mal ein kleines Cottage, das für unsere Zwecke ideal war. Wir reichten ein Angebot ein, und es wurde akzeptiert. Kurz darauf kamen zwei Menschen, die uns äußerst nahestanden, zum Essen vorbei (nennen wir sie Flora und Carl).

Wir präsentierten ihnen die spannende Neuigkeit. Das machte ich nach Art von »Tada! Wir haben euch etwas mitzuteilen!«, damit sie auch wussten, wie begeistert ich war. Flora reagierte, wie ich es von ihr erwartet hatte und wie es wohl jeder getan hätte: »Oh, das ist ja wunderbar! Habt ihr Fotos?« Carl sagte gar nichts. Von dem Moment an, als er hörte »Wir haben ein Ferienhaus gekauft!«, veränderte sich sein Verhalten dramatisch. Ohne das Zimmer zu verlassen, klinkte er sich komplett aus dem Gespräch aus. Er schaute woanders hin, nahm sich eine Zeitung und fing an, sie demonstrativ durchzublättern, und sandte das klare Signal aus, dass er sich an dieser konkreten Unterhaltung nicht beteiligen werde.

Obwohl ich mich unvermindert bemühte, Carl einzubeziehen, indem ich nicht nur Flora, sondern auch ihn anschaute, als ich ihre Fragen zum Haus beantwortete und ihr Bilder zeigte, wich er die ganze Zeit über, während das Haus Thema war, meinem Blick aus.

Stattdessen starrte er in die Zeitung und stellte, halb flüsternd, halb zischend, über meinen Kopf hinweg meinen Kindern, die am anderen Ende des Raums saßen, Fragen. »Wie läuft's denn so in der Schule?« an meine Tochter gerichtet und »Hast du Samstag Fußball geguckt?« an meinen Sohn.

Flora, mein Mann und ich waren uns Carls seltsamen Verhaltens alle schmerzlich bewusst. Sobald das Thema von meinem neu erworbenen Haus zu etwas anderem wechselte, schaltete er sich wieder ein und plauderte ganz normal mit uns allen, als hätte nie irgendetwas im Argen gelegen. Flora fragte ihn später, warum er sich so eigenartig verhalten habe, und er wiegelte ab. Als sie ihm sein Verhalten noch einmal vor Augen führte, stritt er es rundweg ab und behauptete, er habe sich beteiligt und Interesse gezeigt.

Ich sollte noch auf etwas hinweisen, falls jemand denkt, Carl wäre vielleicht neidisch gewesen, weil er auch gern ein Ferienhaus gehabt hätte, sich das aber nicht leisten konnte. Das war ganz und gar nicht der Fall. Carl war ein wohlhabender Mann. Er hätte sich ein äußerst schickes Häuschen kaufen können, wenn er gewollt hätte. Warum hat er dann aber auf meine Neuigkeit so unverkennbar ungezogen reagiert?

Nach dem Vorfall habe ich ausführlich darüber mit meinem Mann und mit Flora spekuliert. Hier ein paar Theorien:

1. Carls Bedürfnis nach Kontrolle über meinen Mann und mich war vereitelt worden. Er hätte es gern gehabt, wenn wir ihn vor einer so schwerwiegenden Entscheidung zu Rate gezogen hätten, anstatt ihn vor vollendete Tatsachen zu stellen.
2. Carls Gefühle waren verletzt. Er hatte immer eine engere Freundschaft mit uns gewollt, als wir sie mit ihm wollten. Er hätte daher erwartet, von unseren Plänen für einen Hauskauf unterrichtet und womöglich sogar gefragt zu werden, ob er nicht mitkommen und sich das Haus ansehen wollte, das wir ausgeguckt hatten.
3. Carl missbilligte grundsätzlich unsere Art zu leben – er fand,

mein Mann und ich seien zu impulsiv, und verabscheute deswegen den »Gesehen, gefallen, gekauft«-Aspekt unserer Neuigkeit, der mein Aufmacher gewesen war. Ich war immer schon ein optimistischer und spontaner Mensch, wogegen Carl sich immerzu Sorgen machte und Worst-Case-Szenarien heraufbeschwor.

4. Carl war verärgert, weil er sich grundsätzlich nicht für Häuser interessiert – weder für meins noch für seins oder das von sonst jemandem –, und nahm deshalb übel, dass sich die Unterhaltung mindestens eine Stunde lang ausschließlich um ein langweiliges altes Haus drehte.
5. Carl ärgerte, dass er es zeitgleich mit Flora erfuhr. Er schätzte sich gern als wichtiger ein, hätte es also vermutlich gern gehabt, als Erster und separat informiert zu werden.

Als ich Carl das nächste Mal sah, achtete er tunlichst darauf, mich nach dem Haus zu fragen und dabei sehr aufbauend zu klingen. Bei meinen nachfolgenden Begegnungen mit ihm stellte ich allerdings fest, dass ich nicht vergessen kann und möchte, wie er reagierte, als er die Neuigkeit hörte, die für meinen Mann und mich eine so spannende und große Sache war. Es gibt gar nicht so viele wirklich besondere Tage oder spannende Neuigkeiten im Leben der meisten Menschen. Da sollten wir, wie ich finde, auf der Hut sein vor Leuten, die uns »so ganz nebenbei« diese Gelegenheiten verderben.

Bewertung des »Missachtung der tollen Neuigkeit«-Grolls

1. War die Absicht des Groll-Absenders (Carl)
   a. **eindeutig oder vermutlich böse. Es ist gemein und ungezogen, eine Unterhaltung über die fantastischen Neuigkeiten von Menschen zu boykottieren, an denen einem angeblich etwas liegt. Das kann man nicht machen, ohne zu merken, dass man sich abscheulich verhält. (3 Punkte)**

b. möglicherweise böse?
c. nicht böse?

2. Wusste er, dass er Sie aus der Fassung bringen, verletzen oder unfair behandeln würde?
   a. **Ja, eindeutig – siehe Antwort oben. Ich glaube, Carl wollte mich mit Absicht bestrafen, indem er mir seine Aufmerksamkeit, Redebeiträge, Zustimmung und Glückwünsche vorenthielt. (3 Punkte)**
   b. Möglicherweise.
   c. Überhaupt nicht.

3. War die Gesamtsituation
   a. sehr ernst
   b. **ziemlich ernst – man könnte es natürlich so sehen: »Na ja, es ist mir dadurch ja kein Schaden entstanden, also kann es so schlimm nicht gewesen sein.« Aber wenn jemand lieblos auf etwas reagiert, was einem sehr stark am Herzen liegt, dann kann das die Beziehung ernsthaft in Mitleidenschaft ziehen. Dieser Vorfall war, was mich betraf, ein Beweis dafür, dass Carl nicht mein Bestes im Sinn hatte und mir nicht guttat. (2 Punkte)**
   c. nicht sehr ernst.

4. War die Auswirkung von dem, was er tat oder sagte, auf Sie
   a. sehr schlimm
   b. ziemlich schlimm
   c. **nicht so schlimm – es wäre schlimmer gewesen, wenn ich nicht schon vorher den starken Verdacht gehabt hätte, dass Carl glaubte, ein gottgegebenes Recht darauf zu haben, sich danebenzubenehmen, wann immer er Lust dazu hatte, und wenn ich nicht schon gelernt hätte, es nicht persönlich zu nehmen. (1 Punkt)**

5. Hätte er es besser wissen/machen müssen oder können?
   a. **Ja. Carl hat viele Jahre einen verantwortungsvollen Beruf mit viel Öffentlichkeitskontakt ausgeübt. Er kennt den Unterschied zwischen höflichem, gesittetem, einfühlsamem Benehmen und dem Gebaren eines verzogenen, beleidigten Kindes. (3 Punkte)**
   b. Könnte sein.
   c. Nein.

6. Hat er Ihnen ernsthaften Schaden zugefügt?
   a. Ja.
   b. Könnte sein.
   c. **Nein. (1 Punkt)**

7. Ist der Grrr-Faktor des Grolls
   a. **hoch. Es ist der absolute Gipfel. Dieser Art von kleinlichem Gipfelstürmen hängt ein gewaltiges Grrr schon automatisch an. (3 Punkte)**
   b. mittel?
   c. gering?

8. Hegen Sie diesen Groll
   a. **schon ewig. Seit 2012. Und er hat das Zeug zum Dauerbrenner! (3 Punkte)**
   b. mittellang beziehungsweise erst seit Kurzem und glauben, dass Sie ihn noch ein bisschen weiterhegen werden, aber nicht ewig?
   c. erst seit Kurzem?

Mein »Missachtung der tollen Neuigkeit«-Groll hat bisher 19 Punkte.

9. Würde dieser Vorfall allein ausreichen, dass Sie einen Groll gegen die betreffende(n) Person(en) hegen?

a. **Ja. (also kein Punktabzug)**
b. Nein.

10. Wäre Ihrem Groll-Absender etwas Schlimmes oder Beängstigendes widerfahren, wenn er die Groll auslösende Tat nicht begangen hätte?
a. **Nein. (also kein Punktabzug)**
b. Ja.

11. Wäre der Groll aufgehoben/hinfällig, wenn sich Ihr Groll-Absender umfassend und aus vollem Herzen entschuldigte?
a. **Nein. Ich möchte mich immer daran erinnern, dass der Drang, eine wirklich tolle Neuigkeit von mir zu negieren, zu ignorieren und zu verweigern, Carl erneut überfallen könnte, wenn er mal wieder gereizt ist. (also kein Punktabzug)**
b. Ja.

12. Liegt Ihnen etwas an Ihrem Groll-Absender und ihm an Ihnen?
a. Ja, ausgesprochen viel.
b. **Ja, eine ganze Menge. Eine Kompromissantwort. Ich bedeute ihm ausgesprochen viel. Er würde mir auch ausgesprochen viel bedeuten, wenn er nicht ganz so häufig unverschämt zu mir gewesen wäre und es nicht jedes Mal versäumt hätte, die Verantwortung dafür zu übernehmen. (plus 2 Punkte)**
c. Nicht besonders viel.

Der »Missachtung der tollen Neuigkeit«-Groll hat eine Gesamtpunktzahl von 21 und ist somit ein 9-karätiger Groll.

Kapitel 11

So werden Sie ein verantwortungsbewusster Groll-Heger

»Es ist der eigene Geist des Menschen, nicht sein Gegner oder sein Feind, der ihn auf Abwege lockt.«

Buddha

Wenn man Psychotherapeut werden will, ist ein entscheidendes Element der Ausbildung, sich ebenfalls einer Therapie zu unterziehen. Man muss sich erst selber behandeln lassen, bevor man andere behandeln kann. Der Grund liegt auf der Hand: Es ist wichtig, aus eigener Erfahrung zu wissen, wie es sich anfühlt, sozusagen auf der anderen Seite des Tisches zu sitzen.

Dasselbe gilt für das Groll-Hegen. Deshalb muss, wer sich ernsthaft auf den Groll-fachen Pfad begeben möchte, begreifen, dass *jeder Groll-Heger auch ein Groll-Absender ist.* Vermutlich ist es rein technisch auch möglich, dass Sie in keiner einzigen Groll-Vitrine von irgendjemandem vertreten sind, aber das ist doch ziemlich unwahrscheinlich, wenn Sie nicht gerade erst letzte Woche auf die Welt gekommen sind.

Wir gehen eher verantwortungsvoll mit Groll um, wenn wir regelmäßig darüber nachdenken, wie es sich anfühlt, Groll-Absender zu sein. Unter welchen Umständen würden wir anstreben, dass der Groll gegen uns aufgehoben wird? Können beziehungsweise sollten wir irgendetwas bezüglich der wahren Geschichten unternehmen, in denen wir der Groll-Absender sind?

Hier die Schritte, die wir unternehmen müssen:

1. Akzeptieren, dass andere Menschen genauso viel Recht haben, gegen uns Groll zu hegen, und das mit genauso viel Wahrscheinlichkeit auch tun werden wie umgekehrt.
2. Wann immer möglich versuchen, sich so zu verhalten, dass andere Menschen nicht verletzt oder verärgert werden und daraufhin Groll hegen. Das gilt nicht für deren unangemessenen Zorn auf unser vollkommen angemessenes Verhalten oder für den Schmerz, den sie sich selber bereiten und fälschlicherweise uns in die Schuhe schieben. Ein Beispiel: **Sie müssen aufhören,** auf Fremde zuzugehen und zu sagen: »Einen so entsetzlichen Teint wie den Ihren habe ich ja seit Jahren nicht gesehen. Wollen Sie nicht lieber im Haus bleiben oder sich eine Tüte über den Kopf stülpen, bevor Sie ausgehen?« **Sie müssen nicht aufhören**, freitagnachmittags mit Annabel Tennis zu spielen, wenn das Yvonne traurig macht, weil sie Annabel nicht leiden kann und findet, Sie sollten ausschließlich mit ihr Tennis spielen.
3. Wenn Ihnen aus irgendeinem Grund auffällt, dass Sie sich schlecht gegenüber jemandem verhalten haben, tun Sie, was Sie können, um es wiedergutzumachen: Entschuldigen Sie sich, spendieren Sie dem- oder derjenigen einen hübschen Schal oder einen Cocktail, versichern Sie ihnen, dass Ihnen viel an ihnen liegt und dass Ihnen der Gedanke, sie verletzt zu haben, ein Gräuel ist.
4. Akzeptieren, dass wir, nachdem wir uns entschuldigt und unser schlechtes Benehmen richtiggestellt haben, alles, was möglich war, getan haben. Wenn die Betroffenen einen Groll hegen möchten, ist das ihre Sache – und das ist auch okay so.

5. Akzeptieren, dass es vollkommen in Ordnung und für uns kein Grund zur Besorgnis ist, wenn selbst nach unserer Entschuldigung und Verhaltenskorrektur der Groll bei dem anderen weiterbesteht. Wir können das, was andere Menschen denken oder fühlen, nicht beeinflussen und sollten es auch nicht versuchen.
6. Einsehen, dass wir nicht automatisch schlechte Menschen sind, nur weil 3 oder 20 oder auch 200 Menschen Groll gegen uns hegen. Das sagt überhaupt nichts über uns aus. Wenn ich verkünden würde, dass ich bei der nächsten Wahl eine bestimmte Partei wählen werde, könnten die vielen Tausend Anhänger der anderen Parteien möglicherweise Groll auf mich haben. Das ist in Ordnung. Wenn man sich als Mensch für seine Anliegen einsetzt, wird man immer bei dem einen oder anderen die Hauptrolle in seinem Groll spielen. Das ist unvermeidlich. Sitzen Sie nicht zu Hause, ohne etwas zu sagen oder zu tun, nur um niemanden zu verärgern oder zu verstören. Dann wird man trotzdem noch Groll gegen Sie hegen – »Diese blöde Ziege, die sich den ganzen Tag in ihrem Haus vergräbt, es ist so deprimierend, die als Nachbarin zu haben. Ich habe einen Groll auf sie, weil sie nicht irgendwo anders hinzieht, wo ich ihr verängstigtes, unglückliches Gesicht nicht mehr sehen muss« –, da können Sie es sich genauso gut angenehm machen und Ihr Ding in vollem (verantwortungsbewusstem) Umfang durchziehen.

Wenn ich mich entschließen würde, ganz offiziell Unterricht im Groll-fachen Pfad zu geben, mit Stunden, Zeugnissen und dem ganzen Brimborium, würde ich darauf bestehen, dass die Kursteilnehmer eine Liste von allen »Grollen« anderer Leute erstellen, die ihnen einfallen und in denen *sie* die Groll-Absender sind. Hier einige von den meinen:

Groll, den andere auf mich haben, und meine entsprechende Groll-Buchführung

1. Taxi für Dr. Interessanter Nachname

Meine ehemalige Chefin hielt mich für eine furchtbare Mitarbeiterin. Sie hegt deswegen heute noch Groll, und ich höre immer mal wieder, dass sie Leuten davon abrät, meine Bücher zu lesen. Sie ist außerdem sauer, weil ich ihren Nachnamen für eine Nebenfigur benutzt habe, und denkt, ich hätte das gemacht, um sie zu ärgern.

Ich habe ihren Namen nicht benutzt, um sie zu ärgern. Ich habe ihn benutzt, weil es ein toller Name ist und wirklich ungewöhnlich. Mir gefiel er einfach gut! Ich war tatsächlich eine ziemlich schlimme Mitarbeiterin, als ich noch für einen anderen Chef in derselben Einrichtung arbeitete, bevor diese spezielle Chefin die Führung übernahm. Zu 80 Prozent war es meine Schuld, dass ich so furchtbar in meinem Job war. Ich hatte ihn gar nicht gewollt, mich dazu nur überreden lassen, um einem Freund einen Gefallen zu tun, der mich glattweg angelogen hatte. Er sagte: »Es ist im Grunde ein Teilzeitjob, und du musst höchstens einmal im Monat erscheinen.« Als ich den Job annahm, stellte ich fest, dass der damalige Chef von mir erwartete, ungefähr jede Woche drei Tage anwesend zu sein, was für mich weder machbar noch erstrebenswert war. Zur gleichen Zeit wie ich fing noch eine weitere Mitarbeiterin neu an und bekam sofort jede Menge Sonderkonditionen. Von ihr wurde beispielsweise *nicht* erwartet, dass sie die halbe Woche über vor Ort war. Und ich sollte das einfach so akzeptieren und in Ordnung finden.

Statt auf der Stelle zu kündigen, blieb ich und erledigte den Job mehrere Jahre lang lustlos und widerwillig. Das war meine Schuld. Da ich wusste, dass ich die Arbeit nicht mit voller Kraft tun konnte und wollte, hätte ich gehen müssen. Ich blieb wider Treu und

Glauben. Dann wechselte mein alter Chef die Stelle und eine neue Chefin fing an – die mit dem interessanten Nachnamen. Im Gegensatz zu meinem alten Chef hat sie mir nie gesagt, dass eine andere Mitarbeiterin viel wichtiger war als ich, obwohl wir beide ganz genau die gleiche Arbeit machten, noch hat sie darauf bestanden, dass ich immer die halbe Woche anwesend war, obwohl es dafür nicht den geringsten Grund gab, und sie hat auch kein einziges Mal im gönnerhaftesten Tonfall, den man sich vorstellen kann, zu mir gesagt: »*Sie* sind aber ein mutiges Mädchen!«, nachdem ich einem Besucher unseres Büros eine intelligente und herausfordernde Frage gestellt hatte. Die Chefin mit dem interessanten Nachnamen war absolut in Ordnung, und ich hatte überhaupt nichts gegen sie. Ich bemühte mich, meine Arbeit ein bisschen besser zu tun und gewissenhafter. Es funktionierte. Ich wurde eine pflichtbewusstere und artigere Mitarbeiterin.

Während der Regentschaft der Chefin mit dem interessanten Nachnamen hatte ich meinen zweiten Mutterschaftsurlaub. Mittendrin rief mich ein Kollege an und bat mich inständig, doch früher zurückzukommen. Eine bestimmte Aufgabe musste erledigt werden, und er wusste, dass ich sie gern und mit Leichtigkeit erledigen würde – es war mein liebster Teil des Jobs –, während sie ihm zuwider war. Ich erklärte mich einverstanden, für diese Aufgabe meinen Mutterschaftsurlaub zu unterbrechen, unter der Bedingung, dass ich nichts anderes würde tun müssen. Er und ich trafen uns mit der Chefin mit dem interessanten Nachnamen, und sie stimmte ganz bereitwillig zu.

Ich erledigte die Aufgabe. Ein paar Wochen später bekam ich eine unfreundliche E-Mail in einem ausgesprochen gebieterischen Ton von der Chefin mit dem interessanten Nachnamen, in der ich gerügt wurde, weil ich es unterlassen hatte, eine weitere mir zugeteilte Aufgabe zu erledigen. Ich mailte zurück mit den Worten: »Wissen Sie nicht mehr, dass ich noch im Mutterschaftsurlaub bin und ihn nur unterbrochen habe, um die andere Sache zu machen?« Die Chefin mit dem interessanten Nachnamen wusste es nicht mehr. Sie erwiderte, sie könne sich überhaupt nicht an das Gespräch erinnern, und gab mir eindeutig zu verstehen, dass sie glaubte, ich hätte es erfunden.

Zum Glück konnte mein Kollege, der bei dem Meeting dabei gewesen war, mir Rückendeckung geben.

Das kam bei der Chefin mit dem interessanten Namen gar nicht gut an. Weder entschuldigte sie sich, noch gestand sie unumwunden ein, dass sie einen Fehler gemacht hatte. Sie erklärte lediglich, dass sie keine andere Wahl habe, als diese Version der Ereignisse zu akzeptieren, wenn mein Kollege und ich partout nicht davon abrücken wollten. Ich bin sicher, sie hegt bis auf den heutigen Tag Groll wegen der »Aufgabe, die sie mir zugewiesen hatte und die ich auf fahrlässige Weise zu erledigen versäumte«.

Von mir aus. Wenn sie unbedingt das Schlimmste über den Vorfall annehmen möchte und infolgedessen auch über mich, kann sie das meinetwegen gern tun. Wenn sie sich einreden möchte, dass ich ihren Nachnamen in einem Buch verwendet habe, um sie zu ärgern, hat sie dafür ebenfalls meinen Segen. Ich habe nicht das Gefühl, ich müsste bei diesem Groll, bei dem ich die Groll-Absenderin bin, irgendwie aktiv werden. Ich hege natürlich meinen eigenen Groll in dieser Sache, bei dem die Chefin mit dem interessanten Nachnamen die Groll-Absenderin ist und aus dem ich folgende Lehre gezogen habe: Bemühe dich, am Ende nicht zu denken, jemand sei im Unrecht, und lüge, wenn dem nicht so ist. Wenn es möglich und plausibel ist, dass das Gegenteil zutrifft, dann bemühe dich, das zu glauben, vor allem wenn dich nur dein Stolz davon abhält. Das Schlimmste von den Motiven und dem Verhalten eines Menschen zu denken, wenn man die Wahl hat, es auch anders zu sehen, setzt zerstörerische Energie frei, die am Ende vor allem dem schaden könnte, der so denkt.

Nach dem unschönen Verhalten der Chefin mit dem interessanten Nachnamen wurde ich ganz schnell wieder zur schlechten Mitarbeiterin. Ich durfte mein Auto nicht in dem Hof vor der Haustür unseres Gebäudes parken. Niemand durfte das. Es gab eine Schranke und die wurde nur für Taxis gehoben, die nicht lange blieben. Nach dem Mutterschaftsurlaubs-Verwirrspiel fuhr ich, immer wenn ich zur Arbeit kam, bis zur Schranke vor und sagte in die Sprechanlage: »Taxi für Dr. Interessanter Nachname«, und dann ging die Schranke hoch. Ich fuhr durch und parkte den ganzen Tag über direkt vor der Tür des Gebäudes. Am Ende erwischte man mich dann doch, aber erstaunlicherweise erst an meinem allerletzten Arbeitstag. Ich wüsste zu gern noch, ob die Chefin mit dem interessanten Nachnamen als Quittung dafür, dass sie das Schlimmste angenommen hat, jetzt längere Wartezeiten auf ihre Taxis in Kauf nehmen muss, weil die Bediener der Schranke misstrauisch geworden sind.

Muss ich bezüglich dieses Grolls, bei dem ich die Groll-Absenderin bin, irgendetwas unternehmen? Nein. Ich muss nur die Lehren daraus im Sinn behalten: Nimm nicht das Schlimmste an, wenn du auch das Beste annehmen kannst, und bleibe nicht in einem Job, den du von Anfang an nicht wolltest. Wenn du einen Job annimmst, dann erledige ihn aus voller Überzeugung und nach besten Kräften. Dass Dr. Interessanter Nachname das Schlimmste von mir dachte, ging teilweise auch darauf zurück, dass mein erster Chef bei dieser Firma ihr gesagt hatte, ich sei zu nichts zu gebrauchen – und das war ganz allein meine Schuld, weil ich tatsächlich faul und pflichtvergessen war.

2. Kein Rückruf für Norma

Norma, die in Toronto lebt, wollte mich unbedingt telefonisch erreichen. Sie versuchte es zweimal auf dem Festnetz, aber beide Male war ich nicht zu Hause. Da ließ sie mir über eine dritte Person, Olive, eine Nachricht zukommen mit der Bitte, sie doch einmal anzurufen. Olive sagte: »Du musst Norma anrufen – sie möchte wirklich gern mit dir sprechen.« Ich wollte zu der Zeit aber nicht mit Norma sprechen. Zwei Tage zuvor war eine zwar kurze, aber auch sehr traumatische Zeitspanne in meinem Leben zu Ende gegangen, die auch Norma betraf – tatsächlich war es das, worüber sie mit mir reden wollte. Aber ich wollte dieses Gespräch nicht führen. Ich dachte bei mir: »Später vielleicht, aber nicht jetzt, wo die traumatische Episode noch so frisch ist.«

Also rief ich Norma nicht an. Olive lag mir weiter damit in den Ohren und ich sagte immer wieder unverbindlich »Hm«, aber ich wusste, dass ich es nicht tun würde. Stattdessen schickte ich Norma eine hübsche Karte per Post, auf der ich unmissverständlich zum Ausdruck brachte, dass ich ihr alles Gute wünschte und hoffte, dass es ihr den Umständen entsprechend gut gehe. Ich formulierte das alles auf eine warmherzige und liebevolle Weise. Meine Karte, der noch ein Geschenk beigefügt war, konnte bei Norma keinerlei Zweifel aufkommen lassen, dass das Ausbleiben meines Rückrufs überhaupt nichts mit bösem Blut meinerseits zu tun hatte. Olive missbilligte allerdings auf das Äußerste, dass ich Norma nicht anrief. Es kam ihr nicht in den Sinn, dass in Normas Wunsch nach einem Telefongespräch mit mir nicht automatisch eine Verpflichtung für mich lag. Olive beschied mir, sie finde es »eine Schande«, dass ich Norma noch nicht zurückgerufen hätte. Ich glaube, so denkt sie bis auf den heutigen Tag und hegt einen Groll auf mich, weil ich Norma im Stich gelassen hätte.

Muss ich wegen dieses Grolls etwas unternehmen? Nein. Ich finde es in Ordnung, wie ich mich Norma gegenüber verhalten habe. Wenn ich mich stärker gefühlt hätte, hätte ich vielleicht ihre Bedürfnisse über die meinen gestellt, aber ich war es nicht, ich fühlte mich an diesem Punkt in meinem Leben einfach nicht dazu in der Lage, mit ihr zu sprechen. Ich könnte jetzt versuchen, Olive das klarzumachen, aber das würde nichts bringen. Olive ist ein Mensch, der es immer allen recht machen will. Es ist schon erstaunlich, dass sie es fertiggebracht hat, mir zu sagen, es sei eine Schande, dass ich Norma nicht anrief. Ich vermute mal, es war das einzige Mal in ihrem Erwachsenenleben, dass sie jemanden unumwunden kritisiert hat. Wenn ich versuchte, Olive mein Verhalten zu erklären, würde sie zweifelsohne sagen: »Oh, natürlich, ja, das verstehe ich total, ja, du hast absolut recht.« Und ich würde nie dahinterkommen, ob ihr Groll auf mein angeblich schändliches Verhalten noch in ihrer Groll-Vitrine vorhanden ist oder nicht. Fazit: Es gibt nichts Sinnvolles, was ich bezüglich dieses Grolls unternehmen könnte.

3. Taktloses Verhalten gegenüber Simon

Als ich mit meinem Freund Simon Schluss machte, um Chris zu daten, auf den ich damals mehr stand, war Simon am Boden zerstört. Ein paar Monate danach (da hatte ich mich bereits wieder von Chris getrennt, der sich als etwas absonderlich erwies), traf ich Simon im örtlichen Pub. Er war eindeutig noch nicht über unsere Trennung hinweg, und ich beschloss, mit ihm in einen Wettstreit in Sachen Unglücklichsein zu treten. Ich berichtete ihm in aller Ausführlichkeit, wie schlecht Chris mich behandelt hatte, was natürlich ausgesprochen taktlos von mir war. Ich hatte wohl ein schlechtes Gewissen und wollte Simon zeigen, dass ich ebenfalls gelitten hatte, aber ich hätte das nicht tun dürfen, nachdem ich ihm so viel Schmerz zugefügt hatte. Was ich jetzt sinnvollerweise tun könnte, wäre, mich zu entschuldigen. Es tut mir leid, Simon. Ich habe das ganze Internet nach dir abgesucht, damit ich mich ordnungsgemäß entschuldigen kann, aber du hast deinen Nachnamen mit Milliarden von Menschen gemeinsam, sodass ich dich nicht finden kann.

4. Das Gebrüll in der Küche

Seth stand in meiner Küche und brüllte mich an. »Wenn ich direkt vor deinen Augen jemandem in den Kopf schießen und dann behaupten würde, ich hätte die Person gar nicht totgeschossen, was würdest du dann sagen?«, wütete er. »Würdest du sagen: ›Ist gut.

Wir haben wohl alle unterschiedliche Blickwinkel‹ oder würdest du sagen: ›Du bist ein verdammter Lügner, ich habe doch selbst gesehen, wie du auf ihn geschossen und ihn getötet hast‹?« Das war *nicht* die Ausgangssituation, derentwegen Seth ins Brüllen geraten war, während ich ihm etwas zu essen kochte. Sie kam ihr nicht einmal nahe.

In diesem Augenblick erschien mein Mann, der eine Etage höher gearbeitet hatte und von dem Gebrüll gestört worden war, im Flur vor der Küchentür. Seth bemerkte ihn dort, unterbrach sein Brüllen und sagte lächelnd und in einem unbeschwerten Tonfall zu meinem Mann: »Oh, hi, Dan! Sorry, ich komme gleich und plaudere mit dir.«

Dan war sichtlich perplex über diesen plötzlichen Umschwung und zog wieder ab Richtung Arbeitszimmer. Sobald er aus dem Weg war, fiel Seth wieder wutentbrannt über mich her. Er hatte nämlich einen Groll auf mich, müssen Sie wissen.

Seth hatte eine Freundin mit Namen Trixie. Ein paar Wochen zuvor hatte er mir berichtet, dass er plane, Trixie ein Ultimatum zu stellen. Seth und Trixie hatten einen Bekannten namens Rafiq, der einmal ein enger Freund von Seth gewesen war … bis Rafiq über Ereignisse, in die alle drei (Seth, Trixie und Rafiq) viele Jahre zuvor verwickelt waren, mit Seth in Streit geriet.

Seth fand, dass Rafiqs Version der Ereignisse eine glatte Lüge sei. Rafiq vertrat dagegen den Standpunkt, dass Seth und andere (Trixie nicht eingeschlossen) sich ihm gegenüber auf eine Weise unfair verhalten hätten, die ihm geschadet habe. Nicht gewillt, diese seiner Meinung nach falsche und verleumderische Version vergangener Geschehnisse zu akzeptieren, brach Seth jeglichen Kontakt zu Rafiq ab.

Ein paar Jahre lang reichte Seth dieser Bruch mit dem alten Freund aus. Doch dann fing es an, ihn zu wurmen, dass Trixie nicht ebenfalls aktiv geworden war und Rafiq aus ihrem Leben verbannt hatte.

An dieser Stelle berichtete Seth mir, nachdem er um ein »wichtiges Treffen« gebeten hatte, von seinen Plänen für ein Ultimatum: Entweder Trixie sagte Rafiq, dass sie mit Seth übereinstimmte, und verlangte von ihm, seine Version der früheren Ereignisse zu widerrufen, weil sie eine Lüge sei, oder Seth würde sie als illoyale Verräterin betrachten und aller Wahrscheinlichkeit nach ihre Beziehung beenden.

Ich sagte: »Seth, ich stehe hinter dir, insofern, als ich möchte, dass du glücklich bist und dir nicht unnötigen Kummer machst. Ich finde, dass es manchmal ganz in Ordnung ist, wenn jemand nicht genauso über andere Menschen denkt wie wir und darüber, ob der Kontakt abgebrochen werden sollte, und ich finde es nicht nachvollziehbar, dass Trixie ihre ›Loyalität‹ dir gegenüber dadurch unter Beweis stellen soll, dass sie irgendetwas in Bezug auf Rafiq macht, was sie nicht schon aus freien Stücken gemacht hat. Sie glaubt, dass Rafiq die Sache von früher falsch sieht, aber sie akzeptiert auch, dass die Situation sich ihm möglicherweise ganz anders dargestellt hat als dir und ihr. Und das ist in Ordnung so. Es bedeutet nicht, dass sie dir in den Rücken fällt.«

Seth blockte vollständig ab. Seine Augen verloren jede Wärme, er versteifte sich und sein Mund zog sich zu einer dünnen Linie zusammen. Stellen Sie sich vor, wie sich jemand verhalten würde, wenn man ihn zwänge, sich mit einer Person an einen Tisch zu setzen, die ihm eine Woche zuvor seine gesamten Ersparnisse gestohlen oder versucht hätte, sein Hauskaninchen in Brand zu stecken. So benahm sich Seth, sobald er sah, dass ich seiner Drohgebärde gegenüber Trixie nicht so enthusiastisch grünes Licht gab, wie er sich das vorgestellt hatte.

Ich redete ihm gut zu, aber Seth blieb abweisend und missbilligend und wir verabschiedeten uns bald darauf.

Am folgenden Tag rief mich ein anderer von Seths Freunden an und bat mich, doch einmal Seth anzurufen, der sich sehr über mein Verhalten aufgeregt habe. Ich weiß nicht, warum er wollte, dass ich ihn anrief, statt mich selber anzurufen, aber ich machte es.

Seth schien sich zunächst zu freuen, geriet dann aber mehr denn je in Wut, als ihm klar wurde, dass ich nicht anrief, um mich zu entschuldigen und zu sagen, dass ich zur Vernunft gekommen sei und seine Ultimatumspläne jetzt guthieße. Ich bin sicher, dass Seth an dieser Stelle einen Groll ausformte gegen meinen Verrat und meine Verbrüderung mit den betrügerischen Mächten der Finsternis, sofern er das nicht bereits getan hatte, als ich ihm das erste Mal meine Sicht der Dinge eröffnete.

Er ignorierte meinen Rat und stellte Trixie sein Ultimatum. Weil sie ihn beschwichtigen und zufriedenstellen wollte, erklärte sich Trixie bereit, Rafiq einen Brief zu schreiben. Am Abend des *Gebrülls* brachte Seth ihn vorbei, um ihn mir zu zeigen. Der Brief beschäftigte sich in aller Ausführlichkeit mit den vergangenen Geschehnissen und endete sinngemäß mit den Worten: »Ich weiß, dass deine Wahrheit sich von meiner unterscheidet, und ich bedaure sehr, dass es so ist, aber ich schätze, dieselben Dinge können sich den Menschen ganz unterschiedlich darstellen.«

Seth fragte mich, was ich von dem Brief hielt, und ich antwortete: »Ich finde, du solltest zufrieden sein. Sie hat etwas unternommen, als du sie darum gebeten hattest, und gezeigt, dass ihr etwas an dir liegt. Und sie bringt in diesem Brief unmissverständlich zum Ausdruck, was ihrer Meinung nach passiert ist, und das stimmt in allen Einzelheiten mit deiner Version der Ereignisse überein.«

An dieser Stelle fing Seth dann an, mir gegenüber laut zu werden. An einem Punkt brüllte er, ich gehörte vermutlich zu den Menschen, die bestreiten würden, dass jemand, der erschossen wurde, auch wirklich erschossen worden sei.

Ich bereue außerordentlich, dass ich weiter versuchte, Seth zur Vernunft zu bringen, dass ich ihm trotz allem noch Essen zubereitete und servierte und die ganze Zeit über freundlich und höflich blieb, obwohl er mich angebrüllt und dann den restlichen Abend geschmollt hatte. Ich bereue zutiefst, dass ich mein ganzes Leben lang in regelmäßigen Abständen zugelassen habe, dass man mich nicht nur in meiner Küche angebrüllt, sondern auch in meinem Wohnzimmer wüst beschimpft, in meinem Hausflur beleidigt, in meiner Waschküche seelisch unter Druck gesetzt, im Zimmer meiner Tochter drangsaliert und in meinem Garten verhöhnt hat.

Wenn ich das alles noch einmal durchleben könnte, würde ich bei allen diesen Gelegenheiten sagen: »Wenn du nicht höflich und respektvoll mit mir sprechen kannst, muss ich dich bitten zu gehen.« Na ja, vielleicht. Möglicherweise wäre ich ja immer noch zu sehr bestrebt, es jedem recht zu machen, um wirklich konsequent zu sein. Ich wäre so gern mal in der Lage, die Probe aufs Exempel zu machen. Ich fände es wunderbar, wenn Seth vorbeikommen und mich wutentbrannt in meinem Wintergarten anschnauzen könnte. Leider ist das unmöglich. Seth ist vor ein paar Jahren verstorben, und ich habe auch keinen Wintergarten.

Bezüglich Seths Groll über meinen »illoyalen Verrat« an ihm in der Trixie-Rafiq-Sache kann ich nun nichts weiter unternehmen. Wenn Seth noch lebte, würde ich mich ganz sicher nicht bei ihm entschuldigen wollen und ich würde auch keinen Versuch machen, die Sache noch einmal mit ihm zu diskutieren, solange ich keine Anzeichen für seine Bereitschaft erkennen könnte, die Möglichkeit in Betracht zu ziehen, dass jemand, der eine andere Auffassung hat als er, nicht unbedingt ein Feind ist.

Mein »Das Gebrüll in der Küche«-Groll läuft Seths »Sophie ist nicht meiner Meinung«-Groll den Rang ab. Ich denke, ich hege einen stärkeren Groll gegen sein Verhalten, als er gegen meins gehegt hat. Es war eine angespannte Pattsituation von dem Tag an, als Seth mich in meiner Küche anbrüllte, bis zum Tag seines Todes, was meinen Groll auf dem Trockenen zurückließ, ohne einen Groll-Gegner, mit dem ich hätte abrechnen können.

Bevor Sie sich als verantwortungsbewussten Groll-Heger bezeichnen können, müssen Sie zuerst allen Groll auflisten, bei dem Sie der Groll-Absender sein könnten, und abschätzen, ob es irgendetwas gibt, was Sie tun oder sagen könnten beziehungsweise sollten, vorausgesetzt, Sie teilen die Auffassung, dass Sie jemandem ungerechtfertigt Schaden zugefügt haben. Wenn es das gibt, dann tun Sie es! Wenn nicht – wenn Sie glauben, der Groll-Heger verhält sich unfair oder ist im Irrtum –, dann besteht von Ihrer Seite kein Handlungsbedarf.

Fragen Sie sich bei jeder Ihrer »Ich, der Groll-Absender«-Geschichten: War der Groll-Heger zu Recht beleidigt oder verletzt durch das, was Sie getan haben? Warum haben Sie es getan? Würden Sie es noch einmal tun? Wie könnten Sie es jetzt wieder geradebiegen, und wären Sie willens, es zu versuchen? Wären Sie willens, eine Abfuhr zu akzeptieren? Die Bereitschaft, eine Zurückweisung unserer Entschuldigung durch die Person, der wir unrecht getan haben, zu akzeptieren, ist von entscheidender Bedeutung – für unseren eigenen Seelenfrieden und weil der Versuch, jemanden dazu zu zwingen, unsere Entschuldigung anzunehmen, einen neuen grollenswerten Vorgang darstellt.

Nachdem Sie Ihre »Ich, der Groll-Absender«-Inventur und die Frage-Antwort-Runde absolviert haben, können Sie Ihre Aufmerksamkeit wieder dem Groll zuwenden, bei dem Sie der Heger sind …

Verantwortungsbewusstes Groll-Hegen: Die Regeln

1. Aus Ihrem Groll darf Ihnen oder sonst jemandem kein weiterer Schaden entstehen.
2. Das Ziel Ihres Grolls sollte immer sein, Schaden zu vermindern und Gerechtigkeit, Weisheit und Zufriedenheit in Ihnen selbst und in der Welt zu vermehren.
3. Rachefantasien sind in Ordnung, aber tatsächliche Rache ist niemals gerechtfertigt.
4. In den eigenen vier Wänden »Dieser absolute Scheißkerl!« zu rufen, um sich zu amüsieren und Dampf abzulassen, ist in Ordnung. Es so zu rufen, dass der Groll-Absender es hören oder hinterher davon erfahren könnte, ist nicht in Ordnung.

5. Lassen Sie Ihren Groll immer mal wieder mit dem Antrag vorstellig werden, die Vitrine verlassen zu dürfen und hinfällig zu werden.

Unser Groll spielt eine entscheidende Rolle in unserem Seelenleben. Er ist die Grundlage einiger der Geschichten, die zusammengenommen unsere gesamte Biografie ausmachen. Wir sollten diese Geschichten in Ehren halten, ebenso wie die Lehren, die wir aus ihnen gezogen haben, denn sie haben mit dazu beigetragen, dass wir die Menschen wurden, die wir heute sind.

Helen Acton sagt: »Laut dem Existenzialismus-Philosophen Jean-Paul Sartre, der die heutige existenzielle Psychotherapie maßgeblich beeinflusst hat, ist unsere Aufgabe als Mensch, unser ›Existenzprojekt‹ sichtbar zu machen, das man beschreiben könnte als die verbindende Grundlage, auf der wir unsere Entscheidungen treffen und die Gestalt unseres individuellen Daseins unverwechselbar machen. Man könnte sagen, dass Sophies Groll-Vitrine, gut gepaart mit Einfühlungsvermögen, ein Mittel zu diesem Zweck ist. Es ermöglicht ihr, Groll für Groll zu erkennen, was ihre Ansichten über sich und ihre Welt eint, und, was das Entscheidende ist, es bestimmt die Art, wie sie ihren Platz in der Welt einnehmen möchte. Zu Sophies Existenzprojekt gehört, dass sie denen gegenüber aufgeschlossen ist, die von ihren Lieben geliebt werden, und der Groll erinnert sie immer an ihren Vorsatz, auf diese Weise zu leben. Er bestätigt ihr Selbstverständnis – die Art Mensch, die sie gern sein möchte.«

Wir alle hegen negative, unwürdige, unredliche und destruktive Gedanken und Gefühle. Wir alle empfinden Wut und Schmerz, aber wir erreichen nichts und schaffen nur weitere Probleme, indem wir die negativen Impulse in uns unter den Teppich zu kehren oder zu übertünchen versuchen. Unsere Groll-Vitrine ermöglicht es uns, wenn sie verantwortungsbewusst nach den Lehren des

Groll-fachen Pfads verwaltet wird, unser Leben und unsere Beziehungen zum Großteil positiv zu halten. Diejenigen unter Ihnen, die immer noch meinen, sie sollten besser keinen Groll hegen: Blättern Sie bitte an den Anfang zurück und lesen Sie dieses Buch noch mal von vorn.

Jetzt, wo ich im Einzelnen erläutert habe, wie man mit tollem Groll sein Leben bereichern kann, möchte ich Ihnen den mordsmäßigen 10-Karat-Groll präsentieren, den ich mir bis zum Schluss aufgehoben habe…

Der Todeswunsch auf der Türschwelle

Groll-Typ Nr. 18: Groll wegen Ungerechtigkeit

Meine 16-jährige Nichte Tanya (die ich über alles liebe) ging mit einem Jungen namens Jordan. Sie war total in ihn verknallt, und er empfand genauso für sie. Sie gingen in dieselbe Schule und waren schon sieben Monate ein Paar, aber sie war noch nie bei ihm zu Hause eingeladen gewesen und immer, wenn sein Vater oder seine Mutter ihn anriefen, während er mit Tanya zusammen war, ging er zum Telefonieren aus dem Zimmer. Tanya hatte sich schon gefragt, ob Jordan womöglich etwas aus seinem häuslichen Umfeld vor ihr verborgen hielt, und ihn mehrmals darauf angesprochen, aber er hatte ihr versichert, dass es keine Geheimnisse gebe. Er erklärte ihr, seine Eltern wüssten von ihr und würden die Beziehung gutheißen.

Dann waren Tanya und Jordan eines Tages bei Tanya zu Hause, und es klingelte an der Tür. Tanyas Mutter ging nachsehen und sah einen Mann und eine Frau auf der Schwelle stehen. Ihr Äußeres gab Tanyas Mutter eindeutig zu verstehen, dass sie einer religiösen Sekte angehörten, die ihren Mitgliedern eine bestimmte Kleiderordnung vorschrieb. Und tatsächlich sagte Jordans Mutter Tanyas Mutter, sobald die Tür geöffnet war, dass sie stolze Mitglieder einer bestimmten Religionsgemeinschaft seien – von der Tanyas Mutter schon gehört hatte und die sie für gefährlich und repressiv hielt.

Jordans Mutter fing in aggressivem Tonfall an zu schreien, in ihrer Gemeinschaft sei jegliches Techtelmechtel zwischen Mädchen und Jungen streng verboten und es sei auch keinerlei Beziehung zwischen einem Gemeinschaftsmitglied und einem Außenstehenden erlaubt – nicht einmal als Freundschaft. An diesem Punkt tauchten Tanya und Jordan auf, die das Geschrei gehört hatten, und Jordans Mutter schrie Tanya an: »Mach nicht das Leben meines Sohnes kaputt!« Tanyas Mutter versuchte der Mutter von Jordan begreiflich zu machen, dass die beiden Jugendlichen ineinander verliebt seien und das Recht haben sollten, ihre Beziehung zu pflegen, wenn beide das wollten. Bei diesen Worten bekam Jordans Mutter beinahe einen hysterischen Anfall. Sie wandte sich an Jordan und schrie ihn an: »Ich hasse dich, Jordan! Ich würde dich lieber tot sehen als in einer Beziehung mit diesem Mädchen!« Als sie das von sich gab, sahen weder Jordan noch sein Vater erstaunt aus. In ihrer Familie betrachtete man es eindeutig nicht als inakzeptabel, dass sie so etwas dachte oder sagte.

Jordan hatte nicht genügend Mumm, um der Mutter, die ihm auf der Schwelle zum Haus fremder Leute lauthals den Tod an den Hals wünschte, die Stirn zu bieten. Also hatte Tanya keine andere Wahl, als sich damit abzufinden, dass ihre Beziehung, die andernfalls womöglich von Dauer gewesen wäre, am Ende war. Sie verzieh Jordan sofort, dass er sie angelogen hatte, weil sie begriff, dass er unbedingt vor sich selber und vor der übrigen Welt so tun wollte, als habe er die Freiheit, sich wie andere Jugendliche auch seine Freunde und Liebespartner selber auszusuchen.

Jordan und Tanya schreiben sich immer noch jeden Tag stundenlang heimlich online, und sie sind immer noch verliebt – aber sie können niemals offiziell als Paar auftreten, weil Jordans Eltern mehr an den Regeln ihrer Gemeinschaft liegt als am Glück ihres Sohnes.

Bewertung des »Der Todeswunsch auf der Türschwelle«-Grolls

1. War die Absicht der Groll-Absender (Jordans Eltern)
   a. **eindeutig böse. Sie hatten die Absicht, mit Gewalt eine Beziehung zu beenden, die Jordan glücklich machte, und ihm das Recht auf Freiheit zu verweigern. (3 Punkte)**
   b. möglicherweise böse?
   c. nicht böse?

2. Wussten sie, dass sie Jordan aus der Fassung bringen, verletzen oder unfair behandeln würden?
   a. **Ja, eindeutig – und das war ihnen egal. Die Regeln ihrer Gemeinschaft waren ihnen wichtiger. (3 Punkte)**
   b. Möglicherweise.
   c. Überhaupt nicht.

3. War die Gesamtsituation
   a. **sehr ernst. Zwang auszuüben, um eine Liebesbeziehung zu zerstören, ist ein Vergehen gegen die Menschenrechte und gegen alle guten Sitten. (3 Punkte)**
   b. ziemlich ernst?
   c. nicht sehr ernst?

4. War die Auswirkung von dem, was sie taten oder sagten, auf Tanya und Jordan
   a. **sehr schlimm – im Sinne von »entgangenem Nutzen«. Was, wenn Tanya und Jordan für alle Zeiten glücklich miteinander hätten leben, heiraten, Kinder bekommen können? Was, wenn Jordans Eltern das Paar um viele Jahre künftigen Glücks gebracht haben? (3 Punkte)**
   b. ziemlich schlimm?
   c. nicht so schlimm?

5. Hätten sie es besser wissen/machen müssen oder können?
   a. **Ja. (3 Punkte)**
   b. Könnte sein.
   c. Nein.

6. Haben sie ernsthaften Schaden zugefügt?
   a. **Ja – jemandem seinen Willen aufzuzwingen und ihm grundlegende Freiheiten vorzuenthalten, gehört zu den schlimmsten Dingen, die ein Mensch einem anderen antun kann. (3 Punkte)**
   b. Könnte sein.
   c. Nein.

7. Ist der Grrr-Faktor des Grolls
   a. **hoch. Stellen Sie sich Sir Edmund Hillary bei seinem Rekordaufstieg vor und dazu dann noch Reinhold Messner mit allen seinen Achttausendern und selbst dann kommen sie nicht annähernd so hoch wie der Grrr-Faktor dieses Grolls. (3 Punkte)**
   b. mittel?
   c. gering?

8. Hegen Sie diesen Groll
   a. **schon ewig. Ich werde diesen Groll ewig hegen und auch noch mit mir ins Jenseits nehmen. (3 Punkte)**
   b. mittellang beziehungsweise erst seit Kurzem und glauben, dass Sie ihn noch ein bisschen weiterhegen werden, aber nicht ewig?
   c. erst seit Kurzem?

Mein »Der Todeswunsch auf der Türschwelle«-Groll hat bisher 24 Punkte.

9. Würde dieser Vorfall allein ausreichen, dass Sie einen Groll gegen die betreffende(n) Person(en) hegen?
   a. **Ja. (also kein Punktabzug)**
   b. Nein.

10. Wäre den Groll-Absendern etwas Schlimmes oder Beängstigendes widerfahren, wenn sie die Groll auslösende Tat nicht begangen hätten?
    a. Nein.
    b. **Ja – in ihren Augen hätte Gott sie und Tanya verurteilt und möglicherweise auch bestraft, wenn die Beziehung weiterbestanden hätte. (also minus 1 Punkt)**

11. Wäre der Groll aufgehoben/hinfällig, wenn sich die Groll-Absender umfassend und aus vollem Herzen entschuldigten?
    a. Nein.
    b. **Ja – wenn sie zur Einsicht kämen, die Sekte verließen und wenn es dann nicht zu spät für Tanya und Jordan wäre ... (also minus 1 Punkt)**

12. Liegt Ihnen etwas an den Groll-Absendern und den Groll-Absendern an Ihnen?
    a. **Jordan liegt ausgesprochen viel an seinen Eltern – so viel, dass ihre seelische Erpressung und ihr Todeswunsch auf der Türschwelle ausreicht, dass er ein Mädchen aufgibt, das er liebt, und eine Beziehung, die ihn wirklich glücklich gemacht hat. (plus 4 Punkte)**
    b. Ja, eine ganze Menge.
    c. Nicht besonders viel.

Der »Der Todeswunsch auf der Türschwelle«-Groll hat eine Gesamtpunktzahl von 26 und ist somit ein 10-karätiger Groll.

Kapitel 12

Der Groll der anderen

»Ihr verdient kein Wort mehr, sonst nennt' ich euch noch Schurke.«

William Shakespeare, Ende gut, alles gut

Und jetzt wollen wir mal einen Blick auf Ihre »Grolle« werfen, die Sie mir freundlicherweise für dieses Buch zur Verfügung gestellt haben. Ich habe hundert diesbezügliche Geschichten erhalten und konnte sie leider nicht alle aufnehmen. Hier eine Auswahl meiner Favoriten:

»Ich habe stundenlang im Regen Schlange gestanden, um den neuen James-Bond-Film zu sehen. Als ich endlich an die Kinokasse kam, sagte man mir, alle Eintrittskarten seien ausverkauft. Seit diesem Tag hege ich einen Groll gegen James-Bond-Filme und habe mich nie wieder bemüht, einen anzuschauen.«

»Nach fast sieben Jahren hasse ich immer noch meine Biologielehrerin, nachdem sie mich zum Thema Fingerabdrücke von Zwillingen (unrichtig) ›berichtigte‹. Sie behauptete steif und fest, dass es identische Fingerabdrücke seien. Das ist unmöglich! Sie können mich mal, Frau [Name von der Redaktion gestrichen].«

»Mein Dad wurde einmal für seinen Geschmack viel zu früh

von einer Blaskapelle der Heilsarmee geweckt. Jahrzehntelang hatte er einen Groll auf die Heilsarmee, möglicherweise sogar bis zu seinem Tod.«

»Als Kinderbuchautorin hege ich einen Riesengroll gegen den Grüffelo (alias ›Der Scheiß-Grüffelo‹) – nicht gegen die Autorin oder den Illustrator, nur gegen den Scheiß-Grüffelo. Er hat furchtbare Zähne, furchtbare Klauen und furchtbare Auswirkungen auf den Umsatz aller anderen Kinderbilderbücher.«

»Vor vielen Jahren kam regelmäßig ein ziemlich kümmerlicher junger Mann zu uns ins Büro. Drei von meinen Kolleginnen beschlossen, ihn auf der Damentoilette einzuschließen. Als ich einige Zeit später davon erfuhr, ging ich hin und erlöste ihn. Da er nicht wusste, wer seine Peinigerinnen gewesen waren, nahm er an, ich wäre verantwortlich, und meldete mich! Die anderen gestanden zu keiner Zeit ein, dass sie es gewesen waren, und ich bekam den Verweis. Den drei Frauen habe ich nie vergeben.«

»Ich habe einen Groll auf ein Mädchen in der Schule, das zwei Jahre in Folge die Hauptrolle im Weihnachtsspiel bekam. Also bitte! Sie hatte Lippen wie eine Rosenknospe, und ich verabscheue sie noch 45 Jahre danach mit Inbrunst!«

»Ich wurde für einen Hochschulkurs von einem Mann abgelehnt, der mir erklärte, keine Frau mit Kindern habe jemals den Kurs absolviert. Diese Zurückweisung hat mir sehr zugesetzt – ich habe mich danach drei Jahre lang nicht mehr für einen Kurs beworben. (Aber dann besuchte ich einen viel besseren Kurs und fand es wunderbar.) Jahre später bin ich diesem Mann zufällig auf der Straße begegnet. Ich hatte mir fest vorgenommen, ihm eins auf die Nase zu geben, aber er entpuppte sich als mickriger kleiner Mann und war die Mühe nicht wert!«

»Ich habe viele Jahre lang Groll gegen einen Berufskollegen gehegt, der mich bei einer Veranstaltung brüskierte. Ich habe das Gefühl, ich habe dadurch bessere Arbeit abgeliefert, weil ich meinte, ich müsste beweisen, dass ich besser war als er.«

»Ich bin Schriftsteller. Man sagte mir einmal, ich hätte mich auf meiner Danksagungsseite in der falschen Reihenfolge bei den Leuten bedankt, die mir geholfen haben oder denen ich mich auf andere Weise verpflichtet fühlte. Ich dankte einer PR-Assistentin vor einer ihr übergeordneten Marketing-Mitarbeiterin, wofür ich eine vermeintlich hilfreiche Nachricht von meiner Lektorin erhielt, in der stand: ›Solltest du nicht zuerst Annabel danken und dann erst Bev?‹ Ich bin ein Schlappschwanz, also sagte ich: ›O ja, sicher!‹ und vollzog die Änderung, aber ich war stinkwütend auf die Lektorin, weil sie sich unbefugt in meine Danksagungsseite eingemischt hatte, die einzige Seite eines jeden Buches, die ganz allein dem Autor vorbehalten sein sollte, und genauso wütend auf mich selber, weil ich eingewilligt hatte. Ich wünschte, ich hätte gesagt: ›Ich danke den Leuten in der Reihenfolge, die mir gefällt, und jeder, der sich darüber aufregt, dass ihm erst nach einem im Rang unter ihm Stehenden gedankt wird, kann von mir aus zum Teufel gehen.‹«

»Im Jahr 1994 kam meine beste Freundin zu mir und meinem Freund zu Besuch, um mir in der Nacht, bevor ich eine Abtreibung vornehmen lassen wollte, Trost zu spenden. Mein Freund und ich waren nur noch pro forma zusammen und die Schwangerschaft war das Resultat eines One-Night-Stands. In den frühen Morgenstunden musste ich mal aufs Klo und hörte auf dem Weg dorthin die unverkennbaren Geräusche, die darauf hindeuteten, dass mein Ex und meine beste Freundin es im Nachbarzimmer miteinander trieben. Obwohl hier eine Grenze überschritten worden war, sind wir immer noch eng befreundet. Aber sie traf sich danach noch einige Zeit weiter mit meinem Ex und rief mich des Öfteren an, um sich Rat zu holen, wie sie ihn behandeln sollte. Seltsamerweise ist es das, was ich ihr nicht verzeihen kann.«

»Meine Eltern sagten mir als Kind immer, ich sei fett. Das glaubte ich ihnen anstandslos, obwohl ich zwar stabil gebaut war und nicht gerade mager, aber keinesfalls fett. Als junge Erwachsene nahm ich dann einiges an Gewicht zu und wurde richtig fett, aber es kam mir nie in den Sinn, etwas dagegen zu unternehmen. Ich machte mir nichts daraus, Fett anzusetzen – schließlich war ich ja, soweit ich dank meiner Eltern wusste, bereits fett. Ich werfe ihnen vor, dass sie mich glauben ließen, ich hätte keinen wohlgeformten Körper, auf den es sich zu achten lohnt.«

»Meine Freundin Ginny sagte fast jedes Mal, wenn wir uns trafen, zu mir: ›Ach, ich nehme besser keinen Schokoladenkuchen/-keks – Richard sagt immer, er würde sich von mir scheiden lassen, wenn ich mehr als 60 Kilo auf die Waage bringe.‹ Ich habe keine Ahnung, ob Richard sich tatsächlich von ihr scheiden ließe, wenn sie zunähme, obwohl ich vermute, dass er das nicht täte, aber ich kann nicht glauben, dass sie nicht merkt, wie ungezogen es ist, mir das ständig unter die Nase zu reiben, wo sie doch weiß, dass ich weit mehr als 60 Kilo wiege und viel schwerer bin als sie. Was spricht dagegen, einfach zu sagen: ›Nein danke, für mich bitte keinen Kuchen‹ und es dabei zu belassen?«

»Ich bekam den Auftrag, auf den ich schon mein ganzes Leben lang gewartet hatte: Ich wurde gebeten, das Porträt eines sehr bekannten Politikers zu malen, das dann in der National Portrait Gallery in London ausgestellt werden sollte. Ich freute mich wahnsinnig. Ich wurde zu dem betreffenden Politiker nach Hause eingeladen, lernte ihn und seine Frau kennen und aß mit ihnen zu Abend. Ein paar Wochen danach saß ich dann mit meiner Schwester und ihrem Freund vor dem Fernseher, als eine Sendung über den Politiker kam, den ich malen sollte. ›Seht mal‹, rief ich aufgeregt, ›da ist er! Und seine Frau auch! In dem Zimmer bin ich gewesen, auf dem Stuhl da hab ich gesessen – das ist ihr Wohnzimmer!‹ Meine Schwester und ihr Freund beachteten meine begeisterten Ergüsse gar nicht, drehten sich weg vom Fernseher (genau im gleichen Augenblick – es war beinahe, als hätten sie es einstudiert) und nahmen sich ihre Handys. Fünf Minuten später standen sie dann, nachdem sie keinen Blick mehr auf den Bildschirm geworfen hatten, beide auf, gähnten und sagten: ›Wir gehen ins Bett‹.«

»Mein Schwiegervater hat es tatsächlich hinbekommen, dass meine Frau den größten Teil ihres eigenen Hochzeitsessens verpasst hat. Unser ältester Sohn war drei Monate alt, als wir heirateten, und er war mit einem Babysitter in unserem Hotelzimmer. Mein Schwiegervater ist ein fürchterlicher Snob und wollte vor seinem Bruder und seiner Schwägerin damit angeben, wie schick das Hotel war (für das er gar nichts bezahlte, was er allerdings unerwähnt ließ!). Also führte er sie herum und marschierte dabei in alle unsere Zimmer. Als er das bei unserem Zimmer machte, wachte unser Sohn auf, wurde vor Angst hysterisch und war untröstlich. Meine Frau musste vom Essen aufstehen und ihn beruhigen. Wie zivilisiert wir heute auch miteinander umgehen, ich werde meinem Schwiegervater niemals verzeihen, was er meiner Frau an diesem Tag angetan hat.«

»Mein Mann und ich wollten einen Abend mit unseren alten Freunden Rob und Kelly verbringen. Unseren Sohn Eddie brachten wir zu meinen Eltern. Sie hatten sich zum Babysitten bereit erklärt, während wir mal einen freien Abend hatten. Wir hatten Eddie abgeliefert und waren schon im Begriff, das Haus meiner Eltern zu verlassen, um zur Wohnung von Rob und Kelly zu fahren, als ich hörte, wie meine Mutter zu Eddie sagte: ›Zieh dir deine Schuhe wieder an. Sonst kriegst du noch kalte Füße.‹

Ich rief zurück: ›Ist schon gut, Mum! Er hat im Haus nie Schuhe an.‹ Meine Mutter kam mit missbilligendem Gesichtsausdruck in den Flur. ›Aber dann kriegt er kalte Füße‹, sagte sie. ›Kriegt er nicht, das kannst du mir glauben‹, entgegnete ich. ›Wir haben Juli. Es ist warm. Er hat nie kalte Füße – er zieht zu Hause nie Schuhe an. Nur wenn er rausgeht.‹ Sie sah zwar nicht zufrieden aus, schien es aber zu akzeptieren. Zumindest erhob sie keine Einwände mehr.

Mein Mann und ich fuhren zu Kelly und Rob und parkten gerade vor ihrem Haus ein, als mein Handy klingelte. Es war meine Mutter. Ich war überrascht, schließlich hatten wir uns doch gerade erst von ihr und meinem Dad verabschiedet. Zu dieser Zeit in unserem Leben sahen wir meine Eltern ungefähr alle 14 Tage. Kelly und Rob hatten wir schon fast ein Jahr nicht mehr gesehen. ›Hi, Mum‹, sagte ich munter. ›Was gibt's denn?‹ Ich dachte schon, wir hätten vielleicht versehentlich etwas bei ihr vergessen. ›Ich bin stocksauer auf dich‹, erwiderte sie. Ihre Stimme zitterte vor Wut.

Mir war nicht bewusst, wie ich sie erzürnt haben konnte, also fragte ich sie, warum sie wütend sei. Mein Mann runzelte schon die Stirn und zeigte auf Rob und Kellys Haustür. Ich zuckte die Achseln. Ich konnte doch schlecht einfach auflegen, wenn meine Mutter so wütend auf mich war. Unsere Freunde, die wir schon ewig nicht gesehen hatten, mussten wohl leider warten. Ich war mir sicher, das weiß ich noch, dass es nicht mehr als ein paar Minuten dauern würde, die Sache zu klären.

Sie fing an, mir darzulegen, was ich in ihren Augen falsch gemacht hätte. Ich hatte meinem Sohn gesagt, er brauche sich die Schuhe nicht wieder anzuziehen, nachdem sie gesagt hatte, er solle es tun. Sie sagte, ich hätte mich ihr gegenüber respektlos verhalten, indem ich ihr widersprochen habe. ›In eurem eigenen Haus können du und Eddie machen, was ihr wollt‹, erklärte sie, ›aber ihr wart in *meinem* Haus.‹

Meine Mutter gehört zu denen, die ihre Straßenschuhe immer auch in ihrem Haus anhaben und auch in den Häusern von anderen Leuten. Nur im Bett und auf dem Weg dorthin trägt sie keine Schuhe. Selbst mit einem Glas Sherry vor dem Fernseher hat sie noch die Schuhe an. ›Mum‹, sagte ich in aller Ruhe. ›Ich verstehe das Prinzip »Mein Haus, meine Regeln«, aber das gilt doch wohl nicht für die Bekleidung der Gäste. Es gilt für Sachen wie »Kein krümelndes Knabberzeug im Wohnzimmer« und »Keine laute Heavy-Metal-Musik um drei Uhr morgens«. Wenn ich jedes Mal, wenn du zu mir nach Hause kommst, von dir verlangen würde, eine blonde Dolly-Parton-Perücke aufzusetzen, bis du wieder gehst, wäre das etwa nachvollziehbar? Wärst du damit einverstanden?‹

Ich habe das absonderliche Talent, am effektivsten und eloquentesten zu sein, wenn ich ungerechtfertigt attackiert werde. (Das muss wohl daran liegen, dass ich so viel Übung habe!) In so ziemlich jeder anderen Situation kann ich die Fassung verlieren und mich wie ein Schwachkopf benehmen, aber niemals wenn ich auf eine vollkommen unsinnige Art und Weise tyrannisiert werde.

Da sie mit Logik nicht weiterzukommen schien, ging meine Mutter zu emotionaler Erpressung über. Lag mir denn überhaupt nichts an ihrer Zufriedenheit und an ihren Wünschen, wo sie doch so entgegenkommend war, ihren Abend zu opfern, um auf mein Kind aufzupassen? Ich erklärte, selbstverständlich liege mir etwas daran, aber jemandem nur das Beste zu wollen und ihm dankbar zu sein, bedeute nicht, dass man immer das anziehen müsse, was diese Person gern habe. Ich schlug meiner Mutter vor, selbst für ihre Zufriedenheit zu sorgen, indem sie einsah, dass es für Eddie in Ordnung war, ohne Schuhe herumzulaufen.

Mein Mann, der die ganze Zeit über neben mir im Auto gesessen hatte, signalisierte mir, dass wir jetzt ganz ordentlich zu spät kämen. Ich sagte meiner Mutter, dass ich jetzt wirklich Schluss machen müsse – dass Kelly und Rob auf uns warteten – und dass ich sie am folgenden Tag anrufen würde, um weiter mit ihr über Eddies Schuhe zu sprechen, falls sie wirklich fand, es müsse noch mehr dazu gesagt werden. Ihre Stimme wurde eisig, und sie erwiderte: ›Pass gut auf. Pass *sehr* gut auf, was du als Nächstes tust und sagst.‹ Das war ohne Frage eine Drohung.

Mir wurde bange. Ich wusste zwar, dass sie Eddie niemals wehtun würde, aber mir behagte der Gedanke ganz und gar nicht, dass er sich in ihrer Obhut befand, während sie in einer Gemütsverfassung war, in der sie so kalt und böse klang. ›Worauf soll ich aufpassen?‹, fragte ich nach. ›Eines Tages bin ich tot‹, sagte meine Mutter. ›Und dann tut es dir womöglich leid, dass du so eine Prinzipienreiterei betrieben hast, die bedeutet, dass mein Enkel mein Haus nicht mehr betreten kann.‹

›*Was?*‹, schrie ich. ›Willst du damit sagen, wenn ich nicht einverstanden bin, dass Eddie in deinem Haus seine Schuhe anbehalten muss, ist er bei dir überhaupt nicht mehr willkommen?‹ Sie seufzte. ›Ich würde niemals sagen, dass mein Enkel in meinem Haus nicht willkommen ist‹, sagte sie. ›Aber das hast du doch gerade angedeutet‹, entgegnete ich. ›Oder was meinst du sonst? Mit was genau drohst du mir da eigentlich? Ich verstehe ja, dass du eines Tages tot sein wirst, aber wenn Eddie und ich dich bis dahin weiter regelmäßig besuchen, ob nun mit oder ohne Schuhe, wo liegt denn das Problem?‹

Mein Mann verdrehte neben mir die Augen und schüttelte den Kopf, als wollte er sagen: ›Was, zum Teufel, geht da eigentlich vor?‹ Ich signalisierte ihm, er solle ohne mich reingehen und einen netten Abend mit Kelly und Rob verbringen. Ich wusste, dass ich an diesem Abend ganz bestimmt keinen Spaß mehr haben würde – nicht jetzt, wo meine Mutter das Thema ihres Todes zur Sprache gebracht hatte. Sie hatte Krebs gehabt. Zu diesem Zeitpunkt hatte sie zwar keine Symptome mehr, aber theoretisch bestand noch immer die Möglichkeit, dass er jederzeit zurückkommen und sie töten konnte. (Etwa fünf Jahre später war es dann so weit. Zu keiner Zeit, seit sie von uns gegangen ist, habe ich bereut, dass ich ihr nicht erlaubt habe, mich bei dieser Gelegenheit zu tyrannisieren und emotional zu erpressen.)

Mein Mann überließ mich meinem Schicksal und ging ins Haus. Meine Mutter fragte mich, ob ich es mir inzwischen noch einmal überlegt hätte und ihr erlauben würde, Eddie die Schuhe anzuziehen. Ich sagte Nein. Daraufhin setzte sie zu einer Tirade an, sie habe gehofft, das niemals sagen zu müssen (ich liebe es, wenn Leute so etwas sagen!), aber ich würde mich schon seit vielen Jahren so verhalten, als ob es mir piepegal sei, was sie denke und fühle, und das gebe ihr das Gefühl, ich würde sie nicht lieben. Ich versicherte ihr, dass ich sie sehr wohl liebte, ich mich aber bei den Gelegenheiten, wo sie mir unangemessen ihren Willen aufzwingen wolle, nicht derartig unter Druck setzen ließe. Ich versuchte ihr verständlich zu machen, dass das nicht dasselbe war wie sie nicht zu lieben – ganz und gar nicht.

Bis sie endlich normal und ruhig genug klang, dass es mir sicher erschien, sie sich selbst zu überlassen (und der weiteren Aufsicht über meinen Sohn), waren zweieinhalb Stunden vergangen und ich hatte einen erheblichen Teil meines Abends mit Rob und Kelly verpasst. Ich weiß noch, dass ich stolz auf mich war, weil ich meiner Mutter die Stirn geboten hatte. Heute denke ich anders über den Vorfall. Ich habe ihr erlaubt, mir den Abend zu verderben. Ich hätte darauf bestehen müssen, das Gespräch schon sehr viel früher zu beenden. Ich hätte sagen müssen: ›Sorry, Mum, ich kann jetzt nicht reden. Wir müssen das ein anderes Mal ausdiskutieren.‹ Wenn mir nicht wohl war, dass sie in ihrem erbosten Zustand auf Eddie aufpasste, hätte ich zu ihr zurückfahren, Eddie abholen und ihn mit zu Rob und Kelly nehmen sollen. Wenn ich die Zeit zurückdrehen könnte, würde ich genau das tun.«

»Als unser ältestes Kind Finn ungefähr ein Jahr alt war, fuhren meine Frau Jenny und ich mit einem Freund, den wir von der Uni kannten, und dessen Frau in Urlaub. Sie hatten Zwillinge, zwei Mädchen im Alter von neun Monaten. Am ersten Tag gingen Jenny und unsere Freunde die Kinder ins Bett bringen. Wir hatten noch keine Zeit nur für uns Erwachsene gehabt, daher ging ich davon aus, dass wir, wenn alle da waren, eine Flasche Wein aufmachen, uns mal richtig unterhalten und Versäumtes nachholen würden. Aber während Jenny noch mit Finn zu kämpfen hatte (der nicht so leicht einschlief), kamen unsere Freund in vollem Tennisdress nach unten, die Schläger in der Hand. ›Macht es dir was aus, mal ein Auge auf die Mädchen zu haben, während wir eine Runde Tennis spielen?‹, fragten sie, und ich sagte natürlich zu. So blieb es für die nächsten beiden Stunden Jenny und mir überlassen, zu babysitten und das Abendessen zu kochen. Was mich am meisten wurmte, war, dass wir überhaupt nicht darüber geredet hatten – sie waren schon in ihren Tennissachen und auf dem Weg nach draußen, bevor sie fragten! Mit einem Mal kam mir der Urlaub nicht mehr wie eine schöne Gelegenheit vor, uns mal alle zusammen mit Kind und Kegel zu treffen und über alte Zeiten zu plaudern, sondern mehr so, als würden wir als praktische Babysitter benutzt, während sie es sich gut gehen ließen. Irgendwie fühlten wir uns für dumm verkauft. Ich nehme es nicht nur diesem speziellen Paar seitdem übel, es ist auch zu einem übertragbaren Groll geworden. Ich hege inzwischen eine Art unfairen Stellvertreter-Groll gegen ALLE Freunde, die vielleicht gern mit mir in Urlaub fahren möchten, und erteile dem eine kategorische Absage.«

»Ich war mit meinem ersten Baby im Mutterschaftsurlaub und genoss diese unwiederbringliche Zeit, als ein Kunde, der einen Vertrag mit uns hatte, entschied, ihn aufzulösen. Er gab dafür eine vollkommen fadenscheinige Begründung – er sei schon seit einiger Zeit nicht mehr mit unserer Leistung zufrieden, sein Produkt sei jetzt neu entwickelt und er wolle aufgrund seiner Unzufriedenheit nicht riskieren, es uns anzuvertrauen. Im Verlauf einer ziemlich langen Geschäftsbeziehung (während der wir entscheidend daran mitgewirkt hatten, dass sein Produkt so gut wurde, wie es nur möglich war) hatte er nie auch nur ein einziges Wort der Kritik geäußert. Wie sich herausstellte, hatte er ein völlig neues Produkt entwickelt und es (obwohl er bei uns unter Vertrag stand) bereits für ziemlich viel Geld an ein anderes Unternehmen verkauft, das mit einem ähnlichen Produkt schon Erfolge erzielt hatte.

Es wäre vollkommen in Ordnung für mich gewesen, wenn er mir gesagt hätte, er könne für dieses neue Produkt woanders mehr Geld bekommen. Wir hätten nicht mehr bezahlen wollen und es mit guter Miene abgegeben. Ich hege immer noch Groll darüber, dass er so getan hat, als treffe uns die Schuld, und dass er meinen Mutterschaftsurlaub gestört hat.«

»Weihnachten vor ein paar Jahren spielte ich mit einigen Freunden Scharade. Auch meine Freundin Lorena und ihr Freund Darran waren dabei. Ich war in einem Team mit Darran und meinem eigenen Freund Gerry. Als Darran mit dem Darstellen der Scharade dran war, rief ich mehrmals die richtige Antwort, aber er hörte mich nie. Es war, als wäre er nur für meine Stimme taub! Meinem Freund Gerry fiel das auch auf, und er fing an, meine Antwort zu wiederholen, nachdem ich sie gesagt hatte. Ihn hörte Darran jedes Mal, und dann sagte er: ›Ja, Gerry hat's rausgekriegt!‹, nachdem ich es zuerst richtig geraten hatte! Mir wurde klar, dass er so geringe Erwartungen an meine Fähigkeiten hatte, dass er mich ausgeblendet hatte. Ich platzte vor Wut und warf ihm vor, er würde mich nicht hören, weil er meine Meinung als Frau nicht respektierte. Natürlich haben wir uns wieder vertragen und sind noch immer gute Freunde, ich war sogar Brautjungfer bei Darrans und Lorenas Hochzeit. Aber ich habe noch immer das Gefühl, dass er mich nicht ernst nimmt, und das spüre ich auch immer in Gesprächen. Lorena hat mir inzwischen auch anvertraut, dass er ihr häufig ebenfalls nicht zuhört, was meinen Verdacht bestätigte.«

»Ich hege schon seit vielen Jahren einen schlimmen Groll gegen ein Mädchen aus der Schule. Während ich auf der Toilette war, hat sie mein wunderschön ausgemaltes Bild von Elmar, dem Elefanten, zerrissen und in den Mülleimer geworfen. Wir waren damals ungefähr sechs, also ist der Groll mittlerweile 20 Jahre alt!«

»Ich bin mir nicht sicher, ob ich irgendjemandem diesen speziellen Groll verständlich machen kann. Ich habe schon versucht, Leuten zu erklären, warum ich einen Groll aufgrund einer anscheinend völlig harmlosen Aktion hege, aber die meisten ziehen die Stirn kraus, wenn ich davon anfange, und sagen ›Na und?‹, und vermutlich denken sie, ich sei verrückt. Sie ja vielleicht auch. Hier nun also: Ich bin Schriftsteller. Vor ein paar Jahren schenkte mir mein Vater zum Geburtstag ein gerahmtes Poster im Stil der Penguin-Klassiker-Einbände mit meinem Buch darauf – als wäre mein Buch ein Penguin-Klassiker. Tatsächlich wurde mein Erstlingsroman von einem anderen Verlag herausgebracht und nicht von Penguin.

Der ganze Gag/Einfall/Zweck eines solchen Geschenks ist: ›Hahaha, tun wir doch so, als wäre dein Buch ein Penguin-Klassiker.‹ Ich hatte einen Roman verfasst, und der wurde von einem Verlag herausgebracht, der mindestens genauso gut ist wie Penguin. Er hat sich auch ganz gut verkauft. Daher hat er das gönnerhafte ›Hahaha, tun wir doch so, als wäre es ein Penguin-Klassiker‹-Getue weder nötig noch verdient. Ich war überzeugt, dass die eigentliche Botschaft hinter dem Geschenk die war: ›Man mag es ja veröffentlichen, aber ein Penguin-Klassiker ist dein Buch noch lange nicht.‹

Mein zweiter Vorbehalt gegen das Poster war, dass mein Vater doch eigentlich hätte wissen müssen, dass es im Verlagswesen Warenzeichen gibt. Die spielen eine Rolle für Verleger und für Autoren. Indem er mir ein Poster mit meinem Buch als Penguin-Klassiker geschenkt hat, hat mein Vater mein Buch fälschlich gebrandet. Wie ich bei dem Anlass schon sagte, ist es ein bisschen so, als würde man dem langjährigen Manager von Manchester United einen Kaffeebecher schenken mit der Aufschrift ›Alex Ferguson, Manager des FC Arsenal‹.«

»Als mein ältester Sohn (heute 27 Jahre alt!) eingeschult wurde, war da ein anderes Kind (nennen wir es Graham), das alle anderen ganz fürchterlich tyrannisierte. Er zerbrach innerhalb von einer Woche dreimal die neue Brille meines Sohnes. Die Klassenlehrerin sprach mit Grahams Mutter, die mir sagte, mein Sohn sei ›ein Schlappschwanz‹. Sie wollte anscheinend, dass ich ihr darin zustimmte, aber stattdessen bekam sie von mir ganz gehörig die Meinung gegeigt – im Prinzip sagte ich ihr, ihr Sohn sei ein übler Raufbold. Auch nach 20 Jahren überläuft es mich noch immer kalt, wenn ich den Namen Graham höre, und ich wünsche ihm und seiner Mutter immer noch schlimme Dinge an den Hals.«

»Als ich das erste Mal Tickets für ein Take-That-Konzert kaufte, waren es fünf Bandmitglieder. Als dann das Konzert kam, waren es nur noch vier. Also schulden sie mir 7,20 Pfund oder ein Robbie-Williams-Konzert.«

»Ich bin wirklich äußerst tolerant, aber wenn jemand zu weit geht, ist er für mich gestorben. Ich nenne das den Friedhof für alte Freunde. Was soll ich sagen, ich bin halt ziemlich makaber! Ex-Freund ist das perfekte Stichwort. Ich bin fünf Jahre mit ihm gegangen. Er war der totale Narzisst, sagte mir ständig, wie toll ich doch sei, was ich ihm auch voll abkaufte. Als ich mit dem Alkohol aufgehört habe und emotional ein bisschen durchhing, hat er es so gedreht, dass wir uns getrennt haben. Er hat behauptet, das sei eindeutig das, was ich wollte. Er hat mir dann noch acht Monate lang per Mail seine Liebe versichert, und wir trafen uns gelegentlich und hatten Sex, bis ich herausfand, dass er sich mit einer anderen traf und sie der Grund war, warum er mit mir Schluss gemacht hatte. Mein Groll auf ihn ist grenzenlos und besteht hauptsächlich aus Wut auf mich selber, weil ich mich so vollkommen habe einseifen lassen von jemandem, der, wie ich inzwischen weiß, ein totaler Blender ist. (Mit seiner neuen Freundin habe ich null Probleme.)«

»Ein regelmäßiger Gast in meinem Haus versucht immer mal wieder, meinen Hund umzubringen. Na ja, vielleicht nicht so direkt. Er würgt sie nicht und sticht auch nicht auf sie ein, aber er lässt zum Beispiel zufällig sehr stark kakaohaltige Schokolade herumliegen und ›vergisst‹ die Haustür zu schließen in der Hoffnung, dass der Hund auf die Straße läuft und überfahren wird. Wenn diese Person bei mir zu Hause ist, passe ich die ganze Zeit über sehr genau auf meinen Hund auf und verstecke den Haustürschlüssel.«

»Nach außen hin wirkt meine Schwester unglaublich nett, aber innerhalb der Familie ist sie ungezogen, aggressiv und streitsüchtig. Wir leben in Australien und da ist Weihnachten im Sommer. In einem Jahr hat meine Schwester darauf bestanden, dass wir Weihnachten am Strand feiern sollten. Das bedeutete zwar, dass ich pro Strecke eine Stunde mit meinen beiden Kindern (18 Monate und dreieinhalb Jahre) fahren musste, aber ich stimmte zu. An dem Tag regnete es. Es war kein einzelner Schauer, sondern vorhergesagter Dauerregen. Ich bat darum, den Veranstaltungsort zu verlegen, aber sie weigerte sich, und wir blieben im Regen am Strand, bis die Kinder mürrisch und nass waren und sich überhaupt nicht mehr wohlfühlten. Als ich entschied heimzufahren, stieß das auf Beschimpfungen, Drohungen und den Vorwurf, selbstsüchtig zu sein. In den inzwischen fast drei Jahren, die seitdem vergangen sind, habe ich kein Wort mehr mit meiner Schwester gesprochen. Ich bin zufrieden mit meinem Groll, er tut mir gut.«

»In einem Jahr mussten wir in der Vorweihnachtszeit im Hauswirtschaftsunterricht Weihnachtskuchen backen und glasieren. Ich bin nicht besonders gut im Glasieren, aber ich habe mein Allerbestes gegeben. Die Kuchen wurden in einen Schrank gestellt, damit die Glasur fest werden konnte, und in der nächsten Stunde holte die Lehrerin die Kuchen einen nach dem anderen aus dem Schrank und fragte, wem welcher gehörte. Als sie meinen herausholte, sagte sie vor der ganzen Klasse: ›Und wessen Schweinerei ist das?‹ Bis auf den heutigen Tag habe ich noch meine Demütigung und Wut in den Knochen. Auch wenn das schon 46 Jahre her ist und die Lehrerin in den Achtzigern sein muss, falls sie noch lebt, würde ich ihr, wenn ich ihr begegnete, mit Freuden eine Sahnetorte ins Gesicht klatschen.«

»Als ich sieben war, hatte ich eine Blechdose, in der ich meine Wachsmalstifte aufbewahrte. Einmal stellte mein Vater die Dose über Nacht auf den Heizkörper, weil er nicht wollte, dass sie herumlag. Ich sagte ihm noch, sie würden schmelzen, aber er meinte, das würden sie nicht. Und jetzt raten Sie mal – sie sind geschmolzen! Meine geschmolzenen Wachsmalstifte werde ich niemals vergessen.«

»Mein ungeheurer, elektrisierender Groll richtet sich gegen meine Schwiegereltern. Als ich erfuhr, dass mein Mann Alkoholiker war, was zumindest teilweise auf eine lieblose Kindheit zurückzuführen war, fing ich sofort an, intensiv zu recherchieren und ihm bei der Genesung zu helfen. Seine Familie dagegen blockte total ab. Sie sprachen, wenn er sie besuchte, nie darüber, wechselten das Thema, wenn er davon anfing, und wollten ihn doch tatsächlich davon überzeugen, ich sei das Problem. Sie sagten schlimme Sachen über mich – ich würde unsere Kinder in besorgniserregendem und ungehörigem Ausmaß vereinnahmen und mich bei ihren Besuchen ihnen gegenüber abweisend verhalten. Sie schickten ihm Mails, in denen sie versuchten, ihn emotional dazu zu manipulieren, mich emotional zu manipulieren (oje, was für ein Satz!), was ihn so verstörte, dass er einen Rückfall bekam.

Ich unternahm einen letzten Versuch, faire Grenzen zu ziehen, aber letztendlich wollten sie nicht nachgeben, und als seine Schwestern dann auch noch aggressiv wurden, beschloss ich, den Kontakt abzubrechen. Ich habe sie seit Jahren nicht mehr gesehen.

Ich wäre absolut bereit gewesen, meine Feindseligkeit gegenüber seiner Familie aufzugeben, wären sie ihrerseits bereit gewesen, ihm keine Schuldgefühle mehr einzureden. Aber das wird nie passieren, also pflege ich stattdessen meinen Zorn. Mir tut der kleine Junge so unendlich leid, der mein Mann einmal war und dem man einbläute, seine Gefühle interessierten niemanden und er sei es nicht wert, geliebt zu werden und dazuzugehören. Ich betrachte meinen Groll als angemessene Verantwortungszuweisung, und das hilft tatsächlich.«

(Anmerkung der Autorin: Ich habe mir diesen letzten Groll bis zum Schluss aufbewahrt, damit er der allerletzte vom »Groll der anderen« in diesem Buch sein konnte. Ich finde den letzten Satz wunderbar. Unser guter Groll ist nämlich genau das: eine angemessene Verantwortungszuweisung, ein kleines bisschen Selbstjustiz.)

Das Quiz zum Groll-fachen Pfad

»Vergib deinen Feinden, aber vergiss nie ihre Namen.«
John F. Kennedy

Erinnern Sie sich noch an das Quiz, das Sie vor all den vielen Seiten gemacht haben, als Sie mit diesem Buch anfingen? Sie wissen inzwischen so viel mehr über das Hegen von Groll als seinerzeit, deshalb möchte ich mit Ihnen ein weiteres Quiz machen, um die Sache abzurunden und damit Sie einschätzen können, in welchem Umfang sich Ihre Einstellung zum Groll verändert hat, jetzt, wo Sie alle den Groll-fachen Pfad kennengelernt haben.

1. Jemand, der Ihnen früher immer in Ihre Arbeit dreingeredet hat, ist so von einer Leistung von Ihnen beeindruckt, dass er Ihnen mit einer überdeutlichen Geste den Rücken stärkt. Was machen Sie?
   a. Sie trauen ihm immer noch nicht über den Weg – nach all den wenig hilfreichen Aktionen, die er sich schon geleistet hat. Die haben immer noch Bedeutung.
   b. Sie ändern Ihre Einstellung und heben den Groll auf.
   c. Sie sind verwirrt. Gefällt ihm Ihre Arbeit nun oder nicht?

2. Sie erfahren, dass eine Lehrerin Ihre Tochter einer Sache beschuldigt hat, die sie nicht begangen hat. Dieselbe Lehrerin hat außerdem (in Abwesenheit Ihrer Tochter) der Klasse gesagt, das Kind habe eine schlechte Arbeitsmoral (was nicht zutrifft). Die Schulleitung glaubte ihr und nicht der Lehrerin, und sie wurde nicht bestraft. Die Lehrerin geht ohnehin am Ende des Schuljahrs ab. Was tun Sie?
   a. Sie vergessen das alles. Es ist ja nichts passiert – Ihre Tochter wurde nicht bestraft, und die Lehrerin geht sowieso weg.

b. Sie stellen die Lehrerin in höflicher Form zur Rede – fragen sie, warum sie sich so verhält, weil es Ihnen nämlich vorkommt, als wäre sie äußerst unfair zu Ihrer Tochter.
c. Sie hegen einen Groll gegen die Lehrerin und lästern mit Ihrer Tochter über sie, damit Ihre Tochter merkt, dass Sie auf ihrer Seite sind.

3. Ihre Freundin erzählt Ihnen, dass man ihr soeben ihren Traumjob angeboten hat. Sie wussten nicht mal, dass sie sich darum beworben hatte, und sind gekränkt, weil Sie ihr nämlich immer alles sagen. Sie sagt, sie habe es Ihnen nicht erzählt, weil es ihr peinlich gewesen wäre, wenn es nicht geklappt hätte. Was machen Sie?
   a. Sie hegen einen Groll, weil Sie es ihr gesagt hätten, wenn Sie an ihrer Stelle gewesen wären.
   b. Sie hegen keinen Groll, verstehen ihre Gründe und gratulieren ihr. Schwamm drüber!
   c. Sie gratulieren ihr, überlegen aber, ob Sie ihr auch weiterhin so viel anvertrauen wollen wie bisher.

4. Ihre Mutter hat einen neuen Freund. Sie legt großen Wert darauf, allen Ihren Geschwistern von ihm zu erzählen, nur nicht Ihnen. Später sagt sie dann zu Ihnen: »Ich nehme an, du hast schon von Jim gehört. Ich möchte gern, dass du ihn kennenlernst.« Was tun Sie?
   a. Sie betrachten dies als Übermittlung der Neuigkeit, also ist alles gut – sie hat es Ihnen erzählt, genau wie sie es den Geschwistern erzählt hat.
   b. Sie kommen zu dem Schluss, dass nicht alles gut ist. Sie hat sich darauf verlassen, dass die anderen es Ihnen erzählen. Sie hegen Groll, der auf Ungleichbehandlung basiert (Sie sollen es einfach irgendwie »herausfinden«, während die anderen eine eindeutige Benachrichtigung verdienen). Sie sagen: »Ja, ich habe von Jim gehört – ich würde ihn schrecklich gern

kennenlernen« oder auch nicht, je nachdem, ob Sie das vorhaben. Denken Sie daran, dass Sie sich vielleicht emotional vor einer Mutter schützen sollten, die ihre Kinder so ungleich behandelt.

c. Sie sagen etwas wie: »Wer ist denn Jim? Nie gehört. Wenn du willst, dass ich von ihm weiß, dann solltest du mir von ihm erzählen.«

5. Jedes Mal, wenn Sie mit Ihrer Freundin Sheila über etwas telefonieren, das Ihnen wichtig ist, setzt sie ein Zeitlimit. Sie muss immer nach 10 oder 15 Minuten auflegen, um sich um Job/Kinder/Hund/Ehemann/Ehrenamt zu kümmern. Sheila ist einer der meistbeschäftigten Menschen, die Sie kennen, aber Sie haben genauso viel um die Ohren. Wenn Sheila in aller Ausführlichkeit mit Ihnen über ihre Probleme sprechen will, lassen Sie notfalls andere Dinge ausfallen oder Sie stehen früher auf oder bleiben länger wach, um ihr unbegrenzt Aufmerksamkeit widmen zu können. Was machen Sie?

a. Sie schicken sie in die Wüste und suchen sich eine neue Freundin, da sie eindeutig eine egoistische Zicke ist.

b. Sie setzen die Freundschaft fort, mögen sie auch weiterhin, hegen aber einen »Mangel an Gegenseitigkeit«-Groll – Sie vergessen nicht, dass Sheila Ihnen niemals so viel geben wird, wie Sie ihr immer zu geben bereit waren – und passen Ihre Bereitschaft, ihr Zeit zu schenken, entsprechend an. Da Sie ja ebenfalls viel zu tun haben, wollen Sie da wirklich jemandem oberste Priorität einräumen, der nicht das Gleiche für Sie tut?

c. Sie hegen keinen Groll – wenn Sie freiwillig Zeit und Aufmerksamkeit schenken, dürfen Sie nicht unbedingt eine Gegenleistung erwarten. Sie muss selbst entscheiden, wie lange sie mit Ihnen reden möchte.

6. Jemand sagt Ihnen, dass Sie den Groll gegen Mark nicht hegen sollten, weil das nicht gut für Sie sei, und dass er die Situation im Übrigen anders beurteile. Was machen Sie?
   a. Sie entgegnen: »Groll ist *sehr wohl* gut für mich, und ich kann dir auch sagen, wieso« – und dann erläutern Sie alles, was Sie in diesem Buch über den Groll-fachen Pfad gelernt haben.
   b. Sie hegen einen Groll gegen die Person, die das gesagt hat, da es nicht angeht, dass sie Ihnen vorschreibt, wie Sie über Ihre eigenen Erlebnisse denken und empfinden sollen. Sie sind aber bereit, diesen Groll komplett abzulegen, sollte die Person je zu Ihnen sagen: »O mein Gott! Es tut mir schrecklich leid, dass ich das gesagt habe. Das war vollkommen daneben.«
   c. Sie sagen gar nichts – wozu auch? Aber Sie hegen Groll gegen die Person, die so geredet hat, weil sie unrecht hatte.

7. Jemand sagt Ihnen, Sie sollten sich mit der Person, gegen die Sie Groll hegen, aussprechen, statt ihr im Stillen böse zu sein. Man wirft Ihnen Heuchelei vor. Was tun Sie?
   a. Sie erklären, dass Ihr Groll einen *Bezug* zu jemandem hat und sich nicht *gegen* ihn richtet und dass Sie nicht verpflichtet sind, das, was Sie denken/fühlen, offen und ehrlich preiszugeben. Sie können denken, was Sie wollen, selbst wenn es negativ sein sollte, und dabei weiterhin freundlich bleiben, solange Sie nicht aktiv lügen und sagen: »Du bist mir der liebste Mensch von der Welt.«
   b. Wenn Ihre Freundlichkeit, die von einem gut verstauten Groll herrührt, gutes Benehmen der anderen zur Folge hat und das wiederum dazu führt, dass Sie den Groll ad acta legen, wunderbar! Wenn nicht, kann die Beziehung aus Ihrer Sicht nicht mehr gekittet werden, da sie grundlegend beschädigt ist. Warum dann also die Verpflichtung zu 100-prozentiger Ehrlichkeit?

c. Sie fragen die Person, ob sie Ihnen raten würde, Ihre kugelsichere Weste abzulegen, bevor Sie sich mit jemandem treffen, der mit drei Pistolen bewaffnet ist und schon viele Male auf Sie geschossen hat. Sagt sie Nein, erklären Sie, dass Ihr Groll Sie auf ganz ähnliche Weise schützt.
d. Alles oben Genannte.

Antworten

Die korrekte Antwort ist auf alle Fragen b), außer auf die letzte, wo es d) ist. Wenn Sie nicht alle richtig hinbekommen haben, keine Sorge. Hegen Sie deswegen keinen Selfie-Groll. Sie sind schließlich gerade erst mit dem Buch fertig geworden, und es dauert eine Weile, bis die Weisheit des Groll-fachen Pfads in Fleisch und Blut übergeht. Folgen Sie nur weiter dem Groll-fachen Pfad, dann wird alles gut! Sollten Sie von mir wissen wollen, warum Ihre Antworten falsch sind, weil Sie nicht einsehen, wie das sein kann, mailen Sie mir unter grudgescanbegood@gmail.com, und ich spreche das gern mit Ihnen durch.

Bevor ich mich verabschiede, habe ich noch eine letzte kurze Geschichte für Sie. Ich begegnete einmal auf einer griechischen Fähre einem Guru und erzählte ihm von meinem Groll-Tick und meinem starken Verlangen nach Gerechtigkeit. Er erwiderte: »Glauben Sie mir: Niemand kommt mit irgendetwas ungestraft davon.« Damals dachte ich: »Spinnst du, Mann?«, aber inzwischen weiß ich genau, was er meinte, und ich bin völlig seiner Meinung. Ich kenne einen Mann namens Lancelot (na kommen Sie, es ist mein letzter erfundener Name, da darf ich doch wohl ein bisschen über die Stränge schlagen!). Er fasste den Entschluss, sich für eine schlimme Sache einzusetzen, obwohl er sich leicht hätte anders entscheiden können. Er sitzt jetzt zwar nicht im Gefängnis oder in Sibirien, aber die schlechte Wahl, die er getroffen hat, blieb nicht unbemerkt und als direkte Folge sind ihm jede Menge Hochgenüsse und tolle Dinge entgangen, die er alle hätte haben können, wenn er nur eine ethisch vertretbarere Entscheidung getroffen hätte.

Man vergleiche Lancelots Lage mit der von Zelda, die sich so gütig und ethisch einwandfrei verhalten hat, dass viele ihrer Bekannten ihr mit Freuden zu Gelegenheiten, Geschenken und Unterstützung verholfen haben, die sie ihr niemals geboten hätten, würde sie nicht so eindeutig das Gute verkörpern.

Meine persönliche Erfahrung bestätigt diese Theorie. (An alle Wissenschaftler: Sie brauchen gar nicht erst zu denken: »Das kann sie aber nicht beweisen.« Das weiß ich. Es ist nur eine Theorie. Kein Grund zur Aufregung.) Immer wenn ich etwas Engherziges oder Gemeines tue oder ausspreche, bekomme ich fast postwendend eins auf den Deckel. Aber es passiert auch umgekehrt: Wenn ich etwas Nettes oder Gutes tue oder einem unrühmlichen Impuls nicht nachgebe, widerfährt mir meistens gleich darauf etwas Schönes.

Das ist eine gute Nachricht für uns Anhänger des Groll-fachen Pfads (ich setze jetzt einfach mal voraus, dass sich inzwischen ein paar von Ihnen mir angeschlossen haben). Inwiefern? Weil es bedeutet, dass die Welt – oder was spirituell veranlagte Menschen »das Universum« nennen – genau diesen Pfad beschreitet. Sie müssen es mir nicht blind glauben. Probieren Sie es selber aus, dann werden Sie bald den Beweis dafür finden, dass jemand oder etwas da oben anerkennend auf Ihre Groll-Vitrine herunterlächelt und auf den ganzen Groll, der dort ordentlich in seinen Fächern liegt.

Wenn Sie scharf darauf sind, sich ausführlicher mit mir in das Thema Groll zu vertiefen und weitere Groll-Geschichten zu hören, bei denen Ihnen die Spucke wegbleibt, wäre mein nagelneuer Podcast mit dem Titel *How to Hold a Grudge* möglicherweise etwas für Sie. Sie können ihn ganz umsonst downloaden. Wir sehen uns also vielleicht dort wieder. Und bis dahin …

Grollen Sie wohlbehalten, meine Freunde, und grollen Sie mit Verstand!

Hinweis

Helen Acton ist eine niedergelassene Psychotherapeutin aus Cambridge mit Schwerpunkt existenzielle Psychotherapie. Sie lehrt darüber hinaus noch am Trinity College der Universität Cambridge.

Anne Grey ist Therapeutin, Coach und Mentorin. Ihr fachlicher Schwerpunkt ist EFT (Emotional Freedom Techniques). Seit 10 Jahren lehrt sie Aufstiegsmeditation. Derzeit schreibt sie an einem Buch, in dem sie die Erkenntnisse aus ihrer therapeutischen Praxis mit denjenigen ihrer Meditationspraxis zusammenführt.